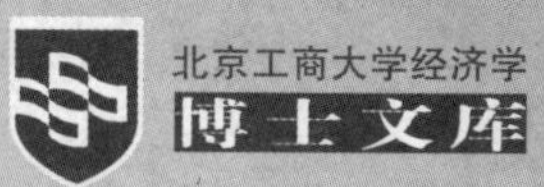

中国外汇储备管理创新研究

王云霞◎著

知识产权出版社

内容提要

当前，中国经济面临的一个严重问题是快速增长的巨额外汇储备导致央行货币政策的独立性受到严重影响。同时，巨额外汇储备本身也面临着如何在保证安全性、流动性的前提下提高收益率的问题。因此，加强外汇储备管理研究、提出解决问题的方法成为一项迫切任务。本书以国际经济学基本经济理论为依托，运用外汇储备理论、国际收支理论和汇率理论，注意吸收外汇储备理论的最新研究成果，从建立新型外汇储备管理体制、加强规模管理、改进结构管理和完善汇率制度等方面提出了解决问题的基本思路并进行了充分论证。

责任编辑：兰涛

图书在版编目（CIP）数据

中国外汇储备管理创新研究/王云霞著. —北京：知识产权出版社，2010.8

ISBN 978-7-5130-0135-9

Ⅰ.①中… Ⅱ.①王… Ⅲ.①外汇管理—研究—中国 Ⅳ.①F832.6

中国版本图书馆 CIP 数据核字（2010）第 158251 号

中国外汇储备管理创新研究

王云霞　著

出版发行：知识产权出版社

社　址：	北京市海淀区马甸南村 1 号	邮　编：	100088
网　址：	http://www.ipph.cn	邮　箱：	bjb@cnipr.com
发行电话：	010-82000860 转 8101/8102	传　真：	010-82000860 转 8240
责编电话：	010-82000860 转 8325	责编邮箱：	lantao@cnipr.com
印　刷：	知识产权出版社电子制印中心	经　销：	新华书店及相关销售网点
开　本：	880mm×1230mm　1/32	印　张：	8.875
版　次：	2010 年 8 月第 1 版	印　次：	2010 年 8 月第 1 次印刷
字　数：	215 千字	定　价：	26.00 元

ISBN 978-7-5130-0135-9/F·355(3078)

总 序

北京工商大学是北京市重点建设的多科性大学，经济学院作为北京工商大学规模最大的学院之一，拥有一支结构合理、力量雄厚的教学科研队伍，教师中享受国务院特殊津贴的专家四人，近五年来学院教师出版专著 90 余部，发表学术论文 1100 余篇，承担国家级省部级课题 60 余项，为经济理论的创新和发展、为国家的经济建设作出了较大贡献。

在当今世界处于经济危机的大环境下，经济社会的发展必须依靠青年科技人才。作为培养青年人才的高等学府，高校更是需要注重青年教师的培养，只有赢得青年教师，才能赢得高校的未来和发展。北京工商大学始终以培养青年教师为基本发展理念。近年来，经济学院引进了一大批拥有较高专业素养和研究能力的博士、博士后，使学院师资队伍的职称结构、学历结构、年龄结构和学缘结构发生了巨大变化，作为学院教学、科研工作的新生力量和学术骨干，这些中青年教师正在各自的学科领域崭露头角，其中多位中青年教师步入北京市优秀教师、北京市中青年骨干教师、北京市跨世纪理论人才“百人工程”、“北京市跨世纪优秀人才工程”、北京市学科带头人的行列，在各自的专业领域内脱颖而出。

这些中青年教师都接受过系统的经济学教育，掌握了规范的经济学研究方法，具有较新的研究理念，部分教师在其研究领域还取得了创新性的成果。为了充分展示他们的学术成果、打造高端学术平台、提升整体科研水平、推动学院学科建设可持续发展，北京工商大学经济学院特组织院内部分专家、教授组成了“北京工商大学经济学博士文库”编委会，从这些中青年教师的研究成果中精选、汇集了一批在经济研究领域具有代表性的研究成果，并从学科建设经费中拨出专项资金予以资助出版。本套丛书是在学院中青年教师博士论文、博士后出站报告的基础上修改而成的，是学院中青年教师学术研究成果的一次充分展示，因此，具有较高的学术内涵和实践价值。

“北京工商大学经济学博士文库”的出版，一方面旨在保存和交流学术研究成果，鼓励学术研究，提高学院教师的科研积极性，通过本套丛书向社会推出一批学术精品，为解决现实经济问题献计献策，发挥现代高校应有的贡献；另一方面，通过资助在学术方面具有独到见解和创新思想的科研成果，培养优秀的高水平科研人才，提高学院学术队伍的整体实力，促进北京工商大学经济类学科建设的发展。

丛书编委会

2009 年 8 月

前言

当前，中国经济面临的主要问题是：快速增长的高额外汇储备可能导致的货币流动性过剩。由于外汇储备的增长与基础货币发行有着直接联系，因此中央银行货币政策的独立性受到严重影响。同时，巨额外汇储备本身也面临着如何在保证安全性、流动性的前提下提高收益率的问题。因此，加强外汇储备管理研究，提出解决问题的方法成为一项迫切任务。本书从建立新型外汇储备管理体制、加强规模管理、改进结构管理和汇率制度选择方面提出了解决问题的基本思路并进行了充分论证。

本书从三个方面提出了我国外汇储备管理创新的基本思路：(1) 在汇率未真正市场化、外汇储备增长难以避免的前提下，改革现行外汇储备管理体制，构建一个科学、有效的新型管理制度框架。切断外汇储备与货币供应的直接联系，降低因上述前提而造成的成本，维护货币政策的独立性。(2) 借鉴国外前沿研究成果，构建适合中国的最优储备规模模型。测算出我国最优规模数据，为我国外汇储备的规模管理提供理论依据。(3) 借鉴国外先进管理经验，对我国的外汇储备资产进行优化配置。在保持安全性、流动性的前提下，提高收益率。

本书有两个创新点：一是明确了我国外汇储备管理体制改革的方向是建立外汇平准基金，论证了外汇平准基金切断外汇储备与货币供应直接联系的运行机制。国内部分学者虽提出了建立外汇平准基金的构想，但缺乏完整、系统的论证，未能引起决策部门的高度重视。本书的研究试图在这方面有所推进。二是在借鉴国外前沿研究的基础上，构建了适合中国的最优储备规模模型。国内在最优规模模型研究上相对滞后，借鉴的国外文献过于陈旧，无法适应经济发展的新要求。笔者在本书写作过程中，阅读了大量国外前沿文献，进行了比较筛选，找出了可资借鉴的最适合的模型，并根据中国实际加以完善，构建出了适合中国目前情况的最优储备规模模型，并把这方面的研究向前推进了一步。

目 录

导 论

选题背景和研究意义

中国央行和IMF（国际货币基金组织）最新统计数据显示，截至2010年3月31日，中国外汇储备余额为24 470.84亿美元，居世界第一位，约占全球外汇储备的30%。而改革开放之初的1981年，中国的外汇储备只有27.08亿美元。巨额外汇储备提高了中国的对外支付能力，增加了海外投资者的信心，并为中国经济的高速发展提供了有力的保障和支撑。但是，保有巨额的外汇储备将承担较高的机会成本。外汇储备量的增加直接影响了央行货币政策的有效性，在一定程度上影响了中国宏观经济的平稳运行。同时，保有巨额的外汇储备将面临很大的汇率风险。在储备货币的汇率频繁波动时，储备资产的价值贬损在所难免。据有关资料显示，中国的外汇储备中有60%～70%[1]左右是以美元资产的形式存在的，自2005年以来，由于美元不断贬值，中国外汇储备资产价值的损失是一个不争的事实。席卷全球的金融危机加剧了中国巨额外汇储备缩水的风险，给中国外汇管理当局提出了巨大挑战。因此，完善现行外汇储备管理体制，加强对存量和增量外汇储备的管理是当前中国亟待解决的问题。

---

[1] 张明．中国外汇储备投资现状及前景．全景网．http://www.p5w.net/news/gncj.2008-09-12.

近年来，中国在外汇储备管理方面的研究主要集中在三个方面：一是外汇储备管理体制改革；二是外汇储备最优规模确定；三是外汇储备资产的经营管理。这些研究虽然取得了很大进展，但分析较为分散，许多问题的分析缺乏对变量间传导机制的深层次探讨，对外汇储备管理整体性、系统性的分析也不够，难以展示外汇储备管理的全貌，提出的政策建议缺乏有效性。本书试图在整体性、系统性研究上有所深入，重点是探讨外汇储备管理体制模式和外汇储备最优规模的确立。

导致中国外汇储备快速增长的主要根源是中国缺乏弹性的汇率制度，由于中国难以承受本币迅速升值可能产生的巨大成本，汇率市场化只能采取渐进的方式。在这一过程中，外汇储备继续快速增长是难以避免的，单靠外汇储备管理体制改革并不能解决这一问题。但是通过外汇储备管理体制改革可以降低因保持汇率稳定使外汇储备增加而产生的成本，提高外汇储备的收益率。同时，通过对外汇储备最优规模的分析，可以帮助决策当局在外部均衡管理上权衡是稳定价格（汇率）还是稳定数量（外汇储备规模），为推动汇率真正市场化提供依据。以此为出发点，本书试图从三个方面提出中国外汇储备管理创新的基本思路。

第一，改革现行外汇储备管理体制，构建一个科学、有效的新型管理体制框架，切断外汇储备增加与基础货币发行的直接联系。新型外汇储备管理体制的核心是建立外汇平准基金，通过基金在外汇市场上的运作，改变外汇储备的形成机制，最大限度地解决外汇储备迅速增长导致的货币流动性过剩问题，维护货币政策的独立性。

第二，建立中国最优外汇储备规模模型。一国的外汇储备不是越多越好，因为存在成本与收益的权衡。中国现阶段最优的外汇储备规模是多少？学术界就此进行了大量的研究，但没有一个令各方满意的结果。本书在借鉴国外相关前沿研究的基础上，找出了可利用的最适合模型，并根据中国的实际加以完善，构建出了适合中国目前情况的最优外汇储备规模模型，为管理当局的决策提供了理论依据。

第三，加强巨额外汇储备的经营管理，提高外汇储备资产的收益率。

本书围绕上述提出的基本思路，设计出了中国今后一段过渡时期内外汇储备管理体制框架，构建了最优外汇储备模型，提出了优化外汇储备结构管理的建议。

本书结构安排

根据上述的基本思路，本书的结构安排如下[1]。

第一章的核心是指出中国现行外汇储备管理存在的问题。首先对外汇储备和外汇储备管理进行概念界定；接着介绍了全球外汇储备的现状和未来趋势，为分析中国外汇储备管理提供了研究背景；最后分析了中国外汇储备管理的制度演进，指出现行管理存在的问题，强调了中国外汇储备管理创新的必要性。

第二章的核心是分析中国外汇储备管理体制框架。首先从相关法律、决策部门、初始资金、融资途径及制度框架等方面介绍了一些国家（地区）外汇储备管理体制模式并进行了比较分析；接着分析了中国外汇储备管理体制创新的必要性；最后提出中国外汇储备管理体制的核心是建立外汇平准基金。通过外汇平准基金在外汇市场上的运作，改变现行外汇储备形成机制，从制度上切断外汇储备与货币供应的直接联系，优化央行的资产结构，保

---

[1] 本书的文献综述按照主题分别在第二章、第三章、第四章介绍评价。

证央行货币政策的独立性。

第三章的核心是建立中国外汇储备最优规模模型。首先分析了巨额外汇储备对中国经济的影响；接着是外汇储备规模研究综述；最后建立了中国最优外汇储备规模模型。借鉴国外外汇储备的最优规模模型，结合中国实际，建立起适合中国的最优外汇储备规模模型，并据此测算出最优规模，为外汇储备管理提供依据。

第四章的核心是强调如何对存量外汇储备进行结构管理，优化配置。首先进行文献综述；接着从外汇储备经营管理的目标、币种选择、资产结构、风险防范、经营原则等方面介绍了一些国家（地区）外汇储备经营管理的经验，总结出相同点和不同点；然后探讨了中国外汇储备的资产性质，强调官方其他外汇资产管理和外汇储备管理的不同路径，为外汇储备资产的管理提供依据；最后提出中国的外汇储备结构管理的政策建议。

第五章的核心是分析外汇储备管理深层次问题所赖以存在的汇率制度。首先介绍了汇率制度和汇率选择理论；接着介绍了世界主要国家外汇体制和外汇管理；然后分析了各国的汇率制度；最后提出了对人民币汇率制度的思考。

最后一部分是结论，并提出今后继续研究的方向。

本书有两个创新点：一是明确了中国外汇储备管理体制改革的方向是建立外汇平准基金，论证了外汇平准基金切断外汇储备与货币供应直接联系的运行机制。国内部分学者如中国社会科学院副院长李扬、财政部财科所所长贾康、中国银监会江苏银监局局长周忠明等虽提出了建立外汇平准基金的构想，但缺乏完整、系统的论证，未能引起决策部门的高度重视。本书的研究试图在这个方面有所推进。二是在借鉴国外相关前沿研究的基础上，构建了适合中国的最优外汇储备规模模型。国内在最优外汇储备规模模型研究上相对滞后，借鉴的国外文献过于陈旧，无法适应中国经济发展的新要求。在本书写作过程中，作者阅读了大量国外相关前沿文献，进行了比较筛选，找出了可借鉴的最适合模型，并根据中国的实际加以完善，构建出了适合中国目前情况的最优外汇储备规模模型，把这方面的研究向前推进了一步。

研究方法

本书以国际经济学基本经济理论为依托，运用外汇储备理论、国际收支理论和汇率理论，注意吸收外汇储备理论的最新成果，严格遵从理论研究的学术规范，在大量阅读国际和国内相关领域中重要且有较大影响的学术论文的基础上，认真吸取前人的研究成果，探讨与中国经济发展状况相适应的外汇储备管理体制的选择，外汇储备最优规模的确定和外汇储备资源的优化配置。

本书所采用的研究方法有如下几个方面。

(1) 静态分析与动态分析相结合的方法。研究中国外汇储备管理体制的创新离不开对国际外汇储备管理体制及中国外汇储备管理体制历史发展的回顾与梳理。中国外汇储备管理体制的变迁是一个动态过程，需要利用历史的和动态的眼光进行全面分析，研究外汇储备管理体制的历史发展并探求其规律性，这对于研究该体制的创新是必不可少的基础和铺垫。同时在外汇储备管理体制历史发展的不同阶段，也需要针对该时期的形势与特点对外汇储备管理体制进行静态分析，了解体制特点，比较中国外汇储备管理体制各时期的不同，掌握制度变迁的规律，认清制度变迁的必然。

(2) 实证分析与规范分析相结合的方法。实证分析是指从某些前提和经验事实出发，对现实问题和现象进行分析，找出经济变量之间的相互关系，发现其具有的内在规律性。实证分析强调对事实的陈述和描述，说明事实“是什么”。例如，通过对中国外汇储备持续增加的不利影响的分析，指出实际经济运行中外汇储备与物价、汇率、货币政策、经济结构等之间的关系。规范研究是指以一定的价值判断为基础，对经济规律进行推理和演绎，对发生的各种经济现象加以阐述和解释。根据中国面临的经济发展形势的变化，运用各种外汇储备管理理论，通过推理和论证，说明在今后经济发展条件发生变化的情况下，相应的较优外汇储备管理体制选择“应该是什么样”。通过运用实证分析与规范分析相结合的方法，可以更清晰地论证和解决中国外汇储备管理问题。

（3）归纳分析与演绎分析相结合。在科学哲学的基础上，经济理论研究的主要范式是逻辑的演绎过程。同时，因纷繁复杂的现实世界的经验证据所约束，归纳分析也被大量地应用。本书交互运用这两种基本的分析方法。例如，本书通过对外汇储备管理体制的理论和实践进行归纳分析，寻找外汇储备管理体制演进的历史轨迹和动因。通过对不同国家外汇储备管理体制的梳理综述以及它们的外汇储备管理的实践，归纳了开放经济条件下外汇储备管理应侧重的主要部分，构建了本书分析的理论逻辑框架。在此基础上，根据对中国经济发展的具体分析，运用这一理论框架，演绎出了中国外汇储备管理体制改革应把握的原则，再进一步演绎出较优的外汇储备管理体制的选择。通过归纳和演绎分析，试图揭示理论与实际、一般与特殊、抽象和具体之间的差距。

（4）定性分析与定量分析相结合的方法。这两种分析方法属于统计分析方法，当存在诸多的影响因素时，可以从中分析并找出主要因素，以便得出相对准确的结论。例如，在分析中国外汇储备管理体制时，本书主要运用了定性的分析方法。定量分析方法是在掌握大量数据资料的基础上，以数据为参照，由表及里地进行深入分析，让事实说话。本书在对中国外汇储备最优规模进行分析时运用了此种方法。在掌握大量数据资料的基础上，结合外汇储备最优规模模型，利用统计图表的形式使中国外汇储备最优规模的情况一目了然，增强了说服力。

第一章　全球及中国外汇储备基本状况

第一节　外汇储备及外汇储备管理概念界定

一、国际储备、外汇储备与官方外汇资产

根据IMF第五版《国际收支手册》的定义，储备资产是指货币当局随时可利用并控制的外部资产。它由黄金储备、外汇储备、在国际货币基金组织的储备头寸、特别提款权四种资产构成❶。从1995年开始，世界外汇储备总额占世界国际储备的份额由1966年的35.29%上升到90%以上❷。中国国际储备的主体也是外汇储备，特别是近几年，中国外汇储备占国际储备比率达到了95%以上❸。由此可见，外汇储备是一国国际储备资产的主要组成部分，是由各国官方持有的储备货币构成的。目前的储备货币主要有美元、欧元、英镑、日元等，资产形式包括货币、存款和有价证券。本书的主题即为外汇储备的管理。

IMF在其外汇储备管理的指导性文件——《外汇储备管理指导方针》中，对外汇储备的定义是：外汇储备是由货币当局能

---

❶ IMF. Balance of payments manual 5th ed,. Washington, D. C. USA: International Monetary Fund, 1997: 97.

❷ 根据IMF网站提供的相关数据计算. www. imf. org.

❸ 根据国家外汇管理局网站提供的数据计算. www. safe. gov. cn.

够控制的、可及时获取的一国的公共部门拥有的外国资产❶。识别外汇储备资产的标准，一是有效控制，二是随时可用。“为了掌握储备资产或是达到其他的目的，货币当局自然持有国外资产或对国外资产进行控制。各种目的之间并不相互矛盾。比如，近期派不上用场的储备资产可用来投资世界银行的债券，增加开发资金的规模。出于上述原因持有的资产一般都视为储备资产。相比之下，用于开发和其他目的的直接长期贷款资产则不作为储备资产。”❷ 由此可见，外汇储备资产有其明确的目标和严格的条件，除此之外的其他任何外汇资产（即使是官方外汇资产），都不计入外汇储备统计中。按照 IMF 第五版《国际收支手册》关于国际收支平衡表中的项目统计❸，可以推知，一国官方外汇资产包括：货币当局持有的外汇资产；各级政府持有的外汇资产；货币当局持有的外汇储备资产。即使不考虑货币当局单独持有的外汇资产，官方外汇资产也至少包括两部分：各级政府持有的外汇资产和货币当局持有的外汇储备资产。一国的外汇资产包括官方的外汇资产和非官方的外汇资产。

当前中国学术界❹对外汇储备的概念有两种主要观点：一是狭义的外汇储备，其含义与上述定义相同，即指一国货币当局随时可利用并控制的外部资产；二是广义的外汇储备，指官方持有

❶ IMF. Guidelines for foreign exchange reserve management. Washington, D. C.: International Monetary Fund, 2004: 1.

❷ IMF. 前引 Balance of payments manual, p. 98.

❸ IMF. 前引 Balance of payments manual, pp. 44-48.

❹ 国内许多学者在讨论外汇储备管理体制改革时，把已成立的中国投资有限责任公司看作外汇储备管理体制的构成部分，实际上是把外汇储备资产与官方其他外汇资产都看作一国的外汇储备，有的还把外汇储备看作全部外汇资产。如张曙光、张弛在 2006 年第 10 期《金融与保险》上发表的《应全面动态地看待外汇储备问题》一文中指出：“从外汇储备的结构和比例来看，主要有官方储备和民间储备、美元储备和非美元储备……”

的一切外汇资产，即上述的官方外汇资产。新加坡[1]采用的是第二种含义。本书认为可取的是第一种含义，中国与新加坡（小型开放经济体）不同，中国的GDP已列世界第三位，拥有庞大的官方外汇资产，不同的外汇资产理应发挥不同位功能，采取不同的经营利用方式。因此，本书对于中国外汇储备管理的研究是基于狭义外汇储备的概念，对许多问题的分析都是建立在这一概念之上的。为清楚起见，本书把除外汇储备之外的官方外汇资产称作官方其他外汇资产。

二、外汇储备的功能

外汇储备的重要性在于它的功能，正是由于它的不同功能，从而产生了不同的储备需求。作为一国可以无条件支配的国际清偿能力，外汇储备担负着四大使命[2]，具体表现在：

（一）维持对外支付能力，调节国际收支逆差

在国际经济交往中，持续的收支平衡是不可能的，总会有国际收支的顺差或逆差存在。由于货币的国家主权性质（国家掌握本币的发行权），本币是对本国货币当局的债权。即使国际收支的顺差和逆差完全是由于私人部门的国际经济交往活动形成的，最后都会归结为两个国家货币当局的债权债务关系，由两国的货币当局进行清算和最终收付。因此，当私人部门所掌握的外汇资

---

❶ 新加坡总理和财政部长李显龙曾在2004年8月22日国庆集会演讲*Secure Singapore*中提到：其他绝大多数国家，包括我们的邻国，拥有充足的资源，如石油、天然气、木材、矿产和土地等。我们只有我们的人民和金融储备。我们的储备不仅是我们抵御危机和困难的最后防线，它们还是投资者对我们的未来充满信心、加强经济和社会稳定的保障。此外，储备还保障我们的货币稳定，通过货币稳定保障我们人民储蓄的价值稳定。

❷ 吴晓灵．中国外汇管理［M］．中国金融出版社，2001：245-248.

产不足以弥补本国发生的国际收支逆差、难以平衡国际收支时，就必须由货币当局来加以平衡。

随着国际交往及国际经贸合作的增多，一国的国际收支经常会出现不平衡。国际收支的不平衡将对国内经济产生不利影响，货币当局应有能力调节国际收支。一国国际收支出现逆差时，既可以直接动用外汇储备，也可采用紧缩性的货币及财政政策，如提高利率，减少货币供给，从而降低总需求，由此可以减少进口，增加出口，最终改善国际收支。但由于货币和财政政策具有时滞性，所以在短期来看，利用外汇储备来弥补临时性的国际收支逆差更有效率。但对于长期性的国际收支逆差，则需要采取经济调整政策与动用外汇储备相结合的方法，这在一定程度上可以减轻因调整政策而给国内经济带来的冲击，使经济有足够的时间吸收宏观调控政策所引起的震荡。调节国际收支所需的外汇储备数量，取决于国际收支逆差的程度以及持续时间的长短。

（二）干预外汇市场，稳定本国货币汇率

一国货币当局为了本国的利益，可以动用外汇储备来干预外汇市场，通过改变外汇市场上本币和外币的供求关系来调节汇率变化，使本国货币汇率稳定在政府所希望的水平上。外汇储备资产对稳定一国的货币汇率起到了很大的积极作用。具体的干预行为是指：在本币发生或即将发生损害性的升值时，货币当局抛售本币，买进外币；相反，当本币发生贬值时，货币当局买进本币，抛售外币。在一般情况下，这种干预影响了市场参与者的心理，能够在短期内奏效。但是在面临巨大的国际资本投机风暴冲击时，往往会造成储备流失、汇率贬值的结果。如 1997 年亚洲金融危机，很多国家货币贬值，但中国由于拥有充足的外汇储备且政府干预得当，以一个大国的身份稳定了人民币币值。因此，一国货币当局为了应付干预汇率的需要，必须持有一定数量的外汇储备以随时备用，尤其是当一国实行固定汇率，其货币不能充当国际硬通货时，持有一定量的干预性外汇储备显得尤为必要。

（三）应付突发事件引起的紧急国际支付

如果一国生产力和经济受到自然灾害的严重破坏，或因政治动荡引起资本大量外逃，或受到金融危机波及时，拥有充足的外汇储备就可以舒缓或者预防灾难的发生。特别是对于非国际货币国家，充足的国际储备尤其是外汇储备，可以对投机资本起到威慑作用。在金融市场开放的情况下，非国际货币国家若缺乏足够的外汇储备来应付短期资本和游资冲击，最后会因外汇储备有限，敌不过投机资本的力量而使干预汇率的外汇几乎白费，同时还可能给国内经济带来极大灾难。

（四）维持并增强国际上对本国货币的信心，保证本国的国际信誉

外汇储备存量的变化是国际有关资信评估机构确定一国信用等级的重要指标。这是因为：充足的外汇储备存量能够保证一国完成正常的对外支付，包括对外贸易支付、投资利润汇出、定期偿还外债本息等；同时有利于稳定本国货币汇率，减少国外贸易及投资商的汇率风险。可见，充足的外汇储备是维持一国正常开展对外经济往来、吸收国外投资的物质基础，能够提高一国的国际信誉水平。

此外，充足的外汇储备还有利于政府对国内外经济的调节。当一国经济萧条时，本国国内有效需求不足，政府为了扩大需求，实行扩张的货币政策和财政政策，这时央行就可以主动地增加外汇储备，即在国际外汇市场上买入外汇，抛出本币，从而使本国货币贬值，进而刺激出口，抑制进口，同时还能刺激外商直接投资的增长；相反，经济繁荣时，央行可以在国际外汇市场上

卖出外汇，从而使本国货币升值，达到抑制经济过热的目标。同时，通过对外汇储备的操作，可以实现国家的货币政策要求以及弥补财政赤字等。

三、外汇储备管理

外汇储备管理是指一国政府或货币当局根据一定时期内本国的国际收支状况和经济发展要求对外汇储备的规模和结构进行计划、调整和控制以实现储备资产规模适度化、结构最优化的整个过程。随着外汇储备多元化的不断发展和各国（尤其是中国）外汇储备的不断增加，导致了外汇储备管理的日益复杂化和潜在巨大的储备机会成本以及储备风险。在这种背景下，就需要建立一个合理高效的政策体制以及外汇储备管理模式以适应这种复杂化的局面，更好地管理外汇储备，提高外汇储备的效益，合理有效地配置外汇储备。外汇储备管理包括外汇储备管理体制、外汇储备管理目标和管理原则及外汇储备管理的内容。

（一）外汇储备管理体制

世界各国政体、国情千差万别，外汇储备管理很少有统一的模式，但是外汇储备的管理权一般属于政府，具体的管理工作则由各国货币当局（主要是中央银行和财政部）及其各个具体部门负责进行。一国政府从国民经济发展的总体规划出发，拟定出一定时期内该国外汇储备管理的宏观政策。根据这一政策的要求，货币当局制定出具体的管理细则并实施管理。

健全的外汇储备管理体制应该包括一整套完善的储备管理系统以及储备管理法规，应该明确一国外汇储备的范围、用途、管理机构、动用权力、补充来源等。可见，外汇储备管理体制的建立是外汇储备规模管理和结构管理的前提。只有建立健全的管理体制，才能把握住外汇储备管理的大方向，制定出具体的管理政策和措施并把各项具体的管理措施落到实处。由于外汇储备的特殊职能，即调节国际收支差额和稳定一国的货币汇率，世界各国大多由中央银行或者财政部担负外汇储备管理的责任。但各国因各自的情况不同，外汇储备管理体制呈现出了不同的特点。在完善中国外汇储备管理体制时，必须结合中国的具体情况。外汇储备作为一种具有特殊用途的金融资产，对其管理既要遵循一般金融资产安全性、流动性、收益性的管理要求，又要满足特定的国民经济发展要求，需要相当的管理技术与管理经验。本书将在第二章探讨中国外汇储备管理体制的模式。

（二）外汇储备管理目标和管理原则

根据 IMF 发布的《外汇储备管理指导方针》，外汇储备管理的目标包括：①能够满足指定一系列目标的、可及时获取的外汇储备的充足性；②流动性、市场风险和信用风险得到审慎的控制；③在流动性和安全性的前提下，从中长期投资中获取合理的收益。一国的货币和汇率安排及其国际收支和外国资产头寸的大小、性质和变动程度决定其所需的外汇储备的规模。为了保证外汇储备的及时获取，应当按照流动性、安全性和收益性来排列外汇储备管理目标。但是，如果外汇储备的流动性和安全性已经得到保障，则收益性应当着重考虑，原因在于持有外汇储备的高额成本❶。由此可见，外汇储备管理的根本目标是增强一国应对内外部金融冲击的能力，主要追求安全性和流动性。

一般外汇资产管理则以追求收益性为主，一些官方其他外汇资产还可承担政策性投资，如购买战略储备物资、引进先进技术等。

和银行的经营之道一样，安全性、流动性、收益性也是外汇

❶ IMF. 前引，第 4 页。

储备经营管理的一般原则。但由于商业银行将追求利润放在首要位置，因此收益性是它们经营管理的首要原则。再来看外汇储备，从职能来看，它首先是一国能随时使用的干预资产，是实现宏观均衡的重要砝码，因此储备资产的流动性是应该遵守的首要原则，如果储备资产缺乏流动性，根本就不能起到“缓冲器”的作用。其次，外汇储备作为价值储藏，其本金安全性也十分重要。一般安全性和流动性也往往是成正比的。因此，在外汇储备的管理中，流动性和安全性比收益性更为重要。安全性与流动性高，资产的风险就小，但风险小也就意味着收益性低。所以这三个原则在实际管理中往往是相互制约、相互矛盾的。一项管理措施的实施往往只有利于某一种原则，同时又有损于另一种原则，但这两个原则之间也有一致性的一面。就安全性和收益性而言，资金的安全离不开资金收益。资金的安全是相对的，风险却是绝对的。要保证资金的完好无损，资金就必须有盈利，只有盈利才是弥补资金风险损失的真正来源。

可见，对于外汇储备管理，在保证其流动性和安全性的前提下，又要尽可能地追求收益性。当这三个原则相互发生矛盾需要作出妥协时，储备资产的流动性无疑应该放在首位。事实上，如何驾驭这三个原则之间的关系，使之达到合理的协调，发挥出最大的效用，不仅仅是一种两难抉择，而且是一门经营管理的艺术。

不同国家外汇储备管理目标和管理原则各有侧重，本书在第四章对此将有详细介绍分析。

（三）外汇储备管理的内容

《中国外汇管理》一书[1]对外汇储备管理的内容作了以下界

[1] 吴晓灵．前引书，第225-226页。

定：外汇储备管理是国民经济宏观管理不可分割的组成部分。外汇储备管理是指一国政府及货币当局根据一定时期内本国的国际收支状况和经济发展要求，对外汇储备的规模、结构及储备资产的运用等进行调整、控制以实现储备资产规模适度化、结构最优化、使用高效化的整个过程。可见，外汇储备管理需要解决两个紧密联系的问题：一是如何确定和保持外汇储备的适度规模；二是在储备总额既定的条件下，如何实现储备资产结构的最优化。因此，外汇储备管理包括质和量两个方面的管理。所谓量的管理，是指对外汇储备规模的选择与调整；所谓质的管理，则是指对外汇储备经营的管理，主要是对外汇储备结构的确定和调整。前者通常被称为外汇储备的规模管理，后者则被称为外汇储备的结构管理。通过对外汇储备实施有效的管理，将实现两个管理目标：一是维持一国国际收支的正常运行；二是提高一国外汇储备资产的使用效率。

第二节　全球外汇储备的现状及未来趋势

一、全球外汇储备的现状

自 1995 年以来，全球尤其是新兴经济国家外汇储备表现出了以下显著特征：规模急剧增加，国家集中度提高，地区分布特征明显，资产结构格局明显变化。

（一）外汇储备规模

外汇储备规模急剧增加，增速加快。按照 IMF 的统计，全球外汇储备由 1995 年 1 月的 1.2 万亿美元增长到 2008 年年底的 6.71 万亿美元。21 世纪以来，全球外汇储备在达到空前规模的基础上又迅速增加。2000～2004 年年末，全球外汇储备总额由

2.06 万亿美元增加到 3.85 万亿美元，增加了 86.6%，超过了 1995～1999 年年末增加的 26.8%。从整个情况看，1995～2004 年年末，全球外汇储备总额增加了 1.53 倍，比全球出口总额的增速高出 1 倍左右。尤其是自 2002 年以来，短短 3 年间全球外汇储备增长了 91%（约 2 万亿美元），其增速是 1999～2001 年增速的 3 倍多。2005 年，前五大外汇储备国或地区占全球储备存量的 68%，排前两位的中国和日本占 2002～2005 年全球储备增加额的 50%和全球储备存量的 40%。排名前 10 位的储备国或地区中有 7 个来自亚洲，亚洲货币当局（包括日本）储备增加额占全球储备增加的绝大部分（见表 1-1）。另外，由于油价的上涨，石油输出国组织获得了大量经常项目盈余，成为资本净输出经济实体之一。

1948 年，全球国际储备为 478 亿美元，到 1970 年增长到 952 亿美元，22 年间年均增长速度仅为 3%。而从 1971 年到 2007 年年底的 37 年间，全球的国际储备却以年均 12%的速度在快速增长，由 1970 年的 952 亿美元增长到 2007 年年底的 6.5 万亿美元左右。37 年间全球国际储备增长了约 70 倍。而与此同时，全球的 GDP 仅增长了约 16 倍（见表 1-2）。

表 1-1　世界外汇储备排名

排名	国家和地区	外汇储备/亿美元	数据截止时间
1	中国大陆	19 537	2009 年 3 月底
2	日本	10 192	2009 年 6 月底
3	俄罗斯	4 105	2009 年 6 月 26 日
4	中国台湾	3 176	2009 年 6 月底
5	印度	2 646	2009 年 6 月 26 日
6	韩国	2 317	2009 年 6 月底

续表

排名	国家和地区	外汇储备/亿美元	数据截止时间
7	中国香港	2 070	2009 年 6 月底
8	巴西	1 953	2009 年 5 月底
9	新加坡	1 718	2009 年 5 月底
10	德国	1 514	2009 年 5 月底

资料来源：IMF 及其他中央银行与货币管理机构等网站。

表 1-2　全球外汇储备额及增长率

年　份	外汇储备额/万亿美元	增长率/%
1995	1.39	—
1996	1.57	16.50
1997	1.62	9.98
1998	1.64	−2.53
1999	1.78	11.18
2000	1.94	14.50
2001	2.05	9.75
2002	2.41	8.61
2003	3.03	14.93
2004	3.75	18.55
2005	4.17	21.00
2006	5.04	14.63
2007	6.40	20.93
2008	6.71	7.64

资料来源：根据 IMF 的 International Financial Statistics 历年资料整理。

由表 1-2 可绘出图 1-1。

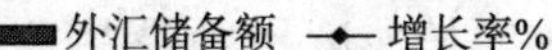

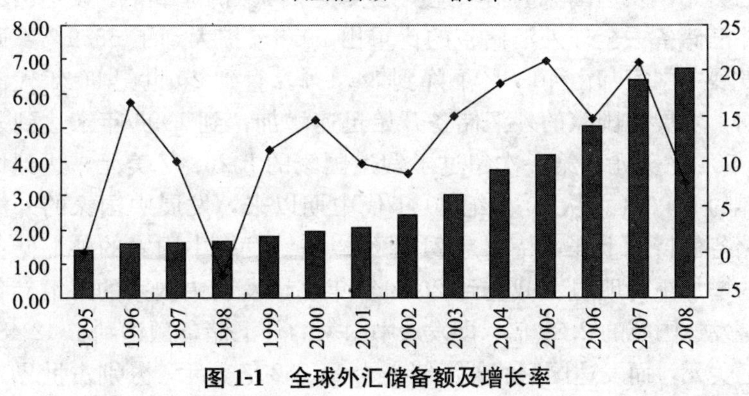

图 1-1　全球外汇储备额及增长率

（二）外汇储备分布结构

外汇储备分布结构发生了明显变化。一方面，包括中国大陆在内的发展中经济体外汇储备总规模在 2004 年超过了包括“亚洲四小龙”在内的 29 个发达经济体的总外汇储备。另一方面，东亚地区的外汇储备份额已经占全球的 70%以上，其中仅中国大陆、日本、韩国和香港就占了世界外汇储备总规模的一半以上。随着油价的持续上涨，中东地区和俄罗斯的外汇储备增长幅度也比较大。

外汇储备在全球迅速增加的同时还表现出以下特点：

(1) 20 世纪 80 年代以前发达国家外汇储备增加迅速，发展中国家外汇储备增加缓慢。而到了 20 世纪 90 年代开始则出现了相反的发展情况。由 IMF 的“International Financial Statistics”整理（见表 1-3）可知，1980～1990 年年末，发达国家外汇储备由 2 703 亿美元增加到 6 287 亿美元，发展中国家由 1 817 亿美元增加到 3 253 亿美元，分别增加了 132.6%和 79%。从绝对数上看，发达国家增长了 3 584 亿美元，发展中国家才增长 1 436 亿美元，发达国家的增长速度是发展中国家的近 2 倍。发达国家外汇储备占全球外汇储备的比重由 59.8%扩大到了 65.9%，而发展中国家却由 40.2%下降到 34.1%。直到 20 世纪 90 年代前期，发展中国家的外汇储备开始迅速增加，到 1996 年末达到了 8 554 亿美元，第一次超过了发达国家的 8 268 亿美元，达到世界的 50.9%。从 20 世纪 90 年代中期以来，发展中国家的外汇储备额持续上涨，特别是 21 世纪以来，发展中国家的外汇储备的增加更为明显。截止到 2008 年年底，发展中国家的外汇储备是发达国家的 2.88 倍，即发展中国家的外汇储备额达到了 42 484 亿美元，而发达国家的外汇储备才 14 752 亿美元，分别占世界外汇储备的 63.3%和 36.7%。

（2）东亚地区的外汇储备迅速增加。东亚地区特别是在 1997 年金融危机以后的外汇储备增加迅猛，其中日本从 1995 年的 1 845 亿美元增加到 2008 年的 10 037 亿美元，增加了 4.44 倍。中国从 1995 年的 736 亿美元增加到 2008 年的 19 460 亿美元，短短 13 年的时间增加了 25 倍多，占世界比重由 4.84%上升到 29%，并于 2006 年超过日本成为世界外汇储备最多的国家。相比之下，发达国家美国的外汇储备却从 1995 年的 884 亿美元下降到 2008 年的 496 亿美元，呈下降趋势，占世界比重由 5.81%下降到了 0.74%。东亚地区外汇储备增加的主要原因首先就是世界经济失衡。20 世纪末至 2008 年经济危机之前全球经济整体较好，主导全球经济的美国经济实行了扩张性的财政政策，采取积极的减税措施，同时在低水平的市场利率刺激下，美国国内消费和投资活动、贸易赤字规模不断扩大，美元大量流出。与此同时，东亚地区的经济发展不是很完善，大部分国家还是依靠对外贸易和出口推动经济的增长。此外，东亚地区各经济

实体实行浮动汇率制度等原因导致了大量的美元流入东亚地区，造成了东亚地区的外汇储备急剧膨胀。

（3）欧盟各国的外汇储备出现震荡式变化。从表 1-3 可以明显地看出欧盟各国的外汇储备从 20 世纪 80 年代的前期至中期在减少，从 20 世纪 80 年代后期到 90 年代中期储备额转而增加，其后到 2005 年又开始不断地减少，而从 2005 年至今又出现上升的趋势，其总的趋势呈现出震荡的形式。1980 年欧盟的外汇储备为 1 765 亿美元，大大超过美国的 268 亿美元和日本的 252 亿美元，其中英、法、德三国的外汇储备额均超过美、日两国，此时其占世界的比重为 39.04％。到 1995 年，欧盟的外汇储备额增加到 3 718 亿美元，但是占世界的比重却减少为 24.45％。到 2005 年，欧盟各国的外汇储备减少到 1 672 亿美元，仅为日本外汇储备 8 288 亿美元的 20.17％，为世界总储备的 4％。

表 1-3　20 世纪 80 年代以来世界各经济体外汇储备情况

单位：亿美元

年　份	1980	1985	1990	1995	2000	2005	2006	2007	2008
全球合计	4 520	4 813	9 540	15 208	20 648	41 746	50 371	63 985	67 129
发达国家	2 703	2 832	6 287	7 642	8 933	12 950	13 953	15 013	14 752
欧盟各国*	1 765	1 515	3 171	3 718	2 605	1 672	1 840	2 035	2 154
英国	275	135	368	430	446	359	409	458	496
法国	310	297	409	311	415	240	403	436	304
德国	528	480	726	900	620	398	377	408	386
美国	268	422	853	884	685	378	409	458	496
日本	252	277	797	1 845	3 560	8 288	8 749	9 484	10 037
发展中国家	1 817	1 981	3 253	7 566	11 802	21 270	28 177	40 035	42 484
中国大陆	－13	26	111	736	1 656	8 189	10 663	15 282	—
新加坡	—	128	277	687	801	1 157	1 358	1 625	1 736

续表

年　份	1980	1985	1990	1995	2000	2005	2006	2007	2008
韩国	—	—	148	327	961	2 100	2 384	2 618	2 005
马来西亚	—	50	99	239	296	694	817	1 006	906
泰国	—	23	134	361	321	505	651	851	1 083
印度尼西亚	—	51	76	139	286	329	409	547	493
菲律宾	—	7	11	66	134	158	199	301	330
印度	—	68	21	186	384	1 310	1 702	2 666	2 466
墨西哥	—	50	99	169	355	730	754	863	940
俄罗斯	—	—	—	149	248	1 757	2 953	4 664	4 115
巴西	—	107	77	149	248	532	851	1 794	1 928

注：* 欧盟各国的外汇储备在 1990 年之前为欧共体各国之和。

资料来源：根据 IMF 的 International Financial Statistics 历年资料整理。

（三）外汇储备货币结构

根据 IMF 的 COFER（composition of official foreign exchange reserves）数据库资料，整理了以下外汇储备货币规模和结构情况。

表 1-4　1999～2008 年世界储备货币规模与结构情况

年　份	1999	2000	2001	2002	2003	2004	2005	2006	2007	2008
总规模/万亿美元	1.782	1.937	2.050	2.408	3.026	3.749	4.175	5.037	6.398	6.713
美元份额/%	71.01	71.13	71.52	67.08	65.93	65.95	66.91	65.48	64.02	63.00
欧元份额/%	17.90	18.29	19.18	23.79	25.16	24.80	24.05	25.09	26.38	26.80
英镑份额/%	2.89	2.75	2.70	2.81	2.77	3.37	3.60	4.38	4.68	4.70
日元份额/%	6.37	6.06	5.05	4.35	3.94	3.83	3.58	3.08	2.88	3.11
其他份额/%	1.83	1.77	1.55	1.97	2.20	2.05	1.86	1.97	2.04	2.39

资料来源：根据 IMF 的 COFER 数据库资料整理。

根据表 1-4 可得图 1-2。

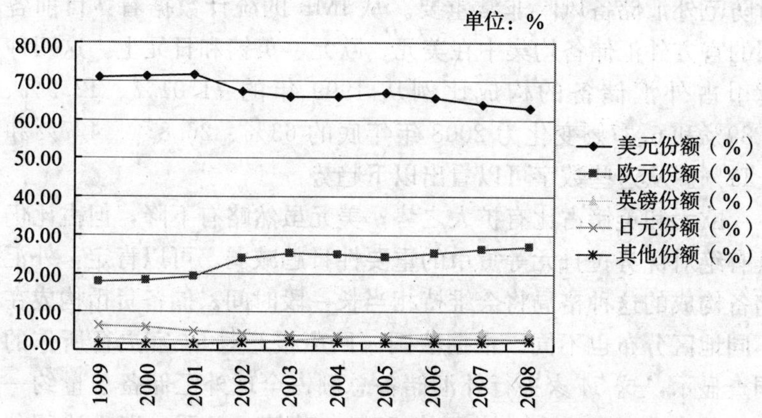

图 1-2　1999～2008 年世界储备货币规模与结构情况

从表 1-4 和图 1-2 可以看出，外汇储备货币格局出现了一些变化。1999～2008 年，世界外汇储备中美元的份额呈现下降趋势，由 1999 年的 71.01%下降到 2008 年的 63%，日元的份额也显现出同样的趋势，由 6.37%下降到了 3.11%，分别下降了 11.28%和 51.18%。同时，1999 年以来，随着欧元的诞生和流通，欧元在世界外汇储备的货币结构中的比重得到提高。从全球范围来看，在 1999～2008 年，欧元份额由 17.90%上涨到 26.8%，10 年间增加了 49.72%，尤其是在发展中国家外汇储备的货币结构中的比重提高更大，而美元和日元的比重则有所降低。根据 IMF 的调查报告，1999～2005 年，在发展中国家外汇储备中，欧元比重从约 19%提高到约 29%。从表 1-4 中还可以看出，英镑的份额在不断增加，10 年间增加了 62.23%。除此之外，其他货币的份额也在震荡中增加。

在外汇储备货币构成中，美元、欧元、英镑、日元这些主要储备货币的比例构成问题以及如何根据汇率走势作出迅速调整，对防范外汇储备风险非常重要。从 IMF 的统计数据看：目前各国的官方外汇储备均集中在美元、欧元、英镑和日元上。这四种货币占外汇储备的构成比例从 1999 年的 71.01%、17.9%、2.89%和 6.37%变化为 2008 年年底的 63%、26.8%、4.7%和 3.11%。从这些数字可以看出以下趋势：

欧元和英镑占比有扩大之势；美元虽然略有下降，但占比仍具有绝对优势；日元等货币的重要性日趋减弱。可以肯定，外汇储备构成的这种格局将会维持相当长一段时间。储备货币构成在不同地区分布也不同。根据法国《回声报》对 54 家央行所作的调查显示，这 54 家央行外汇储备总额占全球外汇储备总量约一半，其中欧元占 29%，美元占 57%，英镑、日元、瑞士法郎分别为 5%、3%、1%。在欧洲国家外汇储备中，欧元占 50%，美元占 39%；加勒比地区 100%是美元储备；在美洲、非洲国家中，欧元占比分别为 14%和 18%；太平洋地区国家外汇储备中，美元占 60%，欧元占 40%。从这些数字可以看出，除欧洲外，美元是占绝大部分比例的储备货币。尽管美国利用美元建立了金融霸权，国际储备体制是一种有利于发达国家、不利于广大发展中国家的不公平的体制，但由于存在“特里芬难题”，国际社会仍依赖美国的国际收支逆差供应国际储备，这种局面难以改变。美国由于发行美元这种主要的储备货币获得了巨额的币税，特别是作为战略物资的石油美元回流购买美国债券，导致大量资金流入，弥补了美国巨额贸易逆差，这就是美元作为储备货币的优势所在。许多国家特别是石油输出国企图将石油美元改为石油欧元，这对美国来说将是根本性的打击，目前仍停留在设想阶段。由于美元作为结算货币以及长期形成的习惯，加上美国的阻止、欧元的脆弱，目前这种计划还难以成为现实。但欧元作为唯一有

与美元较量潜力的货币，是美元退出金融霸权的希望所在。欧元自正式产生后一路坎坷，从 1999 年 1 月初欧元兑美元 1∶1.18 高位跌到 2000 年 10 月 26 日最低点 0.82 美元，跌幅超过 30%，后在低状态下有所回升。从每年最后一天的收盘价看：2001 年为 1∶0.890 8，2002 年为 1∶1.049 7，2003 年为 1∶1.256 3，2004 年为 1∶1.355 4，2005 年为 1∶1.183 4，2006 年为 1∶1.319 6，2007 年为 1∶1.458 8，2008 年为 1∶1.396 5。欧元增速强劲，美元一路走软，符合美国经济利益。当然，美元不会无限度地跌下去，否则会危及其储备货币的地位；欧元也不会无限度任其升值下去，这会危及欧洲经济的发展。欧元问世后并没有改变美元的主要储备货币地位。欧元是欧洲联盟欧元区的统一货币，但欧洲经济发展后劲不足，长期实行的高福利制度抑制了人们的工作热情，欧元的强势缺乏经济作后盾。而美国高技术飞速发展促使经济发展活跃。美、欧是世界上最大的经济实体，拥有近 3 亿人口的欧元区占世界国内生产总值的 19.4%和世界贸易的 18.6%；美国占世界国内生产总值的 19.6%和世界贸易的 16.6%，两者旗鼓相当。但欧元区虽是自愿联合，但缺乏一个统一的政府为后盾，欧元区是“经济上的强人，政治上的矮人”，这也是欧元作为储备货币没有显著提高、没有与美元平分秋色的重要原因之一。所以欧洲正在讨论制定欧盟宪法问题，以此统一各国政治体制。日元作为储备货币有日趋萎缩之势。日本的国内生产总值相当于美国的 60%，日本的 GDP 占世界总值也较大。在国际贸易的结算货币构成中，美元占 60%以上，而日元却低于 10%。日元的储备货币地位下降与其经济长期低迷有关。所以在中国外汇储备的货币构成中，应充分加强对美元、欧元、日元走势的研究，及时根据汇率走势调节货币构成，防范储备货币汇率风险。

（四）外汇储备资产结构

外汇储备资产结构格局也发生了一些变化。随着外汇储备规模的日益膨胀，发达国家的国债和机构债市场容量已经变得十分有限，而且收益率较低，股票、房地产抵押债券和企业债券等一些风险和收益率更高的资产也加入到外汇储备的资产构成中。近年来，如何进行资产分散化成为各国外汇储备管理面临的现实问题，尤其是外汇储备较高的东亚地区，如近年媒体热议的韩国、日本和俄罗斯有关官方关于储备投资分散化，给国际金融市场造成了一定的影响。另外，除了增加资产类别，各资产类别的期限结构也发生了变化，期限有所拉长。2005 年 2 月，格林斯潘谈到“长期收益率之谜”（Conundrum），所谓“长期收益率之谜”，是指美联储自 2004 年 6 月以来数次加息后，美国联邦基金利率已经从 1%提高至 3.25%，提升了 2.25 个百分点（225 个基点），而与此同时，美国 10 年期国债的收益率从 4.7%左右降至当时的 4.2%左右，下降了 0.5 个百分点（50 个基点），导致美国 10 年期国债与联邦基金利率之间的利差进一步走低。为什么长期债券收益率长期处于较低水平，国际上有些金融市场人士认为，其中一个重要的原因就是官方外汇储备投资期限拉长。

全球外汇储备急剧增加引起了理论界和政策界的广泛关注和讨论，其中讨论的热点之一就是外汇储备激增背后的动因及适度外汇储备规模的度量。外汇储备激增背后的动因主要有四个方面：一是受金融危机的经验教训影响，新兴市场经济国家出于自我保护的需要；二是受目前的市场环境影响，新兴国家为了维持出口部门国际竞争力、避免本币升值而采取外汇干预的结果；三是由新兴市场经济国家国内金融体系的特征决定的，包括欠发达的金融体系无法将国内居民的储蓄转化为有效的投资、国内储蓄投资存在缺口等（其中一和三侧重讲发展中国家储备的增加与金

融全球化有一定关系）；四是新兴市场经济国家近年来石油价格居高不下，使一些石油输出国获得了大量的石油美元储备。近年来亚洲新兴市场经济国家外汇储备的增加主要是因为经常项目盈余和净资本流入盈余的“双顺差”所致，而俄罗斯和中东产油国虽然为资本净输出国，但是由石油价格上涨所带来的巨额贸易顺差仍然使这些国家获得了较多的石油美元储备。外汇储备的增加虽然代表一国的财富规模和抵御风险能力的增强，但也带来一定的成本和风险，增加了官方外汇储备资产管理的难度。

二、全球外汇储备的未来趋势

在过去 10 年的时间里，世界外汇储备出现了明显的结构性变化。展望未来，这种演变的趋势还没有完全结束，但一些新的趋势已经显现。

（一）外汇储备规模

由于全球经济的下滑且近来有加速下滑的趋势，加上金融危机的进一步恶化，世界外汇储备规模的增长速度将会逐渐放慢，将结束近 7 年来的高速增长。2008 年全球外汇储备增长率仅为 7.64%，远低于 2007 年的 20.93%，并在 2008 年第二季度开始减速，到 7 月出现了 2001 年 2 月以来的第一次下降，为 4.339 万亿 SDRs（特别提款权），比上季度的 4.435 万亿 SDRs 减少了 0.1 万亿 SDRs。

值得一提的是，外汇储备走势和汇率制度相关，各国央行持有外汇储备的目的主要在于缓和国际收支的波动。通常情况下，央行稳定国际收支的手段是汇率政策。各国可能会根据各自的汇率制度对外汇储备额进行一定的调整。那些高储备的发展中国家和地区将会有意识地控制外汇储备规模的增长。囿于国际金融市场低风险投资工具的有限空间以及汇率改革自由化的长期目标，经济持续快速发展过程中本币面临的长期升值压力，以及扩大消费的政策引导，东亚等发展中地区的外汇储备增长速度将会放慢。

（二）外汇储备管理

世界外汇储备在管理方面将会出现较显著的改革。

一方面，储备投资分散化的努力将会对国际金融市场的有关货币和资产类别的风险收益特性带来结构性影响。相对私人资本，官方资本对国际金融市场的影响不再无足轻重。然而，虽然出于流动性和安全性考虑，金融工具仍主要集中于政府或准政府债券，但新的趋向是部分储备已转向较高风险、较高收益的金融工具，甚至如货币期权、黄金及与通胀相关的外国债券等。

另一方面，外汇储备的开创性运用将对发展中国家和地区自身经济金融的长期稳定发展具有影响，如促进金融改革的推进速度、促进区内金融合作的深化和金融市场的发展、石油输出国组织的石油基金、俄罗斯偿还外债、台湾向银行分配 150 亿美元资金用于资助对内投资、中国为国有银行注入 600 亿美元资本等。

另外，虽然在世界范围内美元的储备份额在逐渐减少，但是在亚洲等地区，美元储备占了绝对主导的地位。这主要因为是美国固定收益市场的深度、广度和流动性相比日本和欧元区具有明显的优势，世界各国对外贸易中的交易货币主要还是美元，以及交易的对象和相关方还是和美国密切联系的。2008 年，美国财政部发行的债券中 70％被外国官方机构所持有。虽然美元近年来表现疲软，但可以预见，在未来较长一段时间内，美元仍将是各国官方（尤其是东南亚）外汇储备资产的主要储备币种。

（三）国际金融秩序

当前，全球金融危机造成的影响仍然存在，对金融市场和实体经济打击巨大。此次危机暴露出国际金融体系的一些问题必须进行改革，包括强化在国际金融体系中占主导地位国家的国际责任，扩大发展中国家在国际金融体系中的作用，逐步改善国际货币体系，改革国际金融组织，加强国际金融监管，鼓励区域金融合作，提高国际金融体系的稳定性。

“布雷顿森林体系”建立以来，以美元为首的国际货币体系得到了发展，但 IMF 和世界银行的作用始终受到制约，如这次全球金融危机充分说明了国际金融机构在危机中的乏力。因此，构建新的国际金融体系、国际货币体系的改革至关重要。国际货币体系改革一定要取得实质性推动，美国一家说了算、甚至西方七国说了算的历史必须结束，发展中国家和新兴市场经济体一定要参与进来，形成新的国际经济格局。因此，要创造性地改革和完善现行国际货币体系，就必须推动国际储备货币向着币值稳定、供应有序、总量可调的方向完善，从根本上维护全球经济金融的稳定。国际金融秩序将会有所调整，但不会出现革命性的重构。如果发达国家不将一部分发言权让渡给新兴的发展中国家，后者就完全有能力重新组建一个自己的 IMF 和 BIS（国际清算银行），这样一来，发达国家构建的金融稳定机构在发展中国家将会失去影响力。因此，高外汇储备的东亚地区应该加快区内金融合作和发展，如通过进一步加强区内央行货币互换机制来促进金融领域的合作，进一步发展亚洲债券基金来促进金融市场的发展。只有这样，才能赢得国际金融秩序向有利于自己的方向调整。但还应看到，尽管外汇储备超过了发达国家，但发展中国家的经济基础和发达国家的差距仍然比较大。发展中国家应该认识到这一点，循序渐进地推动国际金融秩序的改革。

第三节　中国外汇储备管理现状及存在的问题

一、中国外汇储备增长历程

从中国外汇储备增长图❶（见图 1-3）可以看出，中国的外汇储备增长分为两个时期：低外汇储备时期和外汇储备增长时期。

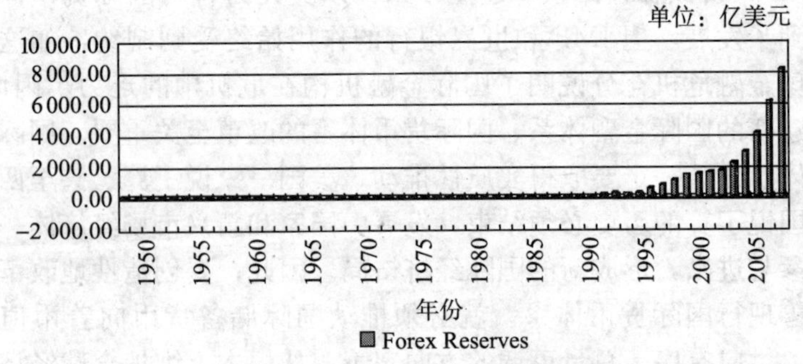

图 1-3　中国外汇储备增长图

（一）低外汇储备时期

在 1978 年以前，中国一直奉行既无外债又无内债的基本国策，实行“量入为出、以收定支、收支平衡、略有节余”的外汇政策，外汇收支主要是经常项目外汇收支。那时国家外汇结存平均每年在 5 亿美元左右，外汇储备波动不大。1978 年，中国外汇储备只有 1.6 亿美元。1978～1993 年，中国经济体制逐渐由高度集中的计划管理逐步向间接的市场管理阶段转化，设立了专

❶　数据来源于国家外汇管理局网站。

门管理外汇的机构——外汇管理局，并明确规定由中国人民银行管理，国家外汇管理局成为人民银行归口的国家局统一行使外汇储备监督管理职能的机构。这一阶段，虽然外汇储备增长率出现了较大的波动，但外汇储备总量水平仍然较低，增长不稳定，出现过大起大落的情况。在1981～1984年出现了一个较大的增幅后，于1985年又回落到1981年的水平。在1985～1988年都处于较低水平。1989年和1990年，为促进经济回升，中国曾两次下调人民币汇率，有力的推动了出口，同时资本流入继续平稳增长，从此中国外汇储备才走上了一条稳定增长的道路。到1993年年底，中国外汇储备保持在220亿美元左右（见图1-4）。

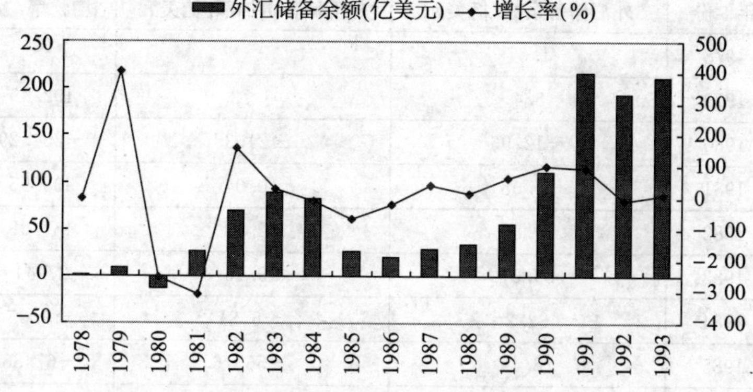

图1-4　1978～1993年中国外汇储备基本情况

资料来源：国家外汇管理局网站。

整体来说，这一时期外汇储备规模很小，在全球以及发展中国家外汇储备中所占的比重还很低，国际影响力弱。中国外汇储备在1985年占全球外汇储备总量的0.55%，占发展中国家外汇储备总量的1.33%；1990年占全球外汇储备总量的1.16%，占发展中国家外汇储备总量的3.41%。究其原因，主要是由于这一时期中国的改革开放还处于启动和探索阶段，虽然对外开放的步伐不断加快，但是改革前长期存在的各种体制机制性问题没有得到根本的解决。当时外汇管理体制仍是计划经济体制下的粗放式管理方式，相关的法律法规不健全，这些矛盾都与经济发展的需要相背离。另外，1980 年国家规定了留成额度的调剂方法，但该方法对调剂业务的行政措施过严，限制太大，使得调剂业务不活跃，直接影响了外汇资金的周转和外汇市场的发育，造成外汇储备规模相对较小。表 1-5 所示为中国改革开放以来的外汇储备及其增长情况。

表 1-5　改革开放以来中国外汇储备的基本情况

年　份	外汇储备余额/亿美元	外汇储备增加额/亿美元	增长率/%
1978	1.67	—	—
1979	8.4	6.73	402.99
1980	−12.96	−21.36	−254.29
1981	27.08	40.04	308.95
1982	69.86	42.78	157.98
1983	89.01	19.15	27.41
1984	82.2	−6.81	−7.65
1985	26.44	−55.76	−67.83
1986	20.72	−5.72	−21.63
1987	29.23	8.51	41.07
1988	33.72	4.49	15.36
1989	55.5	21.78	64.59
1990	110.93	55.43	99.87
1991	217.12	106.19	95.73
1992	194.43	−22.69	−10.45

续表

年　份	外汇储备余额/亿美元	外汇储备增加额/亿美元	增长率/%
1993	211.99	17.56	9.03
1994	516.20	304.21	143.50
1995	735.97	219.77	42.57
1996	1 050.49	314.52	42.74
1997	1 398.90	348.41	33.17
1998	1 449.59	50.69	3.62
1999	1 546.75	97.16	6.70
2000	1 655.74	108.99	7.05
2001	2 121.65	465.91	28.14
2002	2 864.07	742.42	34.99
2003	4 032.51	1 168.44	40.80
2004	6 099.32	2 066.81	51.25
2005	8 188.72	2 089.4	34.26
2006	10 663.44	2 474.72	30.22
2007	15 282.49	4 619.05	43.32
2008	19 460.30	4 177.81	27.34

资料来源：国家外汇管理局网站。

（二）外汇储备增长时期

在 1993 年以前，中国公布的外汇储备包括两个部分：国家外汇库存和中国银行营运外汇库存。从 1993 年开始，考虑到与国际管理接轨和中国银行向商业银行体制转化的需要，中国公布的外汇储备范围中不再包括中国银行营运外汇结存。在 20 世纪 90 年代以前中国的外汇储备一直处于严重短缺状态。90 年代以后，特别是 1994 年 1 月中国对外汇体制进行了重大改革，汇率并轨，实行银行结售汇，统一的外汇市场建立，使得中国外汇储备迅猛增长。1996 年中国外汇储备规模突破 1 000 亿美元大关，2001 年突 2 000 亿美元大关，2003 年更是突破 4 000 亿美元大关。2004 年外汇储备达到了 6 099.32 亿美元，同比增长 51.25%，到 2006 年 2 月底，中国外汇储备规模达到 8 537 亿美元，首次超过了日本，居全球第一位。

结合历年的外汇储备存量和增速状况，1994 年至今，中国外汇储备的变动大致可以分为三个阶段。

1. 第一阶段为较快增长阶段（1994～1997 年）

1994～1997 年为较快增长阶段（见图 1-5）。随着改革开放的不断深入，原有的外汇体制越来越不适应市场经济的发展。针对原有外汇体制的弊端，国家于 1994 年对外汇管理体制进行了一次重大改革：1994 年 1 月 1 日起，取消人民币官方牌价，实行以市场供求为基础的、单一的、有管理的浮动汇率制，实行银行结汇、售汇制，取消经常项目下正常用汇的计划审批，允许人民币在经常项目下有条件可兑现，原有外汇留成、上缴及额度管理取消；建立银行间外汇交易市场，改进汇率形成机制，中国人民银行在市场供求的基础上通过向外汇交易市场吞吐外汇，保持合理及相对稳定的人民币汇率；取消外汇收支的指令性计划，国家运用经济、法律手段来实现对外汇的国际收支的宏观调控等。这些举措极大地调动了国内企业出口以及外商投资中国的积极性，尤其是官方汇率与外汇调剂市场汇率并轨，取消了对经常账户收支的各类歧视性多重汇率制度，促成了人民币对美元的贬值，由并轨前的 1∶5.80 调整为 1∶8.708，人民币对美元贬值高达 50%，使企业出口和外商投资有了更大的盈利空间，从而导致他们掀起了对外出口和投资中国的高潮，经常项目和资本金融项目都出现了大幅度的顺差，国家外汇储备获得了较快的增

长。1994～1997年，中国外汇储备年增长额分别为380.21亿美元、219.77亿美元、314.43亿美元、348.50亿美元。至1997年年底，中国外汇储备余额由1993年的211.99亿美元增长为1 398.90亿美元，累计增长了1 186.91亿美元，平均每年增加近300亿美元，年均增长速度高达65.5%，1994年净增304亿美元，增幅高达143.5%。

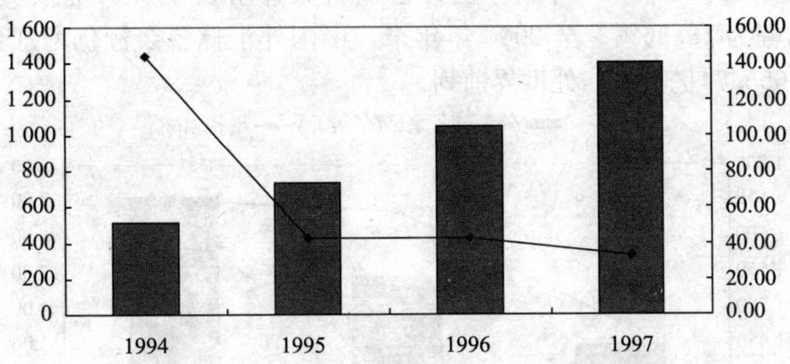

图1-5　1994～1997年中国外汇储备增长情况

资料来源：国家外汇管理局网站。

这一时期中国外汇储备的总体特征是规模较以往有了大幅的增长，告别了曾一度困扰中国经济增长的外汇短缺时代，但这一阶段外汇储备的增长速度还比较平稳，属于稳步前进。

2. 第二阶段为缓慢增长阶段（1998～2000年）

1998年到2000年为外汇储备的缓慢增长阶段（见图1-6）。1997年东南亚金融危机暴发，国际经济金融形势发生了深刻变化。东南亚各国货币纷纷大幅度贬值，资金急剧外流，外汇储备大量流失。然而，为了维护亚洲经济金融稳定，中国坚持人民币不贬值，使中国的出口遭受了严重冲击，再加上西方资本对亚洲及中国经济金融回升与发展缺乏信心，致使大批资金抽逃出中国，资本外逃现象十分普遍，因此，从 1998 年起，中国外汇储备增量明显减缓。在 1998～2000 年这 3 年间，国家外汇储备年增长额仅为 50.97 亿美元、97.15 亿美元和 108.99 亿美元，与 1997 年相比，只有 1997 年外汇储备增加额的 14.62%、27.87% 和 31.27%。尽管如此，中国外汇储备规模仍然保持缓步增长。从 1998 年到 2000 年，中国外汇储备累计增长 256.84 亿美元，增幅为 18.36%。至 2000 年年末，中国外汇储备余额仍增加到 1 655.74亿美元，处世界前列。

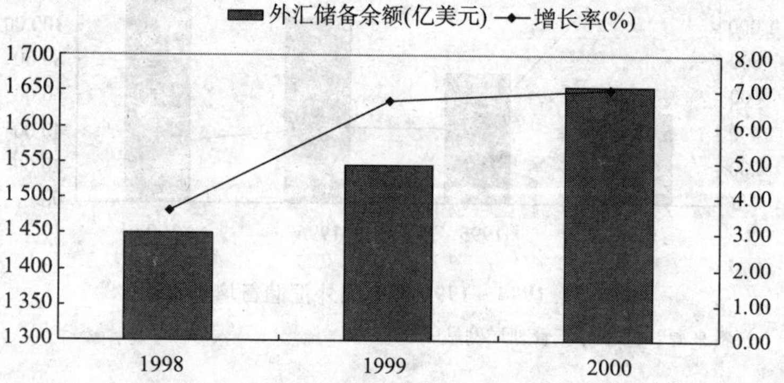

外汇储备余额(亿美元) 增长率(%)
1 700
1 650
1 600
1 550
1 500
1 450
1 400
1 350
1 300
8.00
7.00
6.00
5.00
4.00
3.00
2.00
1.00
0.00
1998
1999
2000

图 1-6　1998～2000 年中国外汇储备增长情况

资料来源：国家外汇管理局网站。

3. 第三阶段为高速增长阶段（2001～2008 年）

2001 年至今为高速增长阶段（见图 1-7）。经过亚洲金融危机的洗礼，中国的经济似乎得以浴火重生。国际市场和世界投资逐渐回暖，西方发达国家加快了对中国的产业转移进程，中国国内经济开始以年均 9%的增长率快速增长，中国经常项目、资本与金融项目都出现了巨额顺差，中国的外汇储备进入了一个前所

未有的迅猛增长阶段，年均增长率高达40%。截至2006年2月底，中国的外汇储备总额已达8 536亿美元，超过日本跃居世界第一，并且于2006年10月底首次突破1万亿美元，年底达到了10 663.44亿美元，在2007年年底更是达到了15 282.49亿美元，其发展速度之快、规模之大不仅是中国历史上从未有过的，更是世界上其他国家远不能及的。虽然2008年受到美国"次贷危机"的影响，外汇储备增长率有所下降，但仍然保持了27.34%的增长速度。

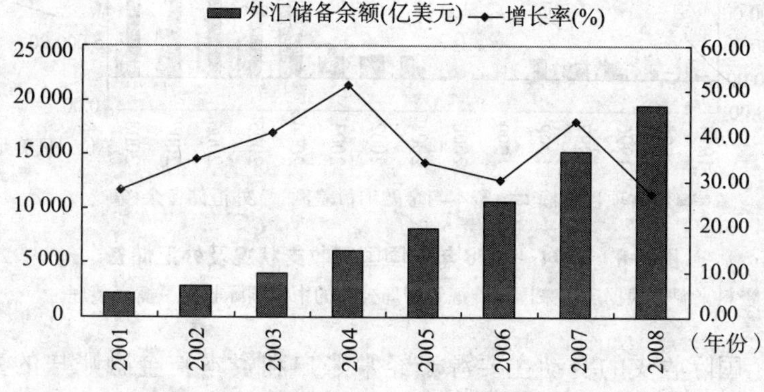

图1-7　2001～2008年中国外汇储备增长情况

资料来源：国家外汇管理局网站。

二、外汇储备持续增长的原因分析

（一）国际收支双顺差是巨额外汇储备形成的主要来源

外汇储备直接反映了一国对外经济往来的状况，它的增加主要通过以下渠道：①国际收支顺差情况下，货币当局干预外汇市场会导致外汇储备的增加；②借入外汇补充外汇储备；③用外汇储备收益补充外汇储备。在中国，外汇储备收益不记入外汇储备，而是列入中央银行的对外资产，外汇储备中也没有借入外汇的因素，因此，中国外汇储备数额的变化是由国际收支状况的变动直接引起的（见图 1-8）。

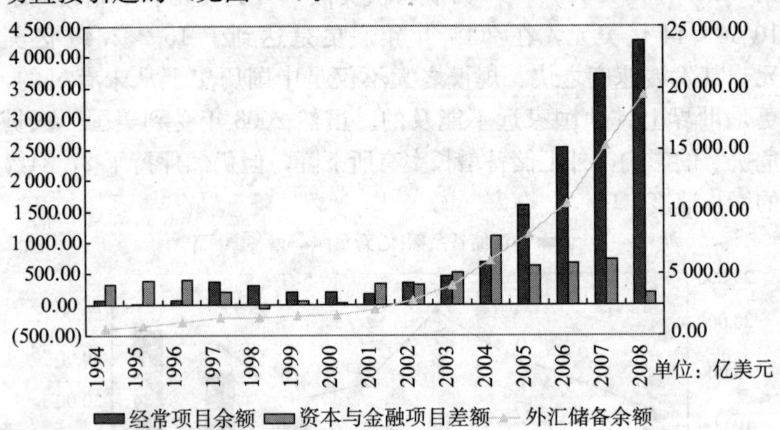

图 1-8　1994～2008 年中国国际收支状况及外汇储备

资料来源：根据历年来国家外汇管理局公布的中国国际收支平衡表整理。

国际收支的变动主要源于经常账户和资本与金融账户的变动。经常项目的变动具体来说包括货物、服务、收益、经常转移等子项目的增减；资本与金融项目变化来源于资本账户和金融账户余额的变动。因此，一国外汇储备的变动主要受两项对外经济活动的影响：一项是国际间的商品和服务贸易往来；另一项是包括直接投资、债券买卖和贷款在内的国际间的资本流动。

1995～1996 年，中国经常项目顺差较低，资本和金融项目顺差是外汇储备增长的主要因素。

从 1997 年开始，由于亚洲金融危机的影响，以及利率、汇率预期等因素的作用，资本和金融项目顺差大幅下降，并在 1998 年出现了 63.21 亿美元的逆差，同时，经常项目顺差开始

增长，成为国际收支总体顺差的决定性因素。2001 年以后，随着国际国内经济形势、国内外利差以及人民币汇率预期的变化，经常项目、资本与金融项目顺差都开始呈现大幅增长态势。

1. 经常项目顺差不断扩大的原因

（1）贸易和服务顺差。中国经常项目差额的表现趋势与贸易差额的变动趋势基本一致，这说明中国经常项目差额基本上是由贸易差额决定的。改革开放以来，中国通过扩大对外开放和深化外贸体制改革，对外贸易迅猛发展，贸易环境不断优化，加上出口政策的调整和出口企业产品竞争力的不断提高，中国对外贸易一直保持了持续快速的增长。1994 年以后中国进出口贸易一直保持顺差，特别是 1997 年顺差的增幅达 228%。亚洲金融危机后，中国的出口遭受了比较严重的冲击，货物和服务顺差大幅度回落。进入 2004 年之后，中国贸易出口急速增长，外贸顺差加大，截至 2008 年，这一数额达到了 3 488.7 亿美元（见表 1-6）。贸易顺差成为中国近年来外汇储备急剧增长的基础和源泉所在。究其原因，最根本的是国内储蓄大于国内消费和投资，国内需求不足。由于缺乏完善的社会保障体系，教育卫生费用过高，居民的预防性储蓄居高不下；政府方面，由于收入大幅增长而公共支出增长相对滞后，导致政府的储蓄也很高。同时，国有企业尤其是有垄断特权的国有企业利润增长很快，但是大部分的企业利润却被留存在企业内部，全体国民无法分享国有企业利润增长的红利。国内消费和投资不能吸收国内储蓄，只能通过出口来缓解内部需求的失衡。另外，是中国的要素集聚能力使然。一般来讲，全球要素流动是存在体制偏向的，高级要素（如资本、技术、品牌、跨国企业组织等）的流动是充分的，而低级要素（如劳动力、自然资源等）的流动是不充分的，这就导致了全球生产能力由高级要素富有国家向低级要素富有国家流动。由于众多农村劳

表 1-6　中国国际收支经常项目差额表（1994～2008 年）

单位：亿美元

年　份	经常项目差额	货物与服务	收　益	经常转移
1994	76.58	73.57	−10.36	13.37
1995	16.18	119.58	−117.7	14.34
1996	72.42	175.5	−124.4	212.9
1997	369.627	428.23	−110	51.4316
1998	314.713	438.37	−166.4	42.7845
1999	211.141	306.41	−144.7	49.4347
2000	205.192	288.73	−146.7	63.1131
2001	174.053	280.86	−191.7	84.9231
2002	354.22	373.83	−149.5	129.844
2003	458.748	360.79	−78.38	176.342
2004	686.592	492.84	−35.23	228.982
2005	1 608.18	1 248	106.35	253.855
2006	2 532.68	2 089.1	151.56	291.992
2007	3 718.33	3 074.8	256.88	386.675
2008	4 261.07	3 488.7	314.38	457.99

资料来源：根据国家外汇管理局历年来公布的中国国际收支平衡表整理。

动力在国内劳动力市场上的竞争，中国的实际工资存在黏性，低劳动力成本必然导致出口能力的迅速提高和贸易顺差的扩大。这一点的集中表现就是中国的对外贸易以加工贸易为主，如果没有加工贸易，中国将会出现贸易逆差而不是贸易顺差。从理论上说，加工贸易对出口的创造能力超过了所带来的对原料和中间产品的进口需求，因此必然会是处在加工环节的国家出现加工贸易

顺差。所以说中国贸易顺差的扩大直接带动了外汇储备增加。但中国以巨额贸易顺差换取的外汇储备激增，是在国内居民需求不振、消费对经济增长的拉动作用明显不足的背景下实现的。在换取巨额资金的同时，中国也付出了大量出口资源类初级产品以及资源和环境的高昂代价。

（2）收益。收益是指职工报酬和投资收益，包括中国和外国的个人在外国和中国工作1年以下得到并汇回的收入以及中国和外国在外国和中国的直接投资、证券投资和其他投资得到并汇回的收益，如利润、利息、股息等。该项目在国际收支中的比例一直很小。20世纪90年代，由于中国吸引了大量的国外投资，外债规模也比较大，因此这一项是净流出，在2001年达到顶峰，将近200亿美元，之后两年逐步回落，到2004年下降至35.23亿美元，表明外国的投资收益更多地留在了中国，或者中国在外国的投资收益更多地汇回了中国。从2005年开始，随着中国海外务工人员的增多，劳务收入有所增加，加上中国对外资产规模持续扩大，利润、利息等投资收益不断增长。在2008年，中国收益项目的顺差为314亿美元，同比增长22%。

（3）无偿转让。无偿转让包括国际组织、各国政府对中国的无偿援助与捐赠，以及侨汇和居民收支等。1990年以来，中国无偿转让项目一直是顺差，且顺差额逐年增加，1995年达到14.35亿美元，是1990年顺差额2.74亿美元的5倍多。2008年顺差额又剧增至458亿美元，但数额相对较小，与外汇储备规模的大幅变动关系不大。

2. 资本与金融项目顺差的原因

（1）资本金融项目。资本金融项目包括资本转移和非生产、非金融资产的收买或放弃。这个账户自设立以来，数额一直十分微小，对外汇储备变动影响微弱（见表1-7）。

表 1-7　中国国际收支资本与金融项目差额情况（1994～2008 年）

单位：亿美元

年　份	资本与金融项目	资本金融项目	金融项目	直接投资	证券投资	其他投资
1994	326.44	—	353.3	317.87	35.43	—
1995	386.75	—	346.39	338.49	7.9	—
1996	399.67	—	398.1	380.66	17.44	—
1997	210.154	−0.208	210.36	416.737	69.424	−275.8
1998	−63.214	−0.468	−62.75	411.181	−37.33	−436.6
1999	51.7952	−0.255	52.05	369.781	−112.3	−205.4
2000	19.2222	−0.353	19.575	374.829	−39.91	−315.3
2001	347.754	−0.535	348.29	373.559	−194.1	168.79
2002	322.908	−0.496	323.4	467.896	−103.4	−41.07
2003	527.259	−0.481	527.74	472.29	114.27	−58.82
2004	1106.6	−0.693	1 107.3	531.314	196.9	379.08
2005	629.639	41.018	588.62	678.21	−49.33	−40.26
2006	66.6203	40.201	26.419	569.347	−675.6	132.65
2007	735.093	30.991	704.1	1 214.18	186.72	−696.8
2008	189.649	30.514	159.13	943.201	426.6	−1 211

资料来源：根据国家外汇管理局历年来公布的中国国际收支平衡表整理。

（2）金融项目。

①直接投资。中国的资本金融项目一直未完全开放，对经常项目实行银行结售汇制度，许多潜在投资者无法顺利取得国内资金，投资者倾向于通过引进 FDI（国际直接投资）来用于国内投资。另外，由于引资能扩大就业和增加税收，地方政府为了提升政绩，实施吸引外资的一系列优惠政策，千方百计引进外资，也促使外资流入速度加快，同时也对走出去的外资加以严格的限

制。在中国经济快速增长的事实下，投资的高额回报率吸引了国际资本流入中国，导致与资本金融项目顺差相关的外汇储备不断增加。2005 年，中国吸收外资超过 600 亿美元，居世界第三位。

直接投资项目包括中国对外直接投资和外商在华直接投资。中国稳定的政治环境、优惠的引资政策和低廉的劳动力吸引了大量的外商直接投资的流入。仅在外汇管理领域，外资企业可以享受比中资企业优惠得多的待遇：在投资总额和注册资本金差额内可自主对外借款，可自行对外提供担保，外债项下保值业务无须审批，从境内外资银行借用的外汇贷款可以结汇成人民币，等等。各地竞相对外资企业提供优惠待遇，从而有助于外商直接投资大量流入。根据联合国贸发会议的统计，中国的 FDI 自 1993 年以来始终名列发展中国家之冠。然而，中国的资本流出渠道却非常狭窄。长期以来，为了利用有限的资金发展经济，中国对资本流出实行较严格的管制，这种状况并不因目前国内储蓄已出现相对过剩而改变。除国家外汇储备经营外，中国资本流出渠道主要是商业银行对外拆借和购买国外债券，其他渠道的资本流出很少，所以该项目一直是净流入，数额高，增长稳定。虽然 1999～2002 年间出现了一定幅度的回落，但之后持续递增，日益成为资本与金融项目顺差的主要来源。2007 年对外直接投资差额高达 1 214.2亿美元，2008 年虽然受全球经济危机的影响，直接投资金额有所下降，但也达到了 943.2 亿美元。由于在华投资的大多数跨国公司的产品往往面向国际市场出口，这也进一步带动了中国对外贸易尤其是出口贸易的进一步扩大。

②证券投资。从图 1-9 可见，从总量上看，证券投资项目的变化具有明显的阶段性特征，且波动幅度较大，对外汇储备变动的影响不确定。1994～1997 年，该项目为净流入，数额较小；1998～2002 年一直为净流出，规模在 100 亿美元左右；2003～

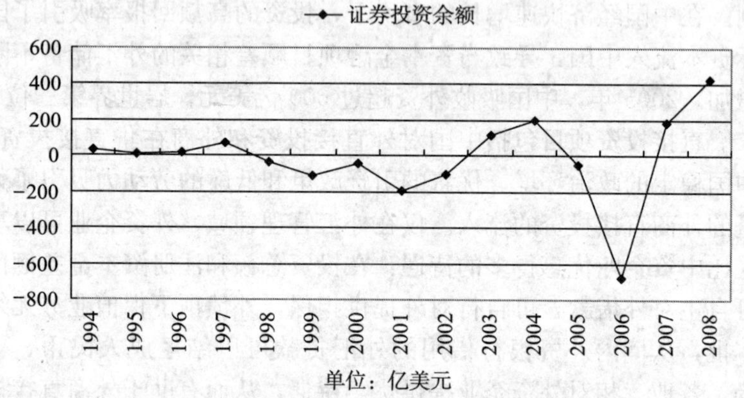

图 1-9　1994～2008 年中国国际收支证券投资余额

资料来源：根据国家外汇管理局历年来公布的中国国际收支平衡表整理。

2004 年再次为净流入；2005～2006 又表现为净流出；2007 至今为净流入。利率、汇率因素使短期资本流入增加。2001 年下半年以来，受本外币正利差和人民币升值预期的吸引，流入中国的短期资本增加。企业预收出口货款并结汇，进口推迟付汇，或由境外企业垫款，使从国外融入的贸易信贷增加。2003 年上半年贸易信贷为净负债 2.55 亿美元，而上年同期为净资产 14.3 亿美元。另一方面，人民币贷款利率高于美元贷款利率，两者一年期贷款利差约 2 个百分点，导致中资金融机构减少对国外的债券投资，将外汇资金调回国内，这在很大程度上造成国际收支中的证券投资逆差从 2001 年上半年的 100 亿美元减少到 2003 年上半年的 42.9 亿美元。值得注意的是，2006 年年底中国证券投资差额为－675.6 亿美元，境内机构证券投资净流出 1 104 亿美元。对外证券投资大幅增长，致使当年资本与金融项目顺差大幅降低。从原因来看，有国内和国际两种因素的综合影响。从国内来看，

一方面随着国内商业银行股份制改革和境外上市等，其可运用的外汇资金大幅增加；另一方面，境内机构对外证券投资渠道在不断拓宽，其外汇资产的运用日益多元化和国际化。从国际来看，随着主要发达国家持续提高基础利率，国内机构对境外有价证券投资的动力有所增强。

③其他投资。该项目涵盖了金融项目下所有直接投资、证券投资及储备资产没有包括的金融交易。这一项目的流向变动频繁而且规模较大，1997～2000 年，每年净流出 300 亿美元左右，2001～2006 年，其他投资项目呈 W 形震荡起伏的状态，2001 年、2004 年、2006 年为大规模流入，在 2007 年、2008 年为大规模流出，2008 年流出量达到 1 210.67 亿美元，对中国外汇储备产生了一定的冲击。

（二）人民币汇率升值预期是外汇储备快速增长的市场因素

随着中国经常账户和资本金融账户较长时期顺差的出现，西方国家对于中国的人民币升值呼声不断，这种压力激发了国际金融市场上对人民币升值的预期。一方面，短期投机资金通过各种渠道进入中国境内，这些国际短期资本在中国资本流入中占有很大比重，其中很大一部分最终转化为央行的外汇储备，导致了中国外汇储备规模的虚高。在海关经常项目表中，合计净误差与遗漏项目中的流入资金数量大约为 810 亿美元，这种来路不明的资金被界定为热钱。综合国内外经济学家的测算结果，当前中国国内热钱的总体规模约在 5 000 亿至 10 000 亿美元，并且呈现加速流入的趋势。事实证明，只要普遍地存在人民币升值的预期，那么投机性的资本就会源源不断地进入中国套取利润。这些资本的大量流入，加剧了国内外汇市场上外汇供大于求的矛盾，使得中国外汇储备规模不断加大，从而又增强了人民币进一步升值的预期，形成外汇储备继续增加的循环。另一方面，清晰的人民币升值预期使得境内机构和个人持汇意愿减弱、结汇意愿增强，导致外汇储备进一步增长。

（三）现有的外汇管理制度是外汇储备快速增长的根本原因

1994年1月1日，中国进行外汇体制改革，实行强制结售汇、央行对外汇银行头寸进行额度控制的外汇管理体制和以外汇市场供求为基础的有管理的浮动汇率制。虽然中国对外宣称的是实行以市场供求为基础的、有管理的浮动汇率制度，但实际在外汇市场上，美元兑人民币多呈窄幅波动，相当于实行了钉住美元的固定汇率制，人民币与美元之间的兑换比价一直保持着很大程度的挂钩，允许汇率浮动的幅度极为有限：外汇银行间可在基准汇率上下0.3%的幅度内买卖外汇，对客户的外汇买卖在基准汇率上下0.25%的幅度内浮动。政府一直将维持汇率稳定作为宏观经济目标之一，因此，为了维持人民币币值稳定，中国人民银行成为了外汇市场上最终的市场出清者。在美元供过于求的情况下，央行被迫在外汇市场上吸收对外贸易和外国投资增长所带来的美元以保持外汇市场上的供求平衡，这就导致外汇储备的被动增加。此外，稳定的汇率消除了汇率风险，促进了中国的出口贸易，增加了国际贸易顺差；同时，汇率稳定使得在中国的投资收益可以稳定地预期，外资大量进入中国，增加了资本金融项目顺差。国际贸易和资本金融项目顺差都促使外汇储备增加。1996年12月开始，中国履行国际货币基金组织第八条款义务，基本上实现了经常项目下的人民币可兑换。在中国国际收支持续顺差的条件下，这种外汇体制成为外汇储备增加的制度性因素。

外汇体制改革以后，中国外汇储备逐步形成了如下增长（减少）机制。其一，外汇储备的增长机制：国际收支顺差—中资企业外汇净收入—结售汇制下中资企业卖出大部分外汇—外汇银行外汇净买入—结售汇周转头寸限额下外汇银行卖出大部分净买入

的外汇—中央银行买入外汇—外汇储备增加。在增长机制下，外汇从最初的国际收支顺差，经过中资企业、外汇银行，最终流入中央银行，导致外汇储备增加，这一机制表现为外汇顺流。其二，外汇储备的减少机制：国际收支逆差—中资企业外汇净支出—外汇银行卖出外汇—中央银行卖出外汇—外汇储备减少。在减少机制下，外汇储备通过中央银行，流入外汇银行、中资企业，最终形成了国际收支逆差，这一机制表现为外汇逆流。1994年以来，中国国际收支持续顺差，外汇储备的增长机制得以充分体现，而减少机制尚未得到展现的机会。

外汇储备迅速增长的根本原因是中国采取的缺乏弹性的汇率制度和对外汇投资的限制。中国连续多年的“双顺差”是外汇储备迅速增长的来源，但却不是使外汇储备迅速增长的根本原因。以2008年中国的国际收支平衡表为例（见表1-8）：

表1-8　2008年中国国际收支平衡表

单位：千美元

项　目	行次	差　额	贷　方	借　方
一、经常项目	1	426 107 395	1 725 893 261	1 299 785 866
A. 货物和服务	2	348 870 456	1 581 713 188	1 232 842 732
a. 货物	3	360 682 094	1 434 601 241	1 073 919 146
b. 服务	4	−11 811 638	147 111 948	158 923 586
1. 运输	5	−11 911 179	38 417 556	50 328 735
2. 旅游	6	4 686 000	40 843 000	36 157 000
3. 通信服务	7	59 585	1 569 663	1 510 079
4. 建筑服务	8	5 965 493	10 328 506	4 363 013
5. 保险服务	9	−11 360 128	1 382 716	12 742 844
6. 金融服务	10	−250 884	314 731	565 615

续表

项　目	行次	差　额	贷　方	借　方
7. 计算机和信息服务	11	3 086 931	6 252 062	3 165 131
8. 专有权利使用费和特许费	12	−9 748 930	570 536	10 319 466
9. 咨询	13	4 605 315	18 140 866	13 535 551
10. 广告、宣传	14	261 668	2 202 324	1 940 656
11. 电影、音像	15	163 322	417 943	254 622
12. 其他商业服务	16	2 885 059	26 005 857	23 120 798
13. 别处未提及的政府服务	17	−253 890	666 187	920 076
B. 收益	18	31 437 960	91 614 872	60 176 912
1. 职工报酬	19	6 400 156	9 136 547	2 736 391
2. 投资收益	20	25 037 804	82 478 325	57 440 521
C. 经常转移	21	45 798 979	52 565 201	6 766 222
1. 各级政府	22	−181 611	49 205	230 816
2. 其他部门	23	45 980 590	52 515 996	6 535 406
二、资本和金融项目	24	18 964 877	769 876 094	750 911 218
A. 资本金融项目	25	3 051 448	3 319 886	268 439
B. 金融项目	26	15 913 429	766 556 208	750 642 779
1. 直接投资	27	94 320 092	163 053 964	68 733 872
1.1 中国在外直接投资	28	−53 470 972	2 175 785	55 646 757
1.2 外国在华直接投资	29	147 791 064	160 878 179	13 087 115
2. 证券投资	30	42 660 063	67 708 045	25 047 982
2.1 资产	31	32 749 936	57 672 404	24 922 468
2.1.1 股本证券	32	−1 117 368	3 844 800	4 962 168
2.1.2 债务证券	33	33 867 304	53 827 604	19 960 300

续表

项 目	行次	差 额	贷 方	借 方
2.1.2.1（中）长期债券	34	37 563 103	53 827 604	16 264 501
2.1.2.2 货币市场工具	35	－3 695 799	0	3 695 799
2.2 负债	36	9 910 127	10 035 641	125 514
2.2.1 股本证券	37	8 721 011	8 721 011	0
2.2.2 债务证券	38	1 189 116	1 314 630	125 514
2.2.2.1（中）长期债券	39	1 189 116	1 314 630	125 514
2.2.2.2 货币市场工具	40	0	0	0
3. 其他投资	41	－121 066 726	535 794 199	656 860 925
3.1 资产	42	－106 074 263	32 563 248	138 637 510
3.1.1 贸易信贷	43	5 866 953	5 866 953	0
长期	44	410 687	410 687	0
短期	45	5 456 266	5 456 266	0
3.1.2 贷款	46	－18 501 123	478 305	18 979 428
长期	47	－6 569 000	0	6 569 000
短期	48	－11 932 123	478 305	12 410 428
3.1.3 货币和存款	49	－33 528 165	17 715 954	51 244 120
3.1.4 其他资产	50	－59 911 928	8 502 035	68 413 963
长期	51	0	0	0
短期	52	－59 911 928	8 502 035	68 413 963
3.2 负债	53	－14 992 463	503 230 952	518 223 415
3.2.1 贸易信贷	54	－19 049 071	0	19 049 071
长期	55	－1 333 435	0	1 333 435
短期	56	－17 715 636	0	17 715 636
3.2.2 贷款	57	3 620 979	442 835 925	439 214 946

续表

项　目	行次	差　额	贷　方	借　方
长期	58	6 724 078	20 129 387	13 405 309
短期	59	—3 103 099	422 706 538	425 809 637
3.2.3 货币和存款	60	2 702 297	59 226 206	56 523 909
3.2.4 其他负债	61	—2 266 668	1 168 821	3 435 489
长期	62	—2 236 180	34 976	2 271 156
短期	63	—30 488	1 133 845	1 164 333
三、储备资产	64	—418 978 429	0	418 978 429
3.1 货币黄金	65	0	0	0
3.2 特别提款权	66	—7 114	0	7 114
3.3 在基金组织的储备头寸	67	—1 190 315	0	1 190 315
3.4 外汇	68	—417 781 000	0	417 781 000
3.5 其他债权	69	0	0	0
四、净误差与遗漏	70	—26 093 843	0	26 093 843

资料来源：国家外汇管理局网站。

从表 1-8 来看，经常项目顺差主要是中国外贸企业出售产品和服务所获取的外汇资产，资本金融项目顺差主要是外商直接投资和证券投资。如果实行充分弹性的汇率制度且对外汇投资没有严格限制，这些外汇资产自然会在经济主体之间进行交易和对外投资，最终形成市场均衡和国际收支平衡，不会存在双顺差问题。如果央行不购买外汇，经常项目和资本金融项目必然会自动平衡。获得经济项目顺差的经济主体持有外汇资产无非有三种选择：一是增加进口，二是对外投资，三是卖给其他经济主体。其他经济主体获得外汇资产无非也是上述选择。如果经济主体在本

币升值预期下都不愿持有外汇资产，外汇市场上外汇供给会大于外汇需求，按照供求关系，本币必然升值，外币必然贬值，直到市场出清为止，外汇市场实现均衡，进而国际收支实现均衡。除非对外汇资产有特殊需求，否则央行无须购买外汇资产，外汇储备就不会增加。2008 年国家外汇储备之所以增加近 4 190 亿美元，是因为中国的外向型发展战略使然。为维持汇率稳定，央行购入经济主体中的外汇资产，把本应由经济主体进行的对外投资变成了央行的外汇储备，由央行进行对外投资，央行承担本应由经济主体承担的外汇贬值风险。

此外，“美元本位”的国际货币体系也是中国外汇储备快速增长的因素之一，美国宽松的货币政策导致美国国民的低储蓄和高负债，国际收支经常项目出现持续逆差，而包括中国在内的东亚国家由于高额储蓄导致持续顺差，成就了美国成为全球最大的借债国。当今世界这种“美元本位”体系成为一种软约束相对不公平的体系，东亚国家处于弱势货币地位，美元仍然是世界上最主要的储备货币。由于在国际市场中中国不能以本币提供信贷和计价，只能大量持有美元资产，从而使得外汇储备不断增加。外汇储备的增加是中国用经常项目顺差购买美国债券、用股权置换美国债券的结果。

（四）外汇储备激增的深层制度因素

外汇储备增长有其自然的运行机制，但是体制、经济结构等深层次矛盾对于外汇储备规模影响也是至关重要的。为了进一步提出改革思路和新的制度安排建议，本书对于外汇储备剧增和过多产生的深层次因素分析显得很有必要。

1. 管理层观念和政策误区

管理层面对外汇储备管理存在的某些不正确观念必然导致政策上的失误，对于中国外汇储备管理中存在的问题，必须正本清源，首先有必要纠正一些观念上的误区。目前，对于外汇储备的功能和作用存在下面一些错误的理解：

其一是经济实力误区。人们普遍认为，外汇储备增长意味着中国经济实力增强、国际地位提高，是中国经济运行状况良好的标志和具体体现，因此得出了外汇储备越多越好的结论。这种观点一直颇为流行，从国家的外汇管理决策中也能强烈地感觉到这种意识的存在，如长期以来中国实行的各种“奖出限入”政策和外汇管制措施。实际上，外汇储备的来源包括经常收支盈余和资本净流入两个渠道。来源于经常性收支盈余的部分，属于债权性的外汇储备，的确在一定程度上体现了中国的经济实力，不过，这种实力更主要地反映了中国企业在国际经济竞争中对资源性初级产品的输出能力，而不是高效率、高质量和高附加价值的生产能力。对于一个资源相对缺乏的发展中大国，显示这种实力不仅没有意义，而且有些不恰当。外汇储备中来源于资本净流入的部分，本身就是债务性的，而不是经济实力的凸显。

其二是危机免疫误区。在东南亚各国发生连锁性金融危机后，管理当局和一些专家学者把持有高额外汇储备以防御货币金融危机的能力估计过高，并以此为理由，过分强调外汇储备的风险防范功能。实际上，从东南亚各国的情况来看，外汇储备在金融危机中发挥的作用十分有限。那次危机中遭受冲击最大的是泰国，但在危机发生前其外汇储备高达377亿美元，可维持6个月进口需要，占GDP的比重几乎达到20%。按照传统观点，如此高的外汇储备持有量应该足以使泰国免受危机袭击，显然，事实却与此相反，泰国不仅未能幸免于危机的劫难，而且深受其害。可见，高额外汇储备并不能完全抵御金融风险。其原因在于，当今国际金融市场上存在着巨额投机资金，对于资本市场完全对外开放的国家而言，单个国家的外汇储备在整个外汇市场上很难形

成有效的影响力，即便是国际社会联合干预往往也难以奏效。此外，金融创新的发展提供了多样化的金融工具和市场，使得投机资本可同时在不同的市场和不同的金融工具之间进行一系列复杂的操作，而外汇储备更多的是在外汇市场，特别是在现汇市场发挥有限的稳定作用，因此对现代金融危机的抵御能力不是很强。上次来势凶猛的亚洲金融危机，之所以未能直接登陆中国内地的金融市场，根本原因不是由于中国持有巨额外汇储备，而是因为中国的资本市场尚未对外开放，投机资本难以大规模地进出。

其三是机械储备误区。这种观念误区体现在被动、消极地持有外汇储备，认为不到万不得已不可轻易动用，结果外汇储备往往是备而不用，导致巨额外汇资源长年闲置浪费。实际上，对外汇储备的运用除了按一定比例存放境外或购买外国政府债券之外，还应该结合国际金融市场的发展趋势，积极配合本国的经济发展，争取更大的综合经济利益。比如，当中国在国际金融市场融资成本偏高或渠道不顺时，应尽量避免盲目借取外债，所需要的投资资金可考虑暂时动用外汇储备，待融资市场有利时再从市场筹资归还国家储备，同时留意外债币种和期限。当国际金融市场上中国的债务货币市场表现疲软时，正是用强势货币购买债务货币偿还债务的好时机。

其四是外汇储备观误区。中国外汇储备高速增长是长期以来形成的思维定式使然。在计划经济时期，中国外汇奇缺，经济受到了负面影响，在对外汇需求的巨大压力下，中国的外贸企业甚至被迫不计成本地增加出口以换取当时极为宝贵的外汇，因此外汇储备的国际清偿能力自经济开放伊始就备受推崇。亚洲金融危机告诉我们，在金融全球化的背景下，任何一国的外汇储备都可能无法抵御强大的国际投机资本的攻击。事实上，亚洲金融危机之后，外汇储备的首要功能已经发生改变，中国积累外汇储备的主要目的开始转变为抵御未来经济风险的冲击。外汇储备的增减规模以及外汇储备的投资收益成为国内外金融界审视中国经济稳定性以及衡量中国货币政策和汇率政策调控能力的主要信心指标。在IMF对外汇储备功能的新表述中，“增强对本币的信心”被放在核心地位上，弥补国际收支逆差、维持本币汇率稳定则退居其次。因此，在新的储备观下，李扬等（2007）认为：外汇储备从过去的主要是拿来“用”的，过渡到现在的主要是给人“看”的。那么，一国需要持有多少外汇储备才不仅“够用”，而且“耐看”呢？这是一个从理论和实践上都很难回答的问题。在实践中，一方面外汇储备的首要功能已悄然改变，另一方面存在着“Machlup夫人的衣橱理论”——货币当局对外汇储备是“多多益善”，它们愿意看到外汇储备年复一年地增长。在此情况下，中国外汇储备保持持续增长就是一个自然而然的结果了。虽然持有储备存在经济上的机会成本，但作为宏观经济主体的国家，持有外汇储备要从政治、社会等多方面综合考虑外汇储备的抗风险作用，避免外汇风险和金融危机。因此，外汇储备有益观，即外汇储备带来的收益——稳定币值、保证国际清偿力、抵御经济风险远高于持有储备的机会成本是使中国外汇储备持续增长的心理因素。不过本书认为，尽管存在上述心理，一国外汇储备的规模还是要服从成本收益原则，本书将在第三章对这一问题进行详细分析。

2. 外汇储备激增的政策导向和制度缺陷

（1）经济政策和体制因素导致双顺差。多数学者认为，外贸鼓励政策、简政放权等加大了外贸企业出口（包括加工贸易出口和一般贸易出口）的积极性，使出口额不断增加，最终形成经常项目顺差。有的专家认为，企业引入外资（特别是直接投资）但却不进口外国商品而是把外汇换成人民币以购买本国商品直接导

致了双顺差结构。形成持续性双顺差的原因在于中国引进外国直接投资的巨大成功；中国进口量偏低主要是因为中国长期以来实施的进口管制政策所致。还有的专家认为，人民币汇率的长期稳定增强了进出口商和投资者对中国经济的信心，使出口持续增加和外国资本流入。中国“双顺差”是在特定历史和政策环境下的产物，人民币低估和严格的资本控制是主要原因。必须承认，在过去20多年里，伴随着出口的扩大，中国出口产品的价格正在大幅度下降，与之相应的贸易条件也在不断恶化（不断升级的贸易摩擦可资佐证）。尽管中国经济实现了高速增长，但是用美元换算后的人均收入并未呈现相应程度的上升。

（2）经济结构失衡导致双顺差。从经济结构失衡的角度来解释“双顺差”，可以找到中国经常项目存在的结构问题，同时也提出了经常项目结构的潜在风险。但是这种解释存在下列局限：解释的对象重点是经常项目顺差，而不是经常项目和资本与金融项目的同时顺差。深究中国经济结构的更深层的原因，失衡有其深刻的历史背景和制度根源。由于西方国家的技术限制和国内的资金匮乏，中国只有出卖廉价的劳动力、原材料等生产要素换取外汇。而迫切需要发展经济速度的改革思路和政策导向，自然会忽视结构调整，即便是有所举措也收效甚微。

（3）对外贸易制度安排引致长期贸易项目顺差。中国在贸易上的“奖出限入”、出口退税等优惠政策是企业发展对外贸易的结果，贸易创汇可以为企业带来更多利润，企业会尽力享有现有制度的福利。有些专家认为在“创汇”观念的指导下，由于中国在保持贸易顺差的情况下允许外汇储备增加以实现“创汇”目标，因此资本金融项目就有了资本的净流入。外国直接投资的流入并未导致外贸逆差的直接原因是：外商仅注入外汇资金，中方把外汇换成人民币而并未用所得外汇进口外国投资品。

（4）强制结售汇制度积累了巨额外汇储备。1994 年年初，中国实行了单一汇率制度，在对资本与金融项目实行严格管制的同时，对经常项目实施强制的结售汇制度。该制度规定，除了允许部分外商投资企业开设外汇现汇账户外，对于法人所获得的属于经常项目下的外汇收入，必须及时足额地出售给外汇指定银行；对各外汇指定银行实行头寸管理，即各外汇指定银行必须把超过头寸部分的外汇在银行间外汇市场上抛出。中国人民银行在银行间外汇市场中设有中央银行外汇操作室，购入银行间市场上溢出头寸部分的外汇，使得本应由企业或银行持有的外汇资产转移到了政府手中。在此情况下，汇率向市场传递的是一种和供求关系脱节的价格信号，对国际收支的调节作用较小。限额以外的外汇将最终转化为中央银行的外汇储备。因此，1994 年实施至 2008 年取消的外汇结售汇制，强制把企业的外汇集中于中央银行，使企业持有的外汇转化成为官方外汇储备。由此可见，企业不得不将大部分出口所得外汇卖给银行，银行不得不将外汇买进，强制结售汇制是导致中国外汇储备存量迅速增加的制度性原因之一。

（5）资本金融项目管制导致资本金融项目的顺差。1996 年 12 月 1 日，人民币实现了经常项目的自由兑换，但资本金融项目还没有完全放开。同时，国家在管制上实行的又是“鼓励资本流入、限制资本流出”的政策，导致了中国资本金融项目的非均衡发展，资本金融项目顺差不断扩大。

（五）外汇储备增长的自我强化机制

外汇储备快速增长是资本金融项目和经常项目共同作用的结果，但是受现有的外汇储备制度安排的约束，外汇储备增长过程本身有着自我强化机制。换句话说，这种自我强化机制对于外汇储备的增加有着激励或者促进强化的功效，使外汇储备越来越

多。研究外汇储备增加的自我强化机制，能够分析外汇储备增长的传递路径，以便有效地从源头和关键点来进行调节，使外汇储备规模始终与经济发展相适应。从形成机制和传导机制来看，依据其发展变化的根源，自我强化机制有外生和内生两种情况，即外生性的自我强化机制和内生性的自我强化机制。中国目前的外汇储备的产生机制存在被动性，所以完善中国的外汇储备的形成机制、改革汇率制度、改善中国外汇储备的生成机制才是中国进行外汇储备规模管理的一个前提。

1. 内生性的自我强化机制

内生性的自我强化机制是指在现行的经济体系和汇率制度下经济机体内部产生的自动强化机制。只要现行体制特别是人民币汇率制度不发生大的改变，这种自动强化机制就会起作用。在中国现行经济体制和汇率制度下，外汇储备增加的内生性自我强化机制表现为三种自动强化的循环：

（1）外汇储备增加—货币投放扩大—投资过热、产能过剩—加大出口—经常项目顺差扩大—增加外汇储备。外汇储备增加，使得央行基础货币投放加大。尽管央行通过发行央行票据回笼货币，但流动性仍然过剩。2003 年以来，外汇占款占基础货币投放的比例越来越高，2005 年接近 100%，同期外汇占款增量占基础货币增量的比例则从 100%上升到 295.2%。在这样的环境下，投资过热、产能过剩一再成为经济运行的难题。由于国内消费需求扩大缓慢，因此只能依靠连年保持 30%以上的出口增速来支撑国民经济的高速运行，这就导致了经常项目顺差的不断扩大。2001～2004 年经常项目顺差对外汇储备增加的贡献度一直保持在 40%左右，2005 年一跃为 75.9%。

（2）外汇储备增加—人民币升值预期加大—资本进入扩大—资本金融项目顺差扩大—增加外汇储备。外汇储备增加是提高人民币升值预期的一个重要原因，也是美、日等国要求人民币升值的一个重要理由。随着人民币升值预期加大，外资进入中国的积极性日益高涨，进入方式既包括外商直接投资也包括国际游资。外商直接投资看中的是人民币升值背景下中国良好的经济态势所带来的高回报率和广阔的市场前景，国际游资看中的是人民币升值可能带来的投机利润。外商直接投资的逐年增加导致资本金融项目顺差扩大，从而推动了外汇储备的增加。而人民币升值带来的国际游资规模难以估计，大多数研究采用错误与遗漏项反映未被官方记录的资金流动额，借差时为资本流出，贷差时为资本流入。2001 年前人民币基本保持贬值，当时错误与遗漏项一直保持借差。2002 年人民币升值预期形成，当年错误与遗漏项转为贷差，随后，随着人民币升值预期加大，这一贷差也逐年日益强烈。2005 年这一项由逆转为借差，主要原因是美国连续 14 次调高利率，导致利率水平比中国高 2～3 个百分点，套利资本真实流出；另外国际收支统计口径正在调整，这一数据还不能说明资本流出。

（3）外汇储备增加—货币投放加大—央行实行紧缩性货币政策—提高利率—套利资本流入—增加外汇储备。如前所述，随着外汇储备的增加，基础货币投放量增大，央行发行票据除了要对冲前期票据外，还要增加发行票据以冲销新增的外汇占款，如果央行想完全冲销外汇占款的话，累计票据余额必须与累计外汇占款相当，只要外汇占款上升，央行票据的余额和发行量就要随之增长。2003 年央行票据发行总量 7 750 亿元，余额 3 377 亿元；2004 年发行总量 15 072 亿元，余额 9 742 亿元；2005 年发行总量 27 882 亿元，余额超过 2 万亿元；2006 年第一季度发行总量就高达 13 200 亿元，相当于上年总发行量的 47.3%，余额达 28 002亿元。央行票据发行规模不断扩大，发行利息成本逐年上

升。据估计，从 2003 年 4 月央行票据开始发行至 2005 年年底，央行票据发行支付的利息在 1 000 亿元左右。由于央行票据发行属自创负债，其利息支付又意味着基础货币净流出，这在一定程度上又降低了央行票据冲销外汇占款的效率。因此，发行票据作为减少流动性的主要途径是难以为继的，而且效果正在下降。2006 年第二季度以来，央行不得不采取提高贷款利率和法定存款准备率的紧缩措施。6 月底人民币货款余额同比增长 15.24%，增幅同比提高 2 个百分点，银行体系新增贷款高达 2.18 万亿元，已接近全年新增贷款目标 2.5 万亿元的九成。无疑，提高利率已成为央行降低流动性压力、冷却过热经济的合理选择，而利率的提高又将吸引更多的外部资本进入国内，推动外汇储备的上升。

2. 外生性的自我强化机制

外汇储备增加的外生性自我强化机制不是经济机体内部产生的，主要是政府的外汇储备偏好或对外汇储备持续增加的经济承受能力。这就是说，政府为提升国家实力和形象而付出的努力，促成或容忍了外汇储备的不断增加。外生性的自我强化机制也表现为三种自动强化的循环：

（1）外汇储备增加—担心人民币汇率变动在国际压力下失控—可能引发金融危机—需要强大的自救能力—增加外汇储备。虽然中国实行“以市场供求为基础的、单一的、有管理的浮动汇率制度”，但近几年的连续的贸易顺差，特别是对美贸易的顺差，使人民币升值的压力在不断增大，在人民币汇率水平调整和人民币汇率形成机制问题上，受到西方国家特别是美国施加的强大压力。基于中国的金融环境，中国政府坚持按计划稳步推进汇率制度改革。中国的银行体系比较脆弱，多年计划经济制度下积累的矛盾一时还难以彻底改变，银行绩效经过市场化的制度演进取得明显的改善，但还不能与西方国家的银行抗衡。而且资本市场处于发育阶段，如果由于国内外某些不确定因素导致我们政策上的失误，从而引起人民币汇率波动失去控制，这就必然会对中国脆弱的银行体系乃至整个金融体系带来巨大冲击。为了防止类似20世纪80年代日元大幅度升值引发的灾难和20世纪90年代一些发展中国家发生的金融危机在中国重演，必须有足够的缓冲或自救能力，而这种能力的最好载体就是规模足够大的外汇储备。这种出于防范金融风险的外汇储备需求，对外汇储备持续增加既是一种推动力，也是一种经济承受能力的体现。

（2）外汇储备增加—国家经济与信用提升—外部竞争压力—增加外汇储备。外汇储备是国际清偿能力的重要组成部分，外汇储备增加是对外经济发展的必然结果，无疑可以提升其国家信用水平和经济实力，对于贸易顺差是一种金融净资产的流入，按照传统的贸易理论，国家财富积累越多越好。同时，对于发展中国家来说，本国货币不具备世界货币的地位和作用，只有凭借外汇资产的多寡来判断一国拥有的国际购买力，这种外力的作用会刺激政府更多地增加储备。这种出于提升国家信用和经济实力的外汇储备需求，对外汇储备的持续增加是一种推动力。

（3）外汇储备增加—通过扩大购买美国债券而加大对其经济制约性—中国外贸环境改善、出口扩大—增加外汇储备。中国的外汇储备主要是美元储备。据美国财政部的资料显示，截至2005年6月30日，中国投资于美国证券的资金为5 237亿美元，占当时中国外汇储备的74%，其中投资于美国长期债券的资金为4 850亿美元，占当时中国外汇储备的68%。长期债券中，投资于美国财政部国债的比例为57%，投资于美国政府的债券的比例为36%，投资于企业的债券的比例为7%。2008年9月，中国持有美国国债大约5 850亿美元，成为美国的第一大债权国，这说明中国的外汇储备大部分用于购买美国的政府债券。而

庞大的国债发行正是美国在“双赤字”条件下吸纳大量国际资本、维持国内经济高速增长，进而推动世界经济增长的重要手段。如果中国大量减持美国债券，必然导致美国长期利率水平上升，引发美元币值下跌，使美国经济遭到严重打击，进而使世界经济走上低迷。近年来随着中国经济的崛起和对美贸易顺差扩大，中国的外汇储备越多，购买美国的债券也越多，对美国经济的制约就越大，使得美国针对中国的经贸决策杀伤力受到削弱，从而降低了中国外贸环境的不确性，确保了主要出口市场的稳定，进而确保了国民经济的稳定发展和外汇储备的继续增加。

（六）中国外汇储备制度变迁和制度选择对外汇储备增长的影响

在由诺斯所开创的制度变迁理论框架中包含着这样一个核心命题，即一个国家的制度变迁是其应对所面临的各种压力的结果。当然，国家面临的压力是形形色色的，它们可以归结为两种，即外部竞争压力和内部竞争压力。一个国家之所以要选择改革或者作出制度方面的调整，那一定是因为周围的国家变得比以前强大，从而形成了外部竞争压力。就内部竞争压力而言，是产权结构与效率的选择。仔细分析中国外汇体制、汇率制度安排和变迁的历史演进过程不难发现，中国的制度变迁更多是外部竞争压力催生的结果，内生性的变革大都是在外力作用之下的不得已而为之。中国外汇储备管理和制度安排、改革完善是在内外经济失衡、外在压力和潜在风险积聚的金融环境下产生的强大的金融需求，从国家来说更多的是考虑国际购买力和防范金融风险。这样的政策和制度导向，追求的经济目标就是外汇储备足够多，即便是不经济和非理性的。一国国际收支是否平衡、资本金融项目与经常项目是否协调、外汇储备是否适度，并非单纯是自然禀赋、技术以及经济自身的增长绩效决定的，往往具有深刻的政治经济学原因。但是结果到底如何，要取决于中央政府实施内外经济平衡发展政策的意愿和是否具有足够的经济能力。如果不支付成本，中央政府会希望看到国际收支平衡、经济内外均衡，这样就不会产生很多矛盾，比如人民币升值的压力和通货膨胀的压力。但问题在于，由于国际收支平衡存在很大的机会成本，也就是中央政府面临防范风险、提升人民币的国际信用价值的选择。也就是，如果不这样做，可能引发金融危机，造成更大经济灾难而影响国家经济增长。因此，中央政府会选择暂时的国际收支严重不均衡，使得贸易顺差或者资本金融项目顺差，不断增加外汇储备。应该说政府是出于国家长远利益才作出这个选择的，这样的选择其绩效往往需要一个较长的时间才能得以体现，虽然难以纳入某一届政府经济效用函数，但却是一种符合国家利益长效机制安排。

（七）管制与市场化改革对外汇储备激增的影响

前面之所以一再强调中国的外汇管理体制、汇率制度和资本金融项目管制的制度变迁主要来自外部竞争和压力，是为了学习和借鉴国外先进经验，以推动中国的体制改革和经济增长。由于外在力量的强大，产权效率较高，使得无效率的产权制度难以为继，制度变迁的外在动力就催生本国制度改革和绩效改善。这里认为，诺斯的“邻国边界”现在可以解释为主要的经济伙伴或地缘关系的竞争国，这也是世界经济一体化的结果和表现。中国加入 WTO（世界贸易组织）后，受到国际条约的制约和协约国的束缚，按照当时签订的协议安排应有计划地开放国内市场，包括资本市场。外汇体制、汇率制度、利率政策也要相应进行重大调整，尽管这种调整可能有损中国当前的经济利益，但是出于更长远的发展需求，只有进行制度改革。在整个改革中，市场化是必由之路。这里就涉及一个问题，即如何处理管制与市场化的关

系。中国的管制对于外汇储备的增加带来的绩效是巨大的，特别是进口政策、资本金融项目管制、强制结售汇制等制度安排的存在，导致贸易项目顺差和资本金融项目顺差增幅较大。在这里需要强调一点，没有说哪种制度是最优，只有最适合。现行的制度安排是制度需求和制度供给博弈均衡的结果。

按照丹尼尔·F. 史普博的解释，管制是为了治理市场失灵，但市场失灵并不是管制的充分条件。管制通常是对经济事件或市场失灵感应的特殊回应。管制的历史是不断变换政府行为的重点和焦点的动态过程，随着政策目标的变化，管制制度和市场也会发生变化。当然，经济结构变化经常伴随着政府干预市场的新形式。合理、及时的管制可以提高经济效率，也就是管制要有正确的定位才会增加制度绩效，反之则会降低经济效率。有效的管制依托经济环境可以增强市场资源配置效率，虽然可能不是最优化，但起码从整体或者局部利益是有效的。提高管制有助于理解市场化改革。资本金融项目是金融管制较严的领域，由于金融产业是幼稚产业，为防范金融风险、培育金融市场，这种管制是适应宏观政策和保护民族产业的需要。

从管制的手段来看，中国主要采取了两种形式：一种是对跨境资本交易行为本身进行限制，包括对交易主体和交易活动的限制；另一种是在汇兑环节对跨境资本交易进行管制，包括对与资本交易相关的跨境资金划拨以及本外币兑换的管制。改革开放以来，中国对资本实行的管制不断放松，总的说来，中国对资本的管制不是依靠市场，不是依靠价格杠杆的方式进行管理的。而且，近些年来由于国际环境的变化，中国对资本管制又有所加强，制度进一步完善，对一些行为进行了进一步的规范。总之，中国实行的是典型的渐进式的资本金融项目可兑换，遵循了先流入后流出、先中长期资本后短期资本、先直接投资后证券投资的开放顺序。而且，通常是交易的自由化先于汇兑的自由化，这种可兑换安排使中国在对外开放中能够趋利避害，规避了短期资本流动的冲击，保持了国家宏观经济政策的相对独立性，促进了外汇收支状况的改善。虽然说要实现资本金融项目的自由兑换，但是暂时的管制是正确的选择，如果不管制，国内脆弱的金融市场、银行体系必然会受到冲击，影响中国的金融和经济安全。政府管制是对中国资本市场不成熟的补救措施和效率改进，前期是强化外汇储备生成机制，现在需要弱化外汇储备的生成机制，通过采取一系列措施来减缓外汇储备增长强度。但是应该看到，管制的效率在不断降低，随着市场化改革的推进，市场的调节作用效率明显得到改善，因此，要加快建立调节国际收支的市场机制和管理体制，进一步发挥市场配置资源的基础性作用。随着对外开放不断深入和经济市场化程度日益提高，外汇管制的有效性越来越弱，成本和代价却越来越高，市场开放度将会更大。在中长期内，中国关于资本金融项目管理的基本政策取向应是：在认真考虑国际资本流动结构性特点的基础上循序渐进地放松管制。

总而言之，中国外汇储备快速增长有很多因素，主要是因为国内经济基本面总体较好、贸易顺差规模较大、外商直接投资持续流入，还有人民币升值预期、国际经济环境、金融危机风波持续发展、国际金融市场动荡，中国可能成为国际资金的“避风港”，这些都在一定程度上推动了中国外汇储备的快速增长。但根本原因还是现有的外汇管理制度，因此，深化外汇管理体制改革，尽快实现汇率决定的真正的市场化，放宽对外投资限制，才是缓解外汇储备迅速增长的根本途径。目前，由于中国难以承受本币迅速升值可能产生的巨大成本，汇率市场化采取了渐进的方式。在这一过程中，外汇储备继续快速增长是难以避免的。单靠

外汇储备管理体制改革并不能解决这一问题，但是通过改革可以降低因保持汇率稳定使外汇储备增加而产生的成本，同时提高外汇储备的使用效率。

三、中国外汇储备管理的制度演进

到目前为止，中国国家外汇储备管理大体经历了两个主要发展阶段：

第一阶段。1983 年以前，中国银行作为中国的国家外汇专业银行，代理国家经营和管理国家外汇储备。中国银行办理外汇结售汇业务，国家外汇储备资金来源于其结售汇结余。当时的国家外汇储备包括两部分：一是国家的外汇结存，主要是国际收支经常项目顺差积累和国家用人民币买入的外汇；二是中国银行本身的外汇结存，即中国银行以外汇形式存在的负债和资本金（该行外汇资本金＋国内外外汇存款＋金融市场筹集外汇资金－外汇贷款、外汇投资）。前一部分储备为国家专用储备，国家可以动用，后一部分储备为中国银行所有，国家不能全部运用。但由于中国银行属于国家银行，因此，按国际货币基金组织关于官方机构持有的外汇也计入国家外汇储备的规定，中国银行本身外汇结存也算入了中国的外汇储备。由于两部分外汇都由中国银行经营管理，实际上往往是将国家外汇储备与中国银行外汇营运资金一起存放在国外，因此，不可避免会出现因混合经营带来的一系列问题。但在当时由中国银行一家进行专业性经营管理的格局下，问题还不是太突出。

第二阶段。1984 年，中国人民银行专门行使中央银行职能，外汇储备管理有了相应变化。1986 年 1 月，国务院发布《中华人民共和国银行管理暂行条件》，明确规定国家外汇储备由中国人民银行管理，国家外汇管理局作为人民银行归口的国家局，统一执行外汇储备监督管理职能。在此背景下，外汇储备经营开始呈现多种形式并存的格局，逐步分为三个主要部分：一是中国人民银行委托中国银行经营部分国家外汇储备；二是中国人民银行自己经营部分外汇储备，主要是由国家外汇管理局及专门机构进行经营与管理；三是中国人民银行委托其他国有商业银行经营部分国家外汇储备，但目前所占比例很小。到目前为止，中国政府和中央银行还没有委托境内外外资银行代理经营中国的国家外汇储备。

四、中国外汇储备管理存在的问题

经过长期的特别是改革开放以来的不断探索，中国在国家外汇储备管理方面逐步积累了许多有益经验，成效不少，但也面临一些新的问题，集中表现在原有的经营管理体制和营运机制与新形势要求不相适应。一方面，随着中国经济开放度的提高和国力的增强，国家外汇储备总体增长较快，在储备结构调整和储备经营上都有新的要求；同时，外汇储备在经济金融宏观调控中的作用日益增大。另一方面，尽管中国人民银行专门行使中央银行职能 20 余年以来，特别是 1994 年外汇管理体制重大改革以来，形势已经发生了很大变化，但在外汇储备经营管理上，基本上还是沿用过去习惯形成的体制和办法，带有很浓的“约定俗成”的味道。目前总的情况是，原有的经营管理体系和办法尚未根本改革，新的压力又在不断增加，而且以上两方面的矛盾日益突出。目前，中国外汇储备管理存在的问题，主要表现在以下三个方面：第一，外汇储备管理的法律法规不完善，缺乏相应的制度规则。第二，统一的储备管理体制没有形成，缺乏清晰的分层次管理系统，原有的体制结构不够合理，外汇储备增长和货币发行的直接联系没有切断，加剧了内外失衡，央行货币政策独立性受到

严重影响。中国人民银行独立进行战略和操作层面的决策虽然说带来了灵活性，但也会带来弊端：一是使汇率政策和货币政策之间的冲突无法避免。央行货币政策日益严重地受到汇率政策的牵制，往往难以取舍。二是巨大的储备规模决定了它的运用必须要实现国家的战略目标，而单纯从央行角度进行相关决策缺乏达到和实施上述战略的基础。而且储备管理应从国家战略利益来考虑，而不能单纯从央行资产负债表的平衡与否来考虑。在中央银行这一层次上，经营运作职能与管理职能没有相对分开，国家外汇储备的经营者同时又是储备监管者和效益评价者，这样很难使储备经营具有较强的行为约束。在委托经营这一层次上，没有建立起统一的、透明度较高的委托机制、委托程序和评价监管体系。通过国家外汇管理局进行储备管理虽然有其相机抉择的高度灵活性，但是作为一个政府事业单位，直接运用和管理大量金融资产，缺乏行为约束、激励等各方面的机制，同一般金融资产管理公司相比，将会出现高度的行为缺乏约束、激励与惩罚不对称的现象。三是国家外汇储备经营管理缺乏综合性研究，特别是一些重大问题，如储备规模管理，如何确定适度规模；再如储备结构管理，如何对已有外汇储备进行分类管理，如基本原则、决策程序、操作管理、投资方向、收益分配等，缺乏超前性研究，使有关改革措施的出台缺少预测性和稳定性。

本书要解决的问题是：①在汇率未真正市场化、外汇储备增长难以避免的前提下，改革现行外汇储备管理体制，构建一个科学、有效的新型管理制度框架。切断外汇储备与货币供应的直接联系，降低因上述前提而造成的成本，维护货币政策的独立性。②借鉴国外前沿研究，构建适合中国的最优储备规模模型。测算出中国最优规模数据，为中国外汇储备的规模管理提供理论依据。③借鉴国外先进管理经验，对中国的外汇储备资产进行优化配置。在保持安全性、流动性的前提下，提高收益率。④将多余外汇储备转化成官方其他外汇资产，这些资产的投向应符合中国的长远发展战略；彻底改革现行汇率制度，完善汇率形成机制，从根本上解决外汇储备过多的问题。

第二章　中国外汇储备管理体制创新分析

第一节　外汇储备管理体制的国际经验比较

当前，中国外汇储备管理体制改革的基本任务就是要隔断外汇储备增长同国内货币供应的直接联系，维护货币政策的独立性。在探讨中国外汇储备管理体制改革之前，有必要对别国的经验做一些比较分析。本节以美国、欧元区、英国、日本、挪威、韩国、新加坡、中国香港等国家（地区）为例，依次详细介绍上述国家外汇储备管理体制的制度安排，包括相关法律、决策部门、初始资金及融资途径、制度框架等，再在此基础上进行比较分析，找出这些国家（地区）实践经验背后的理论线索和逻辑关系，为中国外汇储备管理体制改革提供借鉴。

一、一些国家（地区）的外汇储备管理体制❶

世界各国的外汇储备管理，既有财政部主导下的管理模式，也有央行主导下的管理模式。以下分析几个典型国家（地区）的外汇储备管理体制。

---

❶ 本部分内容的资料来源主要是 IMF 的 *Guidelines for Foreign Exchange Reserves Management: Accompanying Document and Case Studies* 及相关国家财政部和央行网站。

（一）美国的外汇储备管理体制

根据美国财政部历年披露的数据，自 1996 年以来，美国外汇储备始终维持在 300 亿～450 亿美元左右。截至 2009 年 7 月，美国外汇储备为 417 亿美元，其中美国政府持有的外国证券为 237 亿美元，外汇存款为 180 亿美元。美元在国际货币体系中的特殊地位决定了美国并不需要持有大规模的储备资产，这是其他国家无法比拟的。美国的外汇储备管理体系由财政部和美联储共同构成。财政部负责制定国际金融政策，美联储则负责国内货币政策的决策及执行。目前，美国财政部拥有美国一半左右的外汇储备，而美联储掌握着另一半，在外汇储备管理上，两者共同协作以保持美国国际货币和金融政策的连续性。从 1962 年开始，财政部和美联储开始相互协调对外汇市场的干预，具体的干预操作由纽约联储银行实施，它既是美联储的重要组成部分，也是美国财政部的代理人。

1. 外汇稳定基金

美国财政部主要通过外汇稳定基金 ESF（the Exchange Stabilization Fund）来管理外汇储备，其设立及管理过程包括以下三个方面：

（1）外汇稳定基金设立及其管理目标。美国财政部外汇稳定基金设立于 1934 年。美国国会在《1934 年黄金储备法》（*Gold Reserve Act of* 1934）中将美元含金量下调后富余出的 20 亿美元黄金用于设立外汇稳定基金，目的是促进汇率的稳定和应对外汇市场出现的无序状况。该法授权财政部长在总统的许可下使用外汇稳定基金进行黄金、外汇、证券和信贷等方面的交易。《1945 年布雷顿森林协议法》（*Bretton Woods Agreement Act of* 1945）规定，外汇稳定基金永久存续，并由外汇稳定基金出资 18 亿美元支付美国认购 IMF 初始份额的部分认缴款。美国在

1978年接受了《国际货币基金协议》的修订条款后，国会又对《1934年黄金储备法》进行了修订，规定外汇稳定基金的操作应与美国作为IMF成员国维护有序的汇兑安排和汇率制度的义务相一致。当财政部部长决定对外汇市场进行干预时，财政部则使用外汇稳定基金的资金，通过纽约联邦储备银行的外汇交易室买卖外汇。外汇稳定基金管理着美国财政部持有的外汇、黄金和特别提款权。1962年国会通过了《1945年布雷顿森林协议法》的修正案，规定美国从IMF购买的任何外汇和黄金都可以从财政部的一般账户（General Account）转移到外汇稳定基金持有和管理。《1968年特别提款权法》（*Special Drawing Rights Act of* 1968）规定，IMF分配给美国的特别提款权及美国因其他原因获得的特别提款权都属于外汇稳定基金。

（2）外汇稳定基金的融资途径。外汇稳定基金的融资包括外汇融资和本币融资。外汇来源主要有三个：一是与外国央行签订货币互换协议（Swap Agreement）。例如在1978年1月，为了筹集马克，外汇稳定基金就与德国联邦银行签署了规模10亿美元的互换协议。二是发行外币债券，比如人们熟知的“卡特债券”（Karter Bonds）。卡特政府在1978年11月宣布了“支持美元计划”（Dollar Support Program）。为了给外汇稳定基金筹集更多的外汇用于干预外汇市场，美国财政部在瑞士和德国的市场上发行了外币债券，即“卡特债券”。三是动用在IMF的储备头寸。为了让外汇稳定基金有充足的美元进行外汇市场干预，从1963年开始，美联储公开市场委员会（Federal Open Market Committee，FOMC）允许财政部将外汇“存管”在美联储。所谓存管，实际上就是外汇稳定基金与美联储之间进行的资产回购。美联储公开市场委员会在每年下发给纽约联邦储备银行的关于公开市场账户（Federal Open Market Account）的外汇指令

(Foreign Currency Directive) 中设定存管的额度，通常是50亿美元，但是在1989年和1995年，这一额度分别被提高到100亿和200亿美元。通过存管方式筹集美元只在几次特殊的情况下使用过。

(3) 外汇稳定基金的操作。ESF所有的操作都要经过美国财政部的许可，因为财政部负责制定和完善美国的国际货币和国际金融政策，包括外汇市场的干预政策。此外，美国《外汇稳定基金法》要求财政部每年向总统和国会就有关ESF的操作提供报告，其中还包括财政部审计署对ESF的审计报告。

2. 美联储的外汇市场操作

虽然美国的国际货币和金融政策由财政部负责，但是自1962年应财政部的要求，美联储开始进行外汇市场操作后，美联储也可以使用自有资金而非外汇稳定基金的资金独立地进行外汇市场操作。在外汇市场操作问题上，美联储总是与财政部进行密切的磋商和协作，通常各自提供一半资金共同进行外汇操作，从而保证美国国际货币和金融政策的一致性。外汇稳定基金和美联储的外汇市场操作都通过纽约联邦储备银行 (Federal Reserve Bank of New York, FRBNY) 的外汇交易室 (Foreign Exchange Trading Desk) 执行。美联储对外汇市场的干预操作的范围和方式随着国际货币体系的变化而变化。这可分为三个阶段，第一阶段是"布雷顿森林体系"时期，联储更多的是关注黄金市场上美元能否维持平价，而不是外汇市场。第二阶段是1971年之后，浮动汇率制度开始形成，美联储开始积极干预外汇市场，当时的主要手段是和其他国家央行的货币互换。第三阶段是1985年《广场协议》之后，美联储对外汇市场的干预很少使用货币互换的形式，而是采取直接购买美元或外汇的方式进行。

可见，美国的外汇管理模式是财政部和美联储共同主导的模

式。在该模式下，财政部和美联储都持有一半左右外汇储备，并负责对各自的储备进行决策和管理并进行协调。财政部主要通过外汇平准基金来管理外汇储备，而美联储则通过联邦市场公开委员会来管理外汇储备。双方都委托纽约联邦储备银行来执行具体的市场操作。

（二）欧元区的外汇储备管理体制

根据欧洲中央银行（European Central Bank，ECB）的统计，欧洲央行外汇储备在 2001 年达到 2 354 亿欧元的峰值，此后急剧下降为 2004 年的 1 363 亿欧元。新近的统计显示，截至 2009 年 6 月底，欧洲央行掌握的欧元区外汇储备为 1 357 亿欧元，其中外国证券为 1 219 亿欧元，外汇存款为 138 亿欧元。此外，由欧元区成员国央行自行持有的储备规模大致有 3 220 亿欧元。欧元区的储备管理体系由欧洲中央银行系统（European System of Central Banks，ESCB）负责，ESCB 成立于 1998 年，它由 ECB（1998 年成立）和欧盟各成员国中央银行组成，ESCB 中的 ECB 和欧元区各成员国中央银行又构成欧元系统（Eurosystem），其中 ECB 扮演着决策者的角色。

ECB 和欧元区各成员国的中央银行都持有并管理外汇储备。ECB 主要通过制定战略性投资决策来进行储备管理。ECB 管理外汇储备的目标是保持外汇储备的流动性和安全性，以满足干预外汇市场的需要，在此基础上追求储备资产价值最大化的目标。

1. ECB 的外汇储备管理体制

根据《欧洲中央银行系统法》的规定，各成员国中央银行向 ECB 转移的国际储备资产是由它们各自在 ECB 的资本所占的份额决定的，其中 15%以黄金的形式存在，85%以由美元和日元组成的外汇形式存在。ECB 可以要求成员国向其转移更多的外汇储备，但这些国际储备只能用于补充减少的国际储备，而不能用于增加原有的国际储备。

ECB的外汇储备的管理体制主要分为两个层面，一是由ECB的决策机构制定战略性的投资决策，投资决策主要涉及外汇储备的货币结构、利率的风险与回报之间的平衡、信用风险、流动性要求。二是各成员国中央银行依此采取一致行动，对ECB的外汇储备进行管理。具体地说，ECB的管理委员会（the Governing Council）根据未来操作需要决定ECB外汇储备的投资决策，ECB告知各成员国中央银行后，各成员国中央银行通过相关的机构进行协同操作，ECB再通过Eurosystem的交流网络接收欧元区各央行的交易信息，并对信息进行管理。

ECB为储备管理定义了四个关键的参数：一是对每种储备货币定义了两个级别的投资基准，即战略性的基准与策略性的基准。战略性的基准由ECB管理委员会制定，主要反映欧洲中央银行长期政策的需要以及对风险和回报的偏好；策略性的基准由ECB执行董事会（the Executive Board）制定，主要反映欧洲中央银行在当前市场情况下对中短期风险和回报的偏好。二是风险收益相对于投资基准的允许偏离程度，以及相关的纠偏措施。三是储备交易的操作机构与可投资的证券。四是对信用风险暴露的限制。ECB并不公布上述四个方面的参数细节，以避免对金融市场产生不必要的影响。

2. 欧元区成员国央行的外汇储备管理体制

欧元区各成员国央行主要通过实施和ECB储备战略一致的策略性投资，以及对自有储备独立决策来实施储备管理。其管理过程如下：

（1）根据《欧洲中央银行系统法》第31条的规定，如果各成员国中央银行在国际金融市场上的投资操作对于其汇率或国内的流动性状况影响有可能超过ECB指导原则所规定的范围时，

这种交易要得到ECB的许可，以保证ECB汇率政策和货币政策能够保持连续性。除此以外，各成员国中央银行在国际金融市场上的外汇投资操作或者为了履行其在BIS、IMF等国际组织中的义务所进行的操作，都不需要先得到ECB的许可。

(2) 各成员国中央银行持有并自主管理它们没有转移给ECB的国际储备。自从ECB开始对外汇市场进行干预以来，各成员国的中央银行不必再制定有关外汇干预的目标，而只是制定执行策略。以法国央行储备管理的执行策略为例，该过程可分为四个层次：一是设立资产负债委员会，决定长期和中期的储备投资目标。该委员会由法国央行行长、储备管理总经理、中台负责人、预算部门负责人组成，会议每年召开一到两次。储备资金被分为投资组合（实现央行长期目的，以成本法计算风险收益）和交易组合（实现央行流动性需求，以重估市价法计算风险收益）。二是设立风险委员会负责授权投资行为和控制风险敞口，该委员会由风险管理部门负责人和后台部门负责人组成。需管理的风险既涉及市场风险、信用风险，也包括操作风险，风险委员会会议每季度召开一次。三是由投资委员会负责制定短期投资策略，投资委员会由储备管理总经理、投资经理、中台负责人、两名法国央行的经济学家组成，会议每月召开一次。四是由投资经理具体负责执行投资组合的经营。

（三）英国的外汇储备管理体制

从1999年以来，英国的外汇储备维持在300亿～450亿美元，至2009年3月底，英国外汇储备为445亿美元（英国政府持有371亿美元，英格兰银行持有74亿美元），其中外国证券435.4亿美元，外汇存款9.6亿美元。这个规模和德法央行的储备规模相比明显要小得多，这显示出英国对英镑汇率波动更为放任的传统。英国的储备管理体系由财政部负责，英格兰银行只负责日常的管理。英国官方的国际储备资产由财政部（HMT）持有其绝大部分，英格兰银行持有很少部分，主要由黄金、外币资产、IMF 的 SDRs 和英国在 IMF 的储备部分头寸（RTP）组成。除了储备部分头寸外，其他储备是在外汇平准账户（Exchange Equalisation Account，EEA）中持有的。虽然英国的外汇储备由财政部所有，但财政部并不直接管理外汇平准账户中的储备资产，而是将之委托给英格兰银行管理，并由外汇平准账户向英格兰银行支付管理费。每年财政部和英格兰银行之间签署“服务标准协议”(Service Level Agreement)，其中就委托管理的细节进行规定。

1. 外汇平准账户

英国在 1931 年放弃“金本位制”，结果造成了英镑汇率的剧烈波动。为了稳定汇率，英国在 1932 年设立了外汇平准账户，英格兰银行的黄金和外汇储备被转移到财政部，成为 1932 年财政部成立的外汇平准账户的初始资金。虽然这些黄金和外汇储备转移给了财政部，但直到今天依然由英格兰银行代为管理。外汇平准账户通过对外汇市场的干预来限制投机性短期资本流动或其他商业性因素引起的英镑汇率波动。具体地说，当英镑汇率下跌时，就卖出外汇买入英镑，促使英镑汇率上升；当英镑汇率过高时，就买入外汇，卖出英镑，使英镑汇率下跌。

为了扩大了外汇平准账户的用途，1979 年英国颁布了《外汇平准账户法》(*Exchange Equalisation Account Act* 1979)，对此前的法律进行了整合。其中规定了外汇平准账户的四个用途：一是平抑英镑汇率过度波动；二是为国家利益持有和管理国际支付手段；三是按照 1979 年英国《国际货币基金法》（*International Monetary Fund Act* 1979）第 1 条第 3 节的规定，支付《国际货币基金协定》第 5 条第 8 节规定的对 IMF 的手续费；四

是依据《国际货币基金协定》中关于特别提款权的规定，履行英国政府的相应职责，包括特别提款权的持有、买入和卖出。此外，外汇平准账户还向政府各部门和机构提供外汇买卖服务，同时通过在市场上做交易进行对冲。

2. 外汇储备的筹资途径

1979 年的《外汇平准账户法》规定，由英国国家贷款基金（National Loans Fund，NLF）向外汇平准账户提供融资。当外汇平准账户需要外汇时，国家贷款基金通过发行外币债券筹集外汇，然后转移给外汇平准账户，比如在 2003 年 6 月英国政府发行美元债券。而当外汇平准账户需要英镑时，国家贷款基金则通过发行本币债券筹集英镑，然后借给外汇平准账户。外汇平准账户向国家贷款基金融资的时间、规模等由财政部决定。外汇平准账户不可以直接对外融资。如果财政部认为某一时期外汇平准账户的英镑资产规模相对于其需要明显过剩，那么财政部会要求将过剩的部分再转移至国家贷款基金。

国家贷款基金的任何与外汇储备相关的风险性资产与外汇平准账户一起都由英格兰银行管理，因为英格兰银行同时也是一个为 HMT 管理外债的机构。例如，当国家贷款基金向外借入一笔外汇用作储备时，它同时向外汇平准账户出售外汇换取本币，此时，国家贷款基金承担了这笔外汇的汇率和利率风险。通过外汇平准账户投资，又抵消了汇率和利率头寸，这样一个反向操作，使政府的整体外汇资产的投资风险得到了控制（套期保值）。

外汇平准账户的外汇储备分为两部分不同的基金：一部分是“借款储备”，这部分的外汇资产通过套期保值来控制其风险；另一部分是“净储备”，这一部分是由不需要进行套期保值的本币组成的。具体来说，“借款储备”资产是由外汇和用以本币为面值发行的债券兑换成的外汇组成的。集资该笔储备时有两个方法：一是通过发行外币债券，一是通过发行本币债券再与外币做一个掉期的方法。在决定使用哪种方法时，最主要的一个考虑因素就是成本。在兑换的基础上，通过比较发行外币债券到期需要支付的总的美元、欧元或是日元的名义货币的成本与发行相似的本币债券的成本进行比较，然后选择成本最小的一种方法。外汇平准账户通过匹配风险特征的方法来控制资产风险。以到期债券为例，可以将到期外币资产与到期外币负债进行匹配。匹配之后剩余的管理则是通过货币或利率互换将资产风险换为负债风险。

从 2000 年开始采取的新法案中，用发行本币债券然后兑换成外汇进行储备筹集的方法取代了原来直接借入外币的方法。这一方法在当前的利率和汇率下提供了一种更节约筹集资本的方法。这一方法使得 2000～2001 年中央政府的所需现金净额有了大幅度的下降，更进一步的是，一些在 2001～2003 年到期的外币债券也通过此方法进行了提前偿付。

英国政府颁布了一项服务提供协议（Service Delivery Agreement），旨在使持有外汇储备的风险成本最小化。这一目标的实现程度可以在 HMT 的年度报告中由财政部长提交的详细支出计划中看出。

3. 英格兰银行对外汇储备的管理

财政部对于外汇储备的管理主要是战略性的，它决定是否需要干预外汇市场，但并不参与实际的市场操作。而英格兰银行的储备管理则是策略性的，参与实际的市场操作和日常的管理，它扮演着类似财政部代理的角色。每年英国财政部对外汇储备的管理提出指导意见。指导意见的主要内容包括：储备投资的基准回报及可容忍的偏差，包括储备的资产构成、货币构成、投资回报率等；出台控制信用风险和市场风险的框架；规定国家贷款基金

的借款项目框架等。英格兰银行根据财政部的储备战略进行储备管理，其管理过程和国际跨国银行并无明显差异。

英格兰银行管理官方储备的目标是：保持储备的流动性与安全性，并在此基础上实现利润的最大化。英格兰银行每年和财政部共同协商，决定财政部指导意见中的投资基准回报。这个基准主要是根据过去的风险和收益，以及贸易、干预外汇市场可能需要的货币种类等因素决定的，并在交易平衡账户的年报中予以公布。

英格兰银行每 6 个月在有交易平衡账户专员（EEA Accounting Officer）、现任财政部宏观政策与国际金融管理委员（HMT's Managing Director for Macroeconomic Policy and International Finance）、英国银行市场执行董事以及其他政府官员代表参加的会议上，对投资的表现进行回顾，并对有关储备的策略加以讨论。

英格兰银行每季度通过内部审计部门对储备管理的有效性和充足性出具独立意见，并由审计部门的负责人向执行董事汇报。执行董事再将审计的内容向交易平衡账户专员报告。另外，英国国家审计署每年要对交易平衡账户进行外部审计。

英格兰银行每月在由财政部债务与储备管理部（HMT's Debt and Reserves Management Team）召开的会议上向其报告有关投资的表现。此外，英国银行还定期对交易平衡账户的市场风险进行压力测试，以检测该账户的资产对潜在的各种市场变动的抗风险性，以及可能的损失。信用风险的控制由英国银行的内部信用风险咨询委员会（Internal Credit Risk Advisory Committee）负责。

（四）日本的外汇储备管理体制

从 1996 至 2002 年，日本的外汇储备从 2 179 亿美元逐渐上升至 4 514 亿美元，此后因美元疲弱，储备增速急剧上升。到 2009 年 6 月底，日本的外汇储备已达到 9 885 亿美元，其中外国证券 9 145 亿美元，外汇存款 740 亿美元。日本财务大臣负责制定和执行日本的国际货币和金融政策，包括开展外汇市场操作以维持汇率的稳定。日本 1951 年制定的《外汇储备特别会计法》，确立了财务省主导下的外汇储备管理模式。现在，日本 9 885 亿美元的外汇储备中，日本央行持有的只有 400 亿美元，日本财务省持有的外汇储备达到 9 485 亿美元左右。

1. 外汇基金专项账户

日本财务省下设“外汇基金专项账户”（Foreign Exchange Fund Special Account，FEFSA），专门用于开展外汇市场操作。这些操作通常委托日本银行（Bank of Japan）执行。日本银行无权自主进行外汇市场干预。

根据 1951 年的《外汇基金专项账户法》（*Foreign Exchange Fund Special Account Law*），日本财务省下设了“外汇基金专项账户”，专门用于外汇操作。该法规定，财务省在使用外汇基金专项账户的资金进行外汇操作时，可以委托日本银行执行。在日本，财务省承担维持日元汇率稳定的职责，日本银行在财务省的外汇市场操作中担当的是代理人的角色。《外汇和对外贸易法》（*Foreign Exchange and Foreign Trade Law*）规定，“财务省应当努力通过买卖外汇和其他措施来稳定日元的对外价值”。同时，《日本银行法》（*Bank of Japan Law*）规定“日本银行作为政府的代理人买卖外汇”，无权自主进行外汇市场干预。《日本银行法》还规定，日本银行使用自有资金买卖外汇，或者作为外国央行或国际机构的代理人买卖外汇，需要取得财务省的同意。

2. 基金筹集途径

外汇基金专项账户主要通过在债券市场上发行“外汇基金融

资票据”（Foreign Exchange Financing Bills，FBs）来筹集日元。只有在特殊情况下，日本财政部才向日本银行发行FBs。如果财政部用从日本央行获得的资金购买外汇储备后，增加了市场上的总体流动性，日元利率大幅下降，日本央行就会通过公开市场操作来稳定国内利率。除此之外，在2003财年作为临时的方法，外汇基金专项账户还采用“回购”的方式将所持有的美国政府债券卖给日本银行来筹集日元。

目前，外汇基金专项账户持有大量的外汇资产，大部分是在日元升值期间进行买外汇和卖日元的干预的结果。这些外汇资产构成了日本的外汇储备。

3. 财务省和日本银行外汇储备管理框架

根据日本财务省2005年4月4日所提出的指导意见，日本银行对外汇储备的管理主要遵循财务省决定的以下一些框架执行：①目标。以维持日元汇率稳定为目标，保障有足够流动性的外汇储备用于维持日元汇率的外汇买卖。②原则。以保持外汇资产的安全性和流动性为首要目标，在此基础上，追求有可能的盈利。消除金融外汇市场上的不良波动，有必要时与国外相关货币当局紧密合作。③储备构成。外汇资产主要由流动性强的国债、政府机构债券、国际金融机构债券、资产担保债券以及在各国中央银行的存款、国内外信用等级高偿还能力强的金融机构的存款构成。④风险管理。对储备资产的信用风险、流动性风险和利率风险以内部模型法进行严格的风险控制。日本银行主要通过金融市场局的外汇平衡操作担当以及国际局的后援担当两个部门来实施外汇市场干预。

其中外汇平衡操作担当负责外汇市场分析及决策建议并经财务省批准；而后援担当则负责在财务省做出决定后进行实际的外汇交易。其管理过程是：日本银行的外汇市场介入操作通常在东京外汇市场上进行。但东京外汇市场收市后，外汇交易在欧洲市场、美国纽约市场上仍可连续进行，所需资金均从外汇资金特别账户划拨。当需要卖出外汇时，日本银行主要通过在外汇市场上出售外汇资产特别账户中的外汇资产来实现。当需要买进外汇时，所需要的日元资金主要通过发行政府短期证券（FB）来筹集。如果必要，日本银行也可向国外的货币当局提出委托介入请求，介入资金、手段等都仍由财务省决定。

外汇平衡操作担当与外汇交易经纪商等市场参与者、日本银行国外分行以及外国中央银行保持密切的联系。除此之外，外汇平衡操作担当还建立了以监测汇率为中心，同时对外债、外国股票市场、商品市场的变化等进行研究，外汇平衡操作担当将有关金融经济形势报告向日本银行政策委员会报告，同时还需每天向财务省负责外汇市场干预的国际局外汇市场课报告。

财务省在此基础上对是否干预外汇市场作出决定，在干预外汇市场的决定做出以后，实际操作工作由日本银行国际局后援担当负责。另外，对外汇储备的投资的实际操作也由后援担当进行的。

（五）挪威的外汇储备管理体制

据挪威央行的统计数据，至 2009 年 3 月底，挪威中央银行在国际资本市场上管理着 3 563 亿美元（按当月底汇率计算，下同）的外汇资产。其中大部分是代表财政部管理的 3 062 亿美元的政府养老金（2005 年前为政府石油基金），另外是中央银行的 237 亿美元外汇储备和 264 亿美元石油保险基金。挪威银行的国际储备由外汇储备、黄金储备和在 IMF 的储备头寸组成。

挪威采取的是由挪威银行主导下的外汇储备管理体制。以下分析其外汇储备的构成及管理制度框架。

1. 外汇储备构成

挪威的外汇储备细分为四种组合：一是流动性组合，主要用

于执行货币政策（用于潜在的外汇市场干预和影响货币市场的流动性和利率）。二是长期组合或投资组合，也随时用于外汇市场操作，但主要目的是提高长期收益。三是免疫组合，与政府的对外债务相当，其投资目的是免除政府对外债务的货币和利率风险。四是石油基金缓冲组合，每天收取石油资本，并按月转化为政府石油基金。

流动性组合由挪威银行货币政策（Norges Bank Monetary Policy，NBMP）市场操作部（Market Operations Department，MOD）管理，其他组合由挪威银行投资管理公司（Norges Bank Investment Management，NBIM）管理，该公司是 1998 年成立的，目的是满足代理负责管理石油基金的挑战。NBIM 的唯一目的是发挥投资经理人的功能，充分利用大型机构投资者内在的规模经济收益。正因为如此，公司也就自然被安排负责大部分外汇储备的管理。为优化内部资源配置，NBIM 为 NBMP/MOD 提供清算和 IT 服务。

挪威银行执行管理养老金的使命有助于对外汇储备实行更专业化的管理并更集中于提高业绩，同时还将影响长期组合的投资战略。

2. 外汇储备管理制度框架

挪威外汇储备管理的目标包括市场干预、管理国民财富和免除政府外债风险。自 2001 年始，挪威货币政策正式采取通货膨胀目标制，利率是主要的货币政策工具，干预只在特殊情况下考虑。用支撑进口的月份数衡量，挪威有相当多的外汇储备。外汇储备的规模和货币政策的变化都表明，关注更长期的投资是合适的。

挪威银行执行委员会确立外汇储备管理的指导方针。管理的目标是在指导方针规定的限制内实现收益最大化。自 2001 年起，长期组合中有20%投资于股权。执行委员会已决定进一步增加股权投资，并在组合中加入非政府证券。

按照《挪威银行法》，挪威银行应在维护货币政策的条件下进行外汇储备投资。国王可以颁布与外汇储备投资相关的法规。但在实践中，挪威银行执行委员会制定储备投资指南。

3. 透明度和责任

挪威外汇储备管理有清晰的责任分工，这可以从其机构设置和书面的指导方针、指令、工作指导文件中反映出来：总体操作责任由执行委员会负责，它制定总的战略指导方针（包括主要风险限制）并接收季度管理报告；执行委员会代理行长制定补充指导方针。

挪威银行管理外汇储备的最大特点是分权管理，其战略指导方针和储备组合的基准是由不同部门制定的，各部门各负其责。这与许多中央银行的投资决策由投资委员会集中做出有所不同。

NBIM作为挪威银行的独立部门，其管理者跟其他部门的负责人一样，直接向行长报告。在NBIM内部，投资决策部与负责交易清算、风险测算、收益测算和会计的投资支持部有明确的界限。控制责任由前台办公室（Front Office Departments）负责，它监控内部和外部管理；市场和信贷风险的独立控制由投资支持部（Investment Support Department）实施；法律部门（Legal and Compliance Department）负责监督内部控制职能。

NBIM的最重要目标是在规定的限度内实现收益最大化。其业绩目标是否实现很容易评估，因为它的任务明确地限定在书面指令中。NBIM的经营结果可以与规定的投资基准进行比较，它作为挪威银行的独立部门，其完成业绩的责任更加透明。

在NBMP/MOD内部，风险控制和收益测算由独立于前台办公室（Front Unit）的单独部门执行。中间办公室（Middle

Office Unit）向 MOD 的负责人报告。

在 NBMP/MOD 和 NBIM 之外，挪威银行的行长还有职员负责监督任务遵守情况并制定战略。

外部审计由挪威银行的独立审计单位——中央银行审计执行，它向银行监督委员会报告。中央银行审计负责投资管理和挪威银行账户的财务审计。

（六）韩国的外汇储备管理体制

从 1997 起，韩国的外汇储备从 201 亿美元不断上升。到 2009 年 6 月底，韩国的外汇储备已达到 2 317 亿美元，其中外国证券 2 083 亿美元，外汇存款 224 亿美元。韩国的外汇储备由韩国银行（中央银行）和财政部下外汇平准基金（Foreign Exchange Equalization Fund，FEEF）共同持有。但是，与日本的外汇储备集中于财政部不同，韩国中央银行管理的外汇储备约占韩国外汇储备总额的 3/4，韩国财政部管理的外汇储备仅占 1/4 左右。

根据《外汇交易法》和《预算决算法》的相关规定，FEEF 主要用于汇率的稳定，并且委托韩国银行进行管理。韩国财政部制定有关外汇储备投资的指导意见和基准，包括资产的货币结构以及投资品种并制订每年的管理计划。韩国银行根据财政部的管理计划制订更加详细的实施计划，负责外汇储备管理的具体操作。

1. 韩国银行外汇储备管理过程

（1）韩国银行货币政策委员会作为其最高的决策机构，对外汇市场的干预做出决策，具体执行由储备管理部和国际部负责，一个助理行长负责监督管理。

（2）韩国银行储备管理部监管储备管理的所有方面，包括基准选择、投资指导建立、风险管理、资产组合管理、账目及业绩归属。这个部门由三个主要的功能构成（前方、中间和后方办公室），又分成 6 个小组：储备管理计划组制定投资导向和基准，并且决定货币组成和投资产品的范围；风险管理组确立对商业金融机构的风险限制标准，监控不同的风险并进行业绩分析；储备管理 1、2、3 组按照投资导向和基准管理投资组合；结算和系统服务组负责结算和账目并维护 IT 系统。

（3）国际部的主要职责包括：监测外汇交易和外汇供求，干预外汇市场，统计外汇储备量并向公众通报。

韩国银行具体的组织结构见图 2-1：

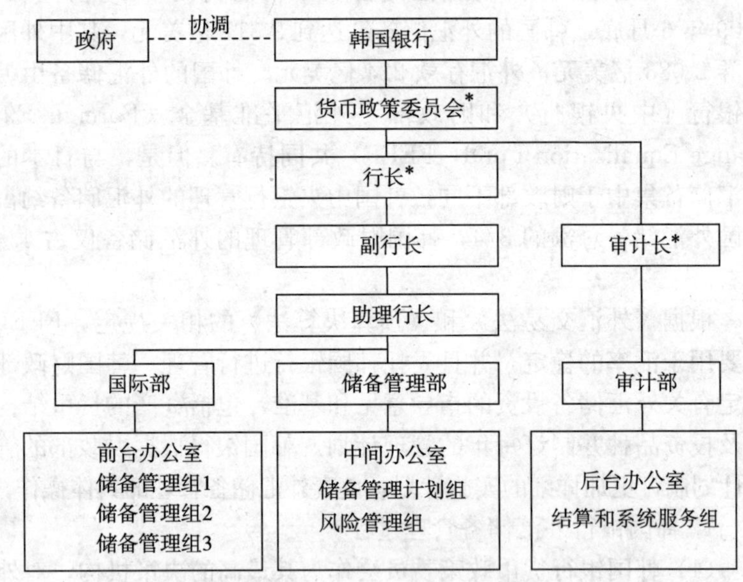

图 2-1　韩国银行的组织结构

2. 职责和透明度

为了使投资风险最小化和实现更高的投资效率，韩国银行按等级分配任务来协调韩国银行由行长发布的内部规章。①行长决

定投资导向和基准，包括投资产品的范围并批准每年的管理计划。②助理行长在由行长授权的条件下建立每季度的管理计划，他也致力于协调由国际部负责的外汇管理计划和外汇政策。③储备管理部和三个储备管理组的主管设置和执行每周和每日的投资计划。④在储备管理委员会和投资委员会的批准下确定基准和管理计划。

外汇储备管理的主要任务是执行由行长决定的“外汇储备管理规章”并完成由储备管理部主管制定的“外汇储备管理程序规范”的具体程序。

正如上面描述的，通过清晰地确定每一职能的责任可以实现责任的分散化。进一步可在每个职能之间建立起严格的防范措施，每个部门都有独立的汇报权限。

风险管理组准备风险管理报告并每月把它们提交给助理行长，每季度向最高管理者报告详细的管理交易和业绩。

储备管理活动的审计是在两种不同的方法下进行的，即下面所说的内部审计的方法和外部的审计方法：

（1）内部审计由风险管理组和审计部执行。风险管理组每天重审储备管理细节来检查是否存在投资导向或风险限制的漏洞，并且确保审计的正确执行。另外，他们也估计风险价值（VaR）的数量，这个部门把结果汇报给主管。

（2）通过韩国银行的内部 IT 网络，审计部每天都复审操作细节并且执行每年的审计。这个部门是在由总统委任的审计长的监督下独立运作的。每年审计的结果汇报给行长、货币政策委员会及其他的政府部门。

（3）外部审计是由审计检查部至少每年执行一次，并且直接向总统负责。它的目的是复审账目程序和外汇储备管理。国民议会也通过国民审计来对外汇进行审计管理。

总的投资理念和方向通过每年的报告向大众披露。然而，他们并没有透露诸如基准、货币构成、证券组合、证券回报率等信息，因为如果披露的话对外汇储备管理会产生不利影响。

韩国银行每年公布由本币表示的财务报表；然而，这个报表并没有包括外部审计的评价。

3. 韩国针对高额外汇储备采取的对策

亚洲金融危机以后，韩国外汇策略一直是鼓励外汇资金流入，限制资本外流。随着外汇储备的迅速增长，管理外汇储备的成本压力加大，尤其是2004年韩国央行出现了1.475亿美元的亏损，是1994年以来的首次亏损，主要原因就是因为发行“通货稳定证券”❶，抵消外资流入冲击的成本过高。2004年以来，韩国政府针对巨额外汇储备管理提出了多项方案并已采取部分措施，以缓解外汇储备增长压力，保障已有外汇储备的保值增值。具体措施有：

（1）加快推进外汇自由化政策，促进企业和个人的海外投资。1998年6月，韩国政府发表《外汇交易自由化方案》，确定了分两个阶段实现外汇交易自由化的计划。2001年1月1日开始进入第二阶段。2002年4月，韩国宣布“外汇市场发展计划”以加快外汇管理自由化进程。2004年以后，随着外汇储备快速增长，韩国政府推出诸多措施，外汇管理更加注重增加资金流出，有效平衡了外汇市场的资金流入。2005年6月15日，韩国财政部公布了《搞活海外投资方案》，全面废除企业对海外金融、保险业投资的限制并大幅放宽企业和个人购买海外不动产的限

❶ 为了减轻韩元升值压力，韩国央行在外汇市场不断投放韩元购进美元，使基础货币量不断扩大，造成通货膨胀压力。韩国央行采取同步发行“通货稳定证券”回流本币的措施，但同时也带来了财政利息支出较重的负担。

制。2006年2月底，韩国政府再次推出一系列放松外汇市场管制的措施，鼓励企业和居民加大海外投资，具体措施包括银行每月外汇交易头寸占其资本金的比例上限从20%调至30%，个人和私有企业海外投资的种种限制予以取消等。

（2）成立韩国投资管理公司（KIC）。为了更好地管理外汇储备，韩国借鉴了新加坡政府投资公司（GIC）的外汇储备管理模式，于2005年7月1日设立了韩国投资管理公司并开始运作，为此，韩国还专门制定了一部《韩国投资公司法》。KIC的主要职能是提高韩国外汇储备的使用效率并支持韩国成长为亚洲金融枢纽之一。在成立之初，KIC将掌握200亿美元（韩国外汇储备的1/10）的外汇资金，其中170亿美元来自韩国银行，其他30亿美元来自韩国财政部的外汇平准基金。KIC在进行投资业务时，资产的80%～90%委托给国内外的民间投资机构，余下的10%～20%则由KIC自身进行投资。韩国投资公司管理外汇的投资范围受到限制，不允许进行任何高风险的投资，不能涉及房地产、私有股本和非投资评级的证券，只能投资AAA级别的证券，即主要投向美国国库券以及欧、美、亚地区同评级证券。韩国同时还成立了一个高级别的决策委员会以决定外汇资产的管理策略，成员包括韩国财长、央行行长以及来自韩国六大金融机构的代表。

（3）加大管理人员培训力度。从2005年起，韩国央行每年公派五六名外汇管理人员去高盛、摩根大通等公司接受培训，提高外汇投资的操作技巧和水平。

此外，韩国央行还提出将部分外汇储备提供给本地银行、支持企业海外投资的中长期方案，具体框架为：韩国央行通过货币互换的方式将50亿美元的外汇储备提供给国内商业银行，即央行将其外汇储备与商业银行手中的韩元资金交换，银行按照LI-

BOR利率每6个月向央行上缴利息，央行则按照债券的利率向商业银行支付利息。商业银行将这笔美元资金放贷给本国企业，支持他们的海外投资活动。但是，以上举措依然属于远期规划，必须在法律程序上得到通过并且获得民众的支持，能否落实尚需时日。

（七）中国香港的外汇储备管理体制

据统计，香港的外汇储备从1998年至今增长相对平稳，到2004年年底，其外汇储备为1 236亿美元。到2009年6月底，香港外汇储备为2 070亿美元，居全球第七位。

1. 外汇基金及其法定职责

中国香港的外汇储备主要由外汇基金构成。香港外汇基金根据《货币条例》（后改名为《外汇基金条例》）于1935年设立，其资产组合包括港币、外汇、黄金、白银，其中的外汇资产就是香港的外汇储备。1976年，外汇基金的职责得以扩展，香港政府将一般收入账目的大部分外币资产和硬币发行基金的全部资产均转拨到外汇基金。设立外汇基金的主要目标是确保港元汇率稳定。香港实行的是货币局制度，当发钞银行发行纸币时，必须按照7.80港元兑1美元的兑换保证汇率向金管局提交等值美元，并记入外汇基金的账目以购买负债证明书作为发行纸币的支持。回收港元纸币时，金管局会赎回负债证明书，银行则自外汇基金收回等值美元。香港是一个城市经济体，经济自由度高，联系汇率有助于稳定香港经济，降低外国经济及汇率波动对香港经济的冲击，也可降低与香港从事贸易及外国投资者在香港投资的汇率风险。但联系汇率使香港需要跟随美国调整利率，难以发挥以利率调节反经济周期的作用，这使香港实际上缺少独立的货币政策。

外汇基金的投资目标包括确保整体货币基础，并在任何时候

都由流通性极高的短期美元证券提供十足支持，确保有足够的流动资金以维持货币金融稳定；在符合以上几条的情况下争取投资回报，以保障资产的长期购买力。外汇基金分为支持组合和投资组合两部分来管理。支持组合为货币基础提供支持，投资组合则保障资产的价值及长期购买力。投资基准由外汇基金咨询委员会制定，其主要内容包括外汇基金对各国及各环节资产类别的投资比重及整体货币分配。外汇基金雇佣全球外聘基金经理负责管理外汇基金约三分之一的总资产及所有股票组合。

1992 年，香港颁布了《外汇基金条例（修正案）》，引入了外汇基金的第二职能，即促进货币和金融体系的稳定和统一，维护香港作为国际金融中心的地位。1993 年 4 月 1 日，外汇基金办公室和银行专员办公室合并成立香港金融管理局（Hong Kong Monetary Authority，HKMA），目的是保证中央银行维持货币和银行稳定的功能得以在更高专业化和连续性的水平上执行。

2. 制度框架

财政司司长掌握外汇基金投资的控制权，通过与外汇基金咨询委员会（Exchange Fund Advisory Committee，EFAC）磋商，确立外汇基金的长期战略投资方向。当 EFAC 建立了长期投资战略后，外汇基金的日常管理由 HKMA 的储备管理部实施。在履行职责时，储备管理部要在财政司司长的授权和 EFAC 许可的投资政策下具体操作。

（八）新加坡的外汇储备管理体制

据统计，新加坡的外汇储备从 2002 年开始急剧上升，到 2004 年年底，其外汇储备为 1 128 亿美元。到 2009 年 6 月底，新加坡外汇储备为 1 732 亿美元。新加坡的外汇储备管理模式一直受到许多人的关注。新加坡的外汇储备管理采用的是财政部主导下的新加坡政府投资公司（GIG）＋淡马锡控股（Temasek）＋新加坡金融管理局（MAS）体制。20 世纪 70 年代以来，由于新加坡经济增长强劲、储蓄率高以及鼓励节俭的财政政策，新加坡外汇储备不断增加。新加坡政府在对经济前景进行评估之后，确认国际收支平衡将保持长期盈余。为了提高外汇储备的投资收益，政府决定改变投资政策，减少由新加坡金融管理局投资的低回报的流动性资产，允许外汇储备和财政储备投资于长期、高回报的资产。

新加坡金融管理局（the Monetary Authority of Singapore）即新加坡的中央银行，它是根据 1970 年《新加坡金融管理局法》（*the Monetary Authority of Singapore Act of* 1970）于 1971 年 1 月 1 日成立的。2002 年 1 月，原属财政部的货币督察局（the Board of Commissioners of Currency）也归新加坡金融管理局所属，从此新加坡金融管理局也开始负责货币的发行。货币督察局按照《货币法》（*the Currency Act*）的规定，在发行货币时，所发行的货币面额总值至少要有 100％的货币基金中的国外资产作为后盾。货币基金由货币督察局所设立，其所包含的国外资产包括黄金、外币活期与定期存款、通知存款、国库券以及各种证券。新加坡采用的是有管理的浮动汇率制度，选择一篮子货币作为新元汇率的参照，针对汇率波动区间对汇率进行管理，汇率波动区间本身是爬行变动的。新加坡金融管理局根据国内外市场情况更改货币篮子的内容，干预外汇市场，从而维持新元币值的稳定。从 1981 年开始，新加坡开始把汇率作为货币政策制定的中介目标，通过外汇储备对外汇市场进行干预以维持新加坡汇率的稳定。同时，以汇率稳定作为物价稳定的指标，通过汇率稳定促使经济持续增长。以汇率作为货币的中介目标，可以说，新加坡金融管理局放弃了对于国内利率和货币供应量的控制权。

新加坡外汇储备投资管理的部分由新加坡政府投资公司（GIG）和淡马锡控股负责。1981 年 5 月新加坡政府投资公司成立，通过在全球 6 个海外机构在世界主要资本市场上对股票、固定资产、货币市场证券、房地产和特殊的投资项目进行投资。

（1）新加坡政府投资公司由新加坡政府投资有限责任公司（the Government of Singapore Investment Corporation Pte Ltd）、新加坡政府房地产投资有限责任公司（GIC Real Estate Pte Ltd）、新加坡政府特殊投资有限责任公司（GIC Special Investments Pte Ltd）三个公司组成。其目标是对外汇储备进行长期投资，并且以利润为导向，追求长期的投资回报。

（2）新加坡政府投资有限责任公司董事会根据预期的回报率决定资产组合政策（the policy asset mix），资产组合政策对资产组合中股票、债券和现金在资产组合中所占的比重作出规定，是公开市场资产管理的基准。

（3）新加坡政府房地产投资有限责任公司 1982 年成立时是新加坡政府投资有限责任公司的房地产投资部门，1999 年 4 月成为一个独立的公司。它是现在全球真正投资于房地产的少数机构之一，它投资于房地产、房地产投资信托，以及房地产公司股票和其他类似的证券。

（4）新加坡政府特殊投资有限责任公司主要投资于私募证券，它是最早参加硅谷风险资本基金的投资机构之一，现在已经成为全球最大的私募证券投资机构之一。其投资组合包括杠杆收购、风险资本、成长资本等方面。

GIG 主要负责固定收入证券、房地产和私人股权投资。它的投资是多元化的资产组合，主要追求所管理的外汇储备保值增值和长期回报。淡马锡控股是另外一家介入新加坡外汇储备管理的企业。淡马锡原本负责对新加坡国有企业控股管理，从 20 世纪 90 年代开始，淡马锡利用外汇储备投资于国际金融和高科技产业，至今公司资产市值达到 1 003 亿新元。就外汇储备管理而言，发挥主导作用的是新加坡财政部。GIG 与淡马锡所管理的不仅仅是新加坡的外汇储备，也包括了新加坡历年累积的财政储备（主要由 GIG 管理）。GIG 和淡马锡都为新加坡财政部全资拥有。

由上可见，新加坡的外汇储备管理是中央银行和国有投资公司共同主导的模式，在确保流动性和安全性的基础上追求外汇储备价值的最大化，有效地提高了储备管理的效益。因此可以看出，对外汇储备功能进行定位，将其分层为流动性储备、安全性储备和收益性储备，并且根据不同的管理目标设立不同的管理机构，尤其是为提高储备的效益设立国家投资公司等是切实可行的途径。在该模式下，由中央银行对流动性更强的短期外汇储备资产进行管理，由国有投资公司对收益性和风险性更强的中长期外汇储备资产进行管理。金融管理局负责持有并管理外汇储备中的货币资产，主要用于干预外汇市场和作为发行货币的保证；政府投资公司负责使用外汇储备对固定收益证券、房地产和股票进行投资；淡马锡负责对本国战略性产业及国外相关产业实施战略性股权投资。

（九）其他国家的外汇储备管理体制

也有不少国家和地区的外汇储备管理是货币当局或中央银行主导的。

1. 巴西的外汇储备管理体制

巴西中央银行是巴西唯一被授权管理外汇储备的机构。巴西中央银行董事会制定外汇储备的策略性配置及投资政策，其储备管理目标要服从于货币与外汇政策，如为货币政策提供支持、避免汇率的剧烈波动等。虽然巴西实行浮动汇率制，但巴西中央银

行经常要进行干预。与英国一样，巴西是实行通货膨胀目标制的国家，在实行通货膨胀目标制之后，它们也很好地稳定了国内的物价水平。

2. 土尔其的外汇储备管理体制

土尔其的《中央银行法》赋予其中央银行管理国家外汇与黄金储备的权力和责任。土尔其的外汇储备管理体制诞生于其固定汇率制的时代，但随着20世纪80年代早期的自由化改革，解除了外汇管制，外汇储备在土尔其开始用作干预国内货币、为国内和国际市场提供足够的信心等目的。而影响土尔其储备管理战略的重要因素之一就是货币与汇率体制。土尔其的中央银行法规定，储备管理应当与货币政策目标相一致。在20世纪80年代后半期至2001年间，土尔其采取了介于固定与浮动汇率之间的一种中间汇率制。由于需要预防爬行钉住，土尔其储备的流动性方面就更加明确。在金融危机之后，土尔其实行了浮动汇率制，中央银行承诺只有在出现汇率剧烈变化时才会干预，这样就可以对外汇储备组合进行更加有效的流动性管理。

3. 科威特的外汇储备管理体制

科威特外汇储备由中央银行和科威特投资局分别持有。

科威特投资局的外汇储备管理较具特色。20世纪50年代早期，石油的发现成为科威特经济与社会生活现代化的转折点。在1960年，由于财政存在大量盈余，科威特对公共财政进行了重新组织。一项重要的举措是建立公共储备基金（General Reserve Fund，GRF），它涵盖了国家的所有投资。在20世纪70年代，科威特颁布了No. 106/1976法并依此建立后代基金（Future Generations Fund，FGF）。建立之初，该基金将当时50%的总储备纳入其中；而后，每年财政收入的10%以及资产收益也都涵盖其中。FGF被视为石油市场收入下降或石油资源枯竭时的资金来源。由于基金规模显著扩大，投资范围不断拓宽，科威特政府依 No. 47/1982 法建立了科威特投资局（Kuwait Investment Authority，KIA）。KIA 是财政部管理的独立法人单位，它代表科威特政府来管理 GRF、FGF 后代基金以及财政部委托管理的其他资金。长期以来，KIA 在国际证券、金融市场上表现突出，它已成为科威特政府的一项重要财源。

自诞生起，KIA 就已建立并不断发展其投资战略。1993 年，当经济指标恢复至伊拉克入侵之前时，KIA 对其投资战略重新进行了全面审视。新投资战略目标类似于建立 KIA 的原法律要求，并与 GRF 和 FGF 的创建精神相一致，即通过在全球范围的分散化投资获取要求的资本回报；此外，新投资战略还强调在不同投资领域发展本国投资人才以及在当地市场支持持续私有化进程的重要性。

KIA 的权力机构是董事会，它负责监督、管理 KIA 事务并有权作出符合其目标要求的决定。董事会由财政部长牵头，其成员包括石油大臣、中央银行行长、财政部副部长以及 5 位科威特国籍的投资金融专家（其中 3 位不得担任公职）。董事会从其成员中选拔一位常务董事，其作用相当于执行经理。KIA 总部位于科威特城并在英国伦敦设立了一个分部。总部由 19 个部门组成，其中，直接涉及投资的部门是美洲投资局、欧洲投资局、亚洲投资局、当地投资局、阿拉伯投资局、直接投资局、贷款局和国库局。

二、比较分析和经验借鉴

通过以上对典型国家（地区）外汇储备管理体制的介绍，可以总结出这些体制的基本特点和影响外汇储备管理体制的主要因素。

（一）基本特点

总的来说，上述国家外汇储备管理体制可以从下面几个方面归纳出一些特点。

1. 财政部和央行的作用

许多国家的财政部负责汇率政策和主导外汇市场操作，如美国、英国、日本、韩国、中国香港、新加坡等。美联储有权自主进行外汇市场操作并形成了与财政部协作的传统，但美联储并不负责汇率政策，其参与外汇市场操作主要是配合美国财政部。英格兰银行也可以进行外汇干预，但是只是出于货币政策的目的，汇率政策及相应的外汇市场操作由英国财政部负责。日本的汇率政策和外汇市场操作由财务省负责，日本银行无权自主进行外汇市场操作。在执行层面，上述国家的外汇市场操作都是由中央银行执行的。而有的国家是由央行负责制定汇率政策和主导外汇市场操作，如挪威、巴西、土尔其等。

2. 外汇储备的持有

外汇储备可分为财政部持有，财政部、央行共同持有及央行持有三类。英国属于第一类，外汇储备由财政部所有的专项账户持有；美国、日本、韩国等国则属于第二类，由财政部和央行共同持有，但持有比例有所不同；挪威、巴西等为央行持有。

与中央银行相比，财政部没有本币资金来源上的便利。日本、英国和美国的财政部需要借助发行本币债券、买回、存管、发行特别提款权凭证等方式从货币市场或中央银行筹集本币。但是，从日本的情况看，缺乏上述便利并未最终限制财政部的外汇市场干预能力。日本虽然由财务省出资干预，但是财务省通过发行融资票据筹集日元，还是实现了大规模的外汇市场操作，并直接导致日本的外汇储备规模长期居于各国首位（2006 年 2 月中国首次超过日本）。

3. 本币的投放、回笼和融资

财政部出资不涉及本币的投放与回笼环节，但涉及本币的融资环节。美国财政部的“外汇稳定基金”、英国财政部的“外汇平准基金”和日本财务省的“外汇基金专项账户”在进行外汇市场操作时并不涉及本币的投放或回笼环节。但是在中央银行向上述专项基金提供融资支持时，比如，美联储接受外汇稳定基金的外汇资产存管、买入外汇稳定基金发行的特别提款权凭证，日本银行与外汇基金专项账户的外汇资产的回购、认购财务省发行的融资票据，韩国央行为购买外汇发行本币等，都增加了本币的投放，进而中央银行将考虑进行冲销操作以避免对货币政策的影响，如韩国央行发行货币稳定债券、回笼本币，类似中国的央行票据操作。

虽然日本、英国和美国财政部在进行外汇市场操作时，总体上不涉及基础货币的投放与回笼环节，但要涉及融资环节。当外汇市场操作的规模增加时，财政部需要大规模地发行债券来筹集本币，日本的实践就很有代表性。

4. 储备管理责任和透明度

许多国家储备管理机构的任务、责任和目标清晰。在储备所有权明确的前提下，储备管理机构作为外汇储备的委托人或代理人行使储备管理职责。政府、储备管理机构以及其他机构间储备管理责任的分配都进行公开披露和解释。储备管理的一系列目标都有明确的定义和披露，对储备管理政策的关键部分都进行明确解释。监管储备管理机构与其关联交易方关系的一般原则都公开披露。公开披露的作用在于确保储备管理的交易是基于公正无私的客观标准。当然，基于保密考虑，储备管理操作的细节是不公布的，这些细节的公布可能会弱化储备管理机构在市场中操作的能力。定期公布外汇储备的信息，这些信息有助于公共部门和私

人部门的一些决策。IMF 的数据公布的特殊标准（SDDS）及其关于国际储备和外汇流动性的数据模板，为外汇储备和其他潜在相关活动公开披露的内容和适时性提供了一个全面的基准标准。在储备管理机构的职责与公正性担保方面，许多国家以国际公认的审计标准对储备管理机构的年度财务报表进行外部审计，并且将审计结果和意见向社会公众公布，这就确保了储备管理实体操作的公正性。

5. 外汇储备管理的制度框架

外汇储备管理的制度及其监管安排都通过法定框架建立，这个框架明确地确定储备管理机构的责任和权力。当储备管理责任和功能在不同机构间分割时，由法律规定制度责任并通过有关部门授予储备管理机构，保证了储备管理责任和功能的协调与执行。有效的内部治理结构确保责、权、利明确。清晰的分割和分配管理责任，从储备管理的决策层面到操作层面的责任和权力清晰地分离。储备管理操作的各个方面都有受过良好培训的工作人员，工作人员必须具备坚实的市场惯例和交易工具的知识背景，他们必须完全理解风险和他们操作的控制环境。对内部操作和相关风险的有效监督由可信赖的信息和通报系统与独立的审计功能支持。一个有效和独立的审计部门在为储备管理机构提供高水平的独立担保中扮演着重要的角色，确保储备管理活动与内部控制和报告系统的适当运行。存在有效的补救过程以减缓由运行系统的失灵或其他灾难性事件所导致的储备管理的风险。

（二）影响外汇储备管理体制的主要因素

不同国家的外汇储备管理体制各有不同，产生这些不同的主要因素如下：

1. 该国实施的汇率制度

在很多发达国家，中央银行仅仅负责货币政策的制定。由于这些国家通常采用了自由浮动的汇率制度，中央银行没有必要在外汇市场上进行日常冲销，而是集中精力于货币发行量、利率或者通货膨胀目标，外汇储备的经营管理往往由财政部负责。而在很多发展中国家，中央银行除制定货币政策外，往往还负责对商业银行、证券公司、保险公司等金融机构的监管。由于发展中国家实施固定汇率制和管理浮动汇率制的比例较高，因此中央银行也负责在外汇市场上进行干预以维持本币稳定，中央银行无论是出于监管救助需要还是出于冲销需要，都有持有并管理外汇储备的动机。因此，在实施固定汇率制和管理浮动汇率制的国家中，由央行主导外汇储备经营管理的国家比例更高。

2. 开放经济体的规模

关于外汇储备的当局安排，大国和小国有着截然不同的选择。经济开放的大国更倾向于由财政部门或货币当局之外的专设部门持有外汇储备，并相应承担外汇市场干预和汇率稳定的职能；而小国则更多地选择由中央银行直接持有外汇储备，并相应承担外汇市场干预与汇率稳定的职能。

对于任何开放型经济体来说，宏观调控的任务均可概括为同时追求对内均衡和对外均衡。但是，因经济规模的不同，从而对内部均衡重要性强调程度的不同，大国和小国处理内外均衡关系的模式存在着重大差异。

对于开放型大国经济来说，由于客观上本国经济的独立性较强，宏观调控的基本任务就是要同时实现内外均衡。然而，经济政策理论（如“丁伯根法则”）和各国实践均告诉我们：由于一种政策工具只能实现一项政策目标，要实现内部均衡和外部均衡两个经常不相容的宏观调控目标，至少需要两种以上的政策工具。同样按照蒙代尔—弗莱明模型，在浮动汇率制下，货币政策比封闭条件下更有效。因此可以看到，像美国、英国、日本等大

国，都确定了由货币当局负责内部均衡而由财政当局负责外部均衡的分工。由于外汇储备更多地涉及外部均衡问题，这些国家自然都选择由财政当局来主导外汇管理体制并负责制定汇率政策。

由财政部门或专设机构主导外汇管理体制的最大好处是，可以切断外汇储备与基础货币供给之间的直接联动关系，阻隔汇率变动可能对货币政策产生的直接影响。同时，由于隔断了不稳定的外部冲击，货币政策的独立性得到加强，其调控国内经济运行的能力也得到提高。

小型开放经济体的情况则不同，由于它们几乎不存在可以自我支撑的国内经济体系，其经济运行高度依赖全球市场。这意味着小型开放经济的内外均衡具有一致性，基本上不存在所谓的内外均衡冲突问题，也就无所谓内外均衡的职能分工问题。同样，由于小型经济体的经济发展高度依赖外部环境，保持汇率稳定、实现外部均衡在多数情况下会成为压倒一切的目标。新加坡以及中国香港地区便是适合的例子。这两个经济体事实上都不拥有真正意义的中央银行，也不存在真正意义的货币政策，其对外经济部门在整个 GDP 中的比重相当大，汇率的异常变动所带来的不利影响非常大，所以它们都把政策的重点放在汇率的稳定上，基本上放弃了货币政策对国内经济的调节，外汇储备作为维持汇率稳定的重要手段地位显得尤其突出。它们货币政策的唯一目标就是保持汇率稳定。在这种情况下，确保本国基础货币供给与外汇储备的变动保持同步变动关系，是实现汇率稳定和整体经济正常运行的必要条件。正因为如此，绝大多数的小型经济体都选择了由中央银行来主导外汇储备的管理。

当然以上分析只是一般而论，由于各国国情不同，财政部和央行有着不同的关系，历史发展的路径依赖也是很重要的方面。总体来看，各国外汇储备管理体制并不完全一致，它是一个国家特定的汇率制度和货币制度安排下的产物，产生、发展和演变的历史背景也各有差异。然而，它们都有一个共同特点：即便中央银行不拥有外汇储备管理的主导权，外汇储备管理的操作也在很大程度上由中央银行完成。

中国目前对外汇储备管理上的争论比较多，意见分歧也比较大。面对十分庞大的外汇储备规模，一些相关的政府部门都在争夺外汇储备管理的主导权，并都以国外的经验和管理模式支持自己执掌外汇储备管理主导权的依据。然而，中国的外汇储备管理与中国的现有政治体制有着直接联系，有自己的特殊性。中国的宏观经济管理是在国务院直接领导下进行的，财政部和央行都是国务院的职能部门，有着明确的分工。财政部没有足够的相关经验管理外汇储备，因此，中国外汇储备管理体制的改革应考虑其很强的路径依赖特性。中国作为一个开放的发展中大国，兼具大型开放经济体和汇率制度相对固定两个特点，既要实现内外均衡的目标，又要在一定时期内保持汇率的相对稳定，外汇储备管理的难度比上述任何国家的都大。另外，由于中国外汇储备规模巨大，在管理体制和结构上的微小变化都可能引起外汇市场上剧烈波动。因此，其他国家比较好的经验并不能完全照搬到中国。

本书认为，中国目前外汇储备管理中的首要矛盾在于它与中央银行货币政策之间的关系，或者更明确地说，政府应当通过何种渠道来获得外汇储备。迄今为止，中国的外汇储备全部是央行通过增发货币的方式来获取的，这是一种“通货膨胀性”的办法，对宏观经济的稳定造成了潜在的威胁，流动性过剩是后果之一。因此，推进中国外汇储备管理体制改革的基本思路不在于由哪个部门来主导外汇储备的管理，而首先在于厘清外汇储备的形成与货币政策的关系，切断外汇储备增长与货币发行之间的连带

关系，寻找其他合适的渠道来形成外汇储备，从而为中央银行自主性的货币政策操作提供足够的空间。

第二节　中国外汇储备管理体制创新的必要性

改革中国现行的外汇储备管理体制是近年来社会各界关注、讨论的一个热点问题。关于改革的必要性，观点主要集中在两个方面：一是现有体制使外汇储备增长与货币供给之间存在直接联系，是造成目前流动性过剩的主要原因；二是难以实现巨额外汇储备的保值增值。

一、解决流动性过剩、实现货币政策独立性的需要

近年来，中国外汇储备规模迅速增加，引发了一些不利的后果，其中最严重的是：货币供给过快增长，在央行冲销不足的情况下，银行体系流动性过剩，产生了潜在的通货膨胀压力。据国际组织预测，今后四五年内每年仍约有 1 500 亿～2 000 亿美元外汇储备增长的局面，这给中国货币政策操作和宏观调控带来了严峻挑战，并成为中国当前经济运行中最为棘手的难题。

为了缓解外汇储备增加对货币供应的不利影响及对冲过剩的流动性，中国央行从 2002 年就开始了大规模的公开市场操作。

央行票据的产生及发展，对中国金融体制改革和迄今为止的金融宏观调控发挥了重大作用，但也存在明显缺陷，主要表现在以下两个方面❶：

第一，双重角色的矛盾。在市场经济下，央行有着双重身

❶　李扬，余维彬，曾刚．循序渐进实现藏汇于民［N］．中国证券报，2007-01-18.

份：从管理者的角度来说，央行是一国货币主管当局，代表政府统管一管理货币金融事务，制定实施货币政策；从经营者的角度来说，央行又是一国货币的经营者，它以一个交易者的身份参与金融市场交易。当央行在某一市场上交易量足够大时，它就有了操纵市场的能力。无论出于何种目的，央行票据的发行总意味着央行增加了对市场上资金的需求；反之则相反。央行的这一操作，必然会对市场资金供求和市场利率产生影响。这样，就在央行大量发行央行票据来收缩流动性的时候，它同时也成为中国货币市场上最大的做市商。为了降低其操作成本，它有动机操纵债券市场利率。集做市商与调控当局两种矛盾身份于一体，无疑增加了央行宏观调控的复杂性，并加大了其在货币政策操作的两个主要对象货币供应量和利率之间进行协调的难度，这显然与央行的市场中立地位和市场稳定功能相悖。

第二，开放经济条件下内、外均衡的矛盾。发行央行票据为的是对冲外汇储备的过度增加造成的流动性过剩，其直接出发点是实现内部均衡。另外，人民银行公开市场操作也受到人民币汇率政策的刚性约束，人民银行的货币政策的独立性为人民币的汇率政策所“俘虏”。人民银行在人民币升值预期之中，始终保持人民币利率低于美元利率200～300个基点的利差水平，以增加利差套利成本，抑制国际投机资本的流入。低利率的货币政策，除了使投资水平居高不下，也成为资产价格大幅上涨的原因之一。而央行票据市场的供求态势和由此决定的利率走势，又将通过其对人民币资金的供求对比和市场利率走势的影响，对外汇市场和人民币汇率的动态产生冲击，这便涉及外部均衡问题。不难看出，单一运用发行央行票据这种手段来同时应付对内均衡和对外均衡两个经常不一致的目标，往往会顾此失彼。

对外汇储备超常增长的不利影响，现有的各种政策操作基本上属于在现行制度框架下不得已而为之的选择，它们不仅难以"治本"，而且其"治标"的效果也是递减的，此外，这些政策本身的可持续性也有问题。更为严重的是，如果外汇储备增长压力只是短期的，现有的政策手段尚可应对；但若压力长期存在，仅仅依赖现有各种政策工具操作，累积的问题会越来越多。由于中国还不能面对汇率决定真正市场化，外汇储备增长的压力会在相当长的时期内存在，因此面对的是后一种情况。这一机制带来的更大危害在于，央行基础货币投放的资金进入了外贸和与外贸相关的部门，造成外贸部门和外贸相关部门的资金宽裕，而非外贸部门和非外贸相关部门出现资金供不应求的现象❶。央行货币政策由总量政策蜕变为行业性的结构性政策，不利于中国经济的均衡发展。因此，从长远计，必须对中国外汇储备管理体制进行改革。

二、更好实现外汇储备保值增值目标

长期以来，中国外汇匮乏，央行作为外汇储备经营管理的唯一机构，不存在任何的不妥。近几年随着外汇储备的迅速增加，储备外汇如果仅投资海外政府债券，机会成本高，不能满足储备资产保值增值的需要。从国家整体利益和长远战略利益出发，如果有条件在满足防范金融风险、稳定汇率所需的外汇流动性、满足一定的金融资产投资收益后，应该进一步考虑提高储备资产的长期收益率。因此，寻找新的管理模式，自然成为中国宏观经济管理中面临的新问题。

❶ 关于资金流向的分析在本书第三章有详细分析。

第三节　中国外汇储备管理体制的模式选择

在人民币升值预期下，中国外汇储备迅速增长的根源是中国实行的缺乏弹性的汇率制度，所以解决的根本办法就是汇率真正市场化，但由于目前中国难以承受本币迅速升值可能产生的巨大成本，所以只能采取渐进方式，允许外汇储备继续增长，逐步扩大汇率浮动空间，通过改革现行的外汇储备管理体制，构建一个科学、有效的制度框架，切断外汇储备与货币供应的直接联系。经过一段时期的广泛讨论，中国外汇储备管理体制的模式已初步成形。本节首先介绍和分析几个备选方案，指出其中存在的不足，在此基础上进行修正完善，提出更为适合的外汇储备管理体制模式并进行充分论证。

一、外汇储备管理体制改革的研究综述及分析

（一）研究综述

目前，关于中国外汇储备管理体制的可能变迁，社会上有多种猜测和议论。综合政府官员的表态和学术界的研究，可以大致弄清未来中国外汇储备管理模式的基本轮廓。

在学术界的讨论中，何帆、张明（2006）总结各种观点，对谁来管理外汇储备提出了三种可能性。他们认为，一种可能性是将外汇储备的管理职能继续留在央行。第二种可能是由财政部负责外汇储备的管理。可以由财政部发行特别国债，用募集的资金向央行购买富余外汇储备，然后在海外进行投资。第三种模式是借鉴新加坡的 GIC 模式，成立政府投资公司来管理富余外汇储备。

李扬（2006）对外汇储备管理体制的改革提出了下列几点建

议：改革之一是实现国家外汇资产持有者的分散化。他认为，就持有主体多元化而言，是要将原来集中由人民银行持有并形成官方外汇储备的格局，转变为由货币当局（形成“官方外汇储备”）、其他政府机构（形成“其他官方外汇资产”）和企业与居民（形成“非官方外汇资产”）共同持有的格局。这样做的目的有二：其一，通过限定货币当局购买并持有的外汇储备规模，有效地隔断外汇资产过快增长对中国货币供应的单方向压力并据以减少流动性，保证货币当局及其货币政策的独立性；其二，为外汇资产的多样化创造适当的体制条件。他还特别强调了专设外汇管理机构的重大意义。改革之二是与持有主体多样化相适应的外汇资产多元化。

夏斌（2006）、钟伟（2006）等一些专家的观点基本在上述提及的范围内。目前取得共识的中国外汇储备管理改革模式的大致轮廓有两种：一是央行持有实现外汇储备基本职能的外汇储备，成立国家投资控股公司，由国务院直接领导，对富余外汇储备进行经营；第二种与第一种不同的是，同时成立两家投资公司，包括主要管理内地银行金融业改革及内地金融投资的国家投资控股公司和专责海外投资的国家外汇投资公司，形成“三驾马车”共同管理经营外汇储备的格局。

国内学者从不同的方面提出了对中国外汇储备管理体制的建议。何帆（2005）认为，中国的外汇储备管理应遵循积极管理的原则，中国外汇储备的积极管理应该考虑以下几个方向：首先，由短期投资向长期投资转变。因此，必须超越外汇储备消极管理的框架才能找到优化储备资产结构的途径。其次，中国政府面临提升经济竞争力的长期课题。提高中国的经济竞争力，有必要从国外获得更多的市场、资源和关键能力，外汇储备投资应该着眼于提升本国企业国际竞争力，优化产业结构，支持具有竞争力的大型企业扩大海外投资，并购国外战略性资产。再次，作为全球制造业大国，中国在重要资源市场缺乏定价能力，这与中国自身资源的相对匮乏以及缺乏战略物资储备有着密切关系。

中国应该立足相对充足的外汇储备，建立与中国庞大制造业相对称的战略物资储备，扩大对全球大宗商品交易的参与。钟伟（2006）认为，中国应该构建新型的外汇储备管理体系，这个体系至少应包含三方面的内容：首先，动态地界定中国外汇储备的适度规模，并进而确定富余储备规模。其次，从国家战略的高度考虑富余储备的多元化运用渠道，目前的相关讨论主要集中在以下五方面：①运用富余储备投资于对国民经济持续发展具有决定性意义的大宗战略物资，尤其是能源、黑色和有色金属等战略资源；②运用富余储备推进国有企业的技术改造；③运用富余储备推进国有金融机构的改革；④运用富余储备大力引进一批高层次、具有国际水准的海外华人科学家团队；⑤运用富余储备填充社会保障资金的巨大缺口。再次，确定储备决策、执行和日常管理机构的框架。目前，中国的外汇储备管理框架基本是央行依据《中央银行法》负责储备的经营管理，日常管理则由外汇管理局进行，这样极其简约的储备管理方式显然不能适应万亿美元储备的管理决策，因此，需要对管理体系予以创新。

（二）目前研究存在的不足

目前的研究为完善中国外汇储备管理体制提供了很好的思路，但本书认为还存在以下不足之处：

1. 缺乏清晰的分层次管理系统，储备授权体系不明确

IMF 发布的《外汇储备管理指南》中，明确提出了外汇储备管理的制度框架，包括：①外汇储备管理制度框架的法定基础；②外汇储备管理的内部监管。

与 IMF 指南所反映的外汇储备管理体制相比，中国现有的

国家外汇储备管理体制还很不健全，缺乏清晰的分层次管理系统，储备授权体系不明确。

一国外汇储备授权体系可以分为三个主要层次：第一个层次是储备的持有层次上的授权，这一层次上的被授权对象是国家货币当局。第二个层次是储备经营运作和经营管理上的授权，这一层次的被授权对象是有关政府部门或投资公司。第三个层次是储备交易操作上的授权。第三个层次在各国之间没有太大差别。在中国，第一个层次授权应是国务院代表国家授权中国人民银行统一持有、经营和管理外汇储备，这一模式为央行主导模式。第二个层次授权应是央行授权国家外汇管理局操作与管理外汇储备，如要进行分档管理，央行还应授权专业外汇投资公司经营，外管局负责流动性管理，外汇投资公司负责投资性管理。授权方与被授权方为委托代理关系，双方以合同形式明确各自的权利、义务和责任。现在已成立的中国投资有限责任公司是由国务院直接设立的，其职能是实现外汇资产的保值增值。这种外汇资产的性质取决于购买外汇储备的资金来源。如由国务院授权财政部发债，则财政部与公司为委托代理关系，外汇资产的性质属官方其他外汇资产。这种形式的授权，央行只是把非官方的外汇资产转换成官方其他外汇资产，起了一个中介作用。如国务院授权央行直接把外汇储备划拨给新成立的公司，则央行与新公司为委托代理关系，外汇资产属外汇储备。至于成立一家还是两家公司并不改变分析的问题性质。由此可见，现在讨论的问题在某种程度上混淆了外汇储备管理体制和外汇资产管理体制的区别。

2. 外汇储备的形成机制没有改变，难以从制度上切断外汇储备与货币供应的直接联系

目前讨论的思路是为多余的外汇储备寻找出路，并没有改变外汇储备的形成机制。成立中国投资有限责任公司，只是通过发

行债券的形式把央行持有的多余外汇储备转化为国家其他外汇资产。从理论上讲，这家公司的建立打破了目前货币创造机制对流动性产生的重要影响。影响的一个重要方面表现在公司成立的初期，通过发债一次性购买大量的外汇储备，相当于央行一次性回笼等量的人民币，对市场的一次性冲击会非常大。2 000 亿美元购买量相当于回笼 16 000 亿人民币，相当于 10 次上调存款准备金率。本书认为这一机制的建立并不会改变流动性过剩的格局。通过发债形式筹集人民币资产，可以在一定程度上帮助央行冲销因购买外汇储备而投放的基础货币，但其作用仅仅是补救性质的，没有改变外汇储备的形成机制。只要中国的汇率决定没有真正市场化，在存在本币升值预期的前提下，为维持汇率稳定，央行就仍然要通过投放基础货币购买外汇储备，外汇储备与货币供应的直接联系难以从根本上切断。

二、中国外汇储备管理体制的模式选择

中国外汇储备管理体制的改革并不能改变今后几年外汇储备大幅增长的现实，因为外汇储备大幅增长的根源是中国缺乏弹性的汇率制度。汇率弹性和外汇储备增长是一种此长彼消的关系，只要汇率弹性小，且存在人民币升值预期，外汇储备就必然增加。在不能承受放开汇率可能产生的巨大社会变革的情况下，通过外汇储备的增长调控汇率是今后一段时期内宏观调控的主要任务之一，是国民经济稳步发展的需要，而因外汇储备增长造成的问题是发展过程中不得不承担的代价。中国真正实现汇率市场化还需要时日，在这段过渡时期内，外汇储备管理要解决的问题是：通过优化管理体制，把这种成本降至最低。沿着这种思路向前推进的关键是建立中国的外汇平准基金。

（一）外汇平准基金的建立和资金来源

建立外汇平准基金，作为调节外汇市场和稳定汇率的专用基金。设立外汇平准基金账户，通过账户稳定汇率。当外汇市场供求发生较大变化、汇率出现动荡时，央行运用外汇平准基金通过在外汇市场上买卖外汇来调节供求，使汇率在目标范围内波动。与上述美、英、日等国由财政部持有不同的是，基金可以在现有的国家外汇管理局储备司的基础上组建，国家授权央行管理，由外汇管理局具体操作经营。这样做的好处是，按照路径依赖，顺应中国外汇储备管理的发展路径，制度变迁的成本小，而这一路径依赖又不是无原则的，其基础是中国的政治体制。正如前面提到的，中国宏观经济的管理是在国务院领导下进行的，财政部和央行都是隶属国务院的职能部门，二者不是管理和被管理的关系，这与上述各国的情况是不同的。

基金由外币基金和本币基金构成，外币基金由现有的外汇储备的一部分形成，央行与外汇平准基金为委托代理关系。本币基金的来源可参照本章上一节介绍的国际上成功的做法，通过在市场上发行债券筹集。在法律上，Financial Bills 可被定义为调节资金余缺的融资债券，由于这笔负债对应的是等值外汇资产，在经济上具有自我清偿的特征，所以，它不应被记为政府债务。换言之，只要发行的债券额度在外汇资产的额度之内，均不会增加政府债务。在这里，筹集资金和运用资金的性质和特征与证券投资基金的发起和运作颇为类似。与央行通过发行基础货币购买外汇储备不同，外汇平准基金是通过发行债券筹集本币在外汇市场上购买外汇储备的。从表面上看，过去是央行发行基础货币购买外汇储备，再通过发行央行票据回笼货币；现在是外汇平准基金发行债券筹集本币，再用本币购买外汇储备。两者只是顺序上发生了变化，而实质上这一变化是从制度上切断了外汇储备变动与国内货币供给量变动之间的直接联系，把央行从这一联系中解脱出来。新增外汇储备不进入央行的资产负债表，央行可以根据市场上的货币供求状况，自主地调整货币供应量，从而可以保证国内货币政策的独立性和稳定性。这样就形成了央行负责货币政策的实施、外汇平准基金负责汇率的稳定的分工。至于发行债券造成的利息成本与央行发行央行票据的利息成本是一样的，是政府为稳定汇率必须承担的代价。

（二）中国外汇储备管理体制改革

1. 采取央行主导模式

在汇率真正市场化之前的这段过渡时期内，中国的外汇储备管理体制应采取央行主导模式。现有存量外汇储备继续由央行持有管理，新增外汇储备由外汇平准基金持有，直接作为国家资产。央行对外汇储备实行分档管理。央行拨付一部分外汇储备给平准基金，授权外汇平准基金负责流动性管理，在执行外汇储备基本功能的同时，按照安全性、流动性、盈利性的原则经营外汇储备，以安全性和流动性为主。央行再授权有条件的商业银行或专业外汇投资公司负责投资性管理，完全按照市场化运作。中国投资有限责任公司成立后，央行把一部分外汇储备交由这个公司经营，充分发挥规模经济效应，类似于挪威外汇储备管理模式。在外汇平准基金、商业银行和专业投资公司内部，建立完善的内部治理结构，制定业绩考核标准和投资风险基准并进行有效审计。

2. 建立全球配置资源的战略

面对外汇储备不断增长的局面，应当完成的任务是促进外汇储备多渠道使用。综合别国经验和中国的实践，这既包括外汇资产持有机构的多元化，也包括外汇资产投资领域的多样化。

中国的经济发展正站在一个新的历史起点上。在过去 30 多

年改革开放取得巨大成就的基础上，今后的中国经济发展势必更广泛和更深入地融入全球经济的运行之中。因此，更加积极、主动地运用全球的资源来为中国的经济发展服务，或者说，着眼于全球经济运行来规划中国的资源配置战略，应当成为中国经济进一步发展的立足点。毫无疑问，外汇储备管理体制的改革应当被有机地纳入这一全球化发展战略之中。具体而言，中国外汇储备管理体制改革的主要目标是更加有效和多样化地使用外汇储备，实现商品输出向生产输出和资本输出的转变，并借此在全球范围内实现中国产业结构的优化。

3. 国家外汇资产持有者的分散化

迄今为止，中国依然实行比较严格的外汇管制。在现行的框架下，绝大部分外汇资产都必须集中于货币当局，并形成官方外汇储备；其他经济主体，包括企业、居民和政府其他部门在内，都只能在严格限定的条件下持有外汇资产。这种外汇管理体制是与传统体制下国家外汇储备短缺的情况相适应的；如今的情况是，中国已经开始为外汇储备积累过多及增长过快而苦恼。为了适应上述变化，放松外汇管制已经势在必行。

为了便于了解这种战略转变，首先需要对外汇资产、官方外汇储备等相关概念进行更全面，精确的定义。前面已经谈到，在《国际收支手册》第5版中，IMF将官方外国资产（Official Foreign Assets）定义为一国政府有效掌控的外国资产，并将之分为储备资产（Reserve Assets）与其他官方外汇资产（Other Foreigncurrency Assets）两类。其中，储备资产指的是由一国货币当局掌控，能够便于直接弥补国际收支失衡，或是通过干预外汇市场、影响汇率来间接调节国际收支失衡的外部资产。

在上述定义中，有几个要点需要强调：其一，“货币当局”是一个功能概念，它包括承担发行货币、管理国际储备、管理基金组织头寸等任务的中央银行和其他机构（如财政部和汇率稳定基金等），并不固定地特指某一类机构。其二，“储备资产”包括黄金储备、特别提款权、基金组织头寸、外汇储备和其他债权。其中，外汇储备包括证券（债券和股票）、通货、存款和金融衍生产品。作为“储备资产”，要具有“方便使用”的特征，这指的是其应具有安全性和流动性。其中，安全性是确保储备资产得以长期保值，而流动性则是确保储备资产能够在需要时具有及时无损（或较小损失）地变现的能力。其三，“外部资产”指的是国内居民对非居民的财产要求权，包括债权和所有权。其四，“其他官方外汇资产”是指由一国货币当局和中央政府所掌控的未被归入官方外汇储备的外部资产，它们必须是以外币计值和结算的；必须在需要时可兑换成货币以满足当局的需要；必须代表实际的权利（Claim），而不是广义的融资能力（如信用额度和互换额度就不能包括在内）；掌控其他官方外汇资产的“官方”是指货币当局和中央政府，但中央政府的社会保障基金则不涵盖在内。

本书认为，中国投资有限责任公司的设立和有效运行，标志着外汇资产持有主体的多样化进程已在中国展开。根据国家对外开放的需要，还可再设立若干与“中投”类似的专业化投资型机构。

需要特别强调专设外汇管理机构的重大意义。在经济全球化的大趋势下，设立专业性政府投资公司来管理部分外汇资产，具有积极参与国际金融市场、学习先进金融知识、了解市场最新动态、提升国家金融竞争能力的战略意义。在这方面，新加坡和韩国专设政府投资公司（新加坡的 GIC、韩国的 KIC）的经验值得借鉴。

4. 与持有主体多样化相配合的外汇资产多样化

自从 20 世纪末期以来，中国外汇储备无论就其币种而言还

是就其资产种类而言已趋于多元化，今后需要进一步完善的是，在原先有效操作的基础上，对官方外汇资产作出明确的功能划分，并确定相应的管理机构，同时规定适当的监管框架。

在总体上，中国应当将国家外汇资产划分为两个部分。

第一部分可称为流动性部分，其投资对象主要集中于发达国家的高流动性和高安全性的货币工具和政府债务上。这一部分外汇资产形成“官方外汇储备”，主要功能是用于为货币政策和汇率政策的实施提供资产基础。毫无疑问，官方外汇储备应继续由央行负责持有并管理。第二部分可称为投资性部分，主要投资于收益性更高的金融资产上。从持有主体上看，其中一部分可交由其他政府经济部门管理，形成“其他官方外汇资产”，主要用于贯彻国家对外发展战略调整，在海外购买国家发展所需的战略性资源、设备和技术，或者在海外进行直接投资，或者购买具有一定风险的国外高收益股票、债券乃至金融衍生产品。应当指出的是，只要制度设计得当，央行也可以持有一部分非储备的其他官方外汇资产。当然，在账目上，这部分外汇资产应与央行的资产负债表明确地划分开来。

5. 划定货币当局持有的“官方外汇储备”规模

外汇储备管理体制改革的必然内容之一就是将一部分外汇资产从货币当局的资产负债表中移出，形成其他官方外汇资产和非官方外汇资产。这种分割的关键在于比较合理地确定应由央行持有并作为官方外汇储备的外汇资产的规模。

关于由央行掌握的外汇资产（外汇储备）规模究竟应当有多大，可以有不同角度的测算。根据韩国和中国香港特区的实践，央行掌握的外汇储备规模可以根据如下四个因素来确定：其一，传统的三项外汇储备规模决定因素；其二，根据国内金融市场对外开放程度，依据外资在国内金融市场中投资所占的比重，估计出在最坏的情况下外资撤出可能造成的不利影响；其三，根据历史经验，计算出本国汇率的波动幅度，估计在最坏的情况下，汇率剧烈波动可能造成的不利影响；其四，根据调控货币供应量的需要，估算出为了使货币当局能够履行其正常功能需要有多大规模的外汇资产作为其货币发行的准备资产。本书将在第三章给出一个具体的测算。

6. 形成“其他官方外汇资产”的融资安排

由货币当局之外的任何机构购买和持有外汇资产，都有一个如何为购买外汇资产筹集资金的问题。这一问题构成了外汇储备管理体制改革的争论焦点之一。对此，上面介绍的日本财务省多年的实践提供了逻辑清晰且有价值的借鉴。

在日本，官方外汇储备的主要部分是由财务省持有并管理的。财务省通过“外汇基金特别账户”（FEFSA）来管理这笔外汇储备。FEFSA 由外币（主要是美元）基金和日元基金两部分构成，当需要购买美元时则动用日元基金，当需要购买日元时则动用美元基金。日本实行浮动汇率制后，由于日元对美元有长期升值趋势，购买美元（相应地卖出日元）便成为外汇市场干预的主要方向，既然运用 FEFSA 中的日元基金去购买美元成为经常性的操作，所以，为该基金筹集日元、不断充实 FEFSA 中的日元基金便成为 FEFSA 面临的长期任务。

迄今为止，FEFSA 筹集日元资金的基本手段是在市场上发行短期融资票据（Financial Bills，FBs）。在法律上，FBs 被定义为调节资金余缺的现金管理券。由于这笔负债对应的是等值外汇资产，在经济上具有自我清偿的特征，所以不记为政府债务。换言之，发行 FBs，无论其规模如何均不会增加政府债务。在这里，筹集资金和运用资金的性质和特征与证券投资基金的发起和运作颇为类似。更具体地说，日本的 FEFSA 系统由两部分构

成：外汇交易基金和外汇交易基金特别账户。前者是政府交易外汇的基金，根据日本政府预算法，其余额和买卖均不记入政府预算；而后者则由交易产生的利润与损失、在外汇干预过程中产生的利息的收付构成，根据日本政府预算法，后者要记入政府预算的收入与支出项中。本书认为，日本的 FEFSA 通过发行 FBs 来为其持有的外汇储备提供本币资金的融资安排，特别是日本法律对 FBs 性质的认定以及相应的制度和预算安排对中国有着直接的借鉴意义。

从融资技术上分析，本书更加主张通过发行外汇基金债券，如中国香港金管局的做法来收购外汇资产。由于外汇基金债券是一种资产支撑债券（ABS)，其自偿性更为清晰，其“对冲”的功能也更为显著。

7. 设立强制性的外汇储备法律保障制度

外汇储备管理体制的改革无疑是一项既复杂又具有极强政策性的工作，应当在法律、法规或行政性规章的规范下进行。为保证政府对本国外汇储备的管理强制而有效，亦为保证外汇储备的职能、用途和作用得到切实的发挥，积极探究建立《中国储备法》是当务之急。目前中国的《中国人民银行法》在第 4 条和第 32 条，对外汇储备经营仅有原则性规定；作为中国外汇管理基本法规的《外汇管理条例》，对外汇储备界定也比较粗略。建议设立《中国外汇储备法》，明确界定国家外汇资产的定义和分类，官方外汇储备的管理目标、管理机构、职责、资产构成，其他官方外汇资产的管理目标、管理机构、职责、资产构成，官方外汇储备及其他官方外汇资产之间的关系及预算处理原则，购买和持有其他官方外汇资产的筹资安排，对官方外汇储备及其他官方外汇资产的监管等，就包括外汇储备在内的中国储备资产的种类、规模、性质、职能、用途、管理方式、管理机构、管理权限、使用程序及管理模式作出准确的界定和相应的安排，改变目前中国储备资产管理与使用上无法可依、盲目、被动、长官意志、政府行为等局面。用法律的形式对这部分资产建立强制性的制度保障，这样既可以避免储备无序增长、高风险运行、高机会成本及政府随意挪用（注资于商业银行）等问题的发生，又能使储备的管理有法可依。

（三）新型外汇储备管理体制的优势

上述分析的外汇储备管理体制新模式，具有以下三个方面的优势。

第一，区分了外汇储备资产和官方其他外汇资产，理顺了外汇储备管理体制的授权体系，使分层次管理系统更加清晰，有利于中国外汇储备管理体制高效运行。

外汇储备资产和官方其他外汇资产的性质不同，因而投资目的和投资方向截然不同，应由不同的管理部门分别管理。外汇储备管理体制集中管理外汇储备资产，按照外汇储备的不同职能，可分为流动性资产管理和投资性资产管理，由央行授权不同机构进行管理。这样的授权体系清晰、明确，可以大大提高中国外汇储备管理的效率。

第二，从制度上切断了外汇储备与基础货币发行之间的直接联系，解决了因外汇储备增加而产生的流动性过剩，保证了国内货币政策的独立性和稳定性。

外汇平准基金的建立，改变了外汇储备的形成机制。外汇储备不再通过央行发行基础货币取得，而是通过外汇平准基金发行债券筹集人民币的方式取得，阻断了外汇储备增加与基础货币发行之间的直接联系。发行的债券可以在债券市场上流通，增加了中国债券市场的债券品种，扩大了债券市场的规模，有助于推动中国债券市场的健康发展。央行票据会逐渐退出债券市场，央行

不再是债券市场上的最大做市商，有利于央行保持中立，独立执行货币政策的职能。

第三，优化了央行的资产结构，使央行更好地执行货币政策。

对比中国央行和发达国家中央银行的资产负债表，可以看到，在资产持有方面，中国央行与这些国家央行之间具有明显的差别。在中国央行的总资产中，占主要部分的资产是国外资产。如中国货币当局2006年12月资产负债表显示：这项资产占总资产的比重为66.7%，而对政府的债权占总资产的比重仅为2.2%。与日本央行相比，日本政府债券占日本央行总资产的比重为66.6%，托管日本政府债券所占比重为5.7%，所借政府债券现金抵押所占比重为6.5%，三者合计共占日本央行总资产的比重为78.8%，外汇占总资产的比重仅为4.6%。和日本央行相比，中国央行所持有的政府债券资产占总资产的比重明显过少。那么，政府债券资产过少对于央行执行货币政策、调控经济的职能会带来哪些影响呢?

以中国央行为例，其主要资产是国外资产，这种资产的缺陷是对资产的买卖决定权上存在着非对称性，也就是说，在这种资产的买进和卖出过程中，资产的买卖决定权并不完全掌握在央行的手中，因而资产交易的实际结果与央行想要得到的结果并不一致。

中国央行的国外资产主要是外汇储备，其买卖的决策权掌握在中国外贸部门和国外一些机构的手中，结果常常与央行所希望出现的结果相背。例如，在通货膨胀时期，央行本应紧缩货币，但如果此时净出口出现顺差或者外商直接投资迅速增加，为保持人民币汇率稳定，央行就需要用人民币全额兑换外汇，其结果是央行所持有的资产非情愿地增加了，等额的货币进入流通领域，造成了物价更快地上涨。例如，1994年央行对汇率的干预使外汇占款占当年基础货币增加额的75%，货币供给量的增速高达34.5%，导致1994年商品零售价格指数上升21.7%，通货膨胀比1993年更为严重❶。在经济萧条时期，央行应该放松货币，但此时如果出现国际收支逆差，央行就必须承担起弥补国际收支逆差的责任，其结果将使央行的资产总额下降，基础货币供给量的进一步收缩，对经济造成了更为严重的伤害并加剧了通货紧缩。

有效地增加央行持有的国债总额，可以使央行更好地执行货币政策。由于国债资产买卖的控制权可以更多地掌握在央行手中，因而增减国债资产以替换基础货币的交易一般可以由央行来决定。在繁荣时期，央行可以通过市场卖出债券，收回基础货币，以达到让经济降温的目的。在萧条时期，央行则可以通过市场买进债券，放出基础货币，以便使更多的基础货币投入流通，达到使总需求增加的目的。

央行手中持有较多的国债，还可以通过冲销操作，达到稳定货币供给量的目的。如前所述，在1994年，中国央行因被动的外汇放款，使基础货币投放量大幅增加，虽然当时央行也采取了相应的冲销措施，通过收回对商业银行的贷款来抵消外汇占款猛增带来的冲击，但这种做法给市场中的企业和商业银行带来了意想不到的冲击：商业银行被迫收缩对企业的贷款，少数银行甚至使用高息揽储以弥补央行货币紧缩后的缺口。由于商业银行收回贷款的行为属于一刀切的做法，在具体操作时无法按照资金配置的有效性来收回贷款，致使有些企业被迫中止已投资的优质项目，而有些企业则因贷款无门而无法安排有盈利前景的生产，错

❶ 谢平，张晓朴. 货币资产与汇率的三次冲突［J］. 金融与保险. 2002（10）：62.

失市场销售良机。外向型企业的资金来源主要是外汇占款，只要有外汇就能获得足够的资金用于投资与生产。内向型企业的主要资金来源是商业银行信贷，当商业银行信贷紧缩时，即使是有效率的企业，也会因贷款的突然收缩而遭受到不必要的损失。显然，央行使用收回对商业银行贷款的冲销方式会对内向型企业造成伤害，使资金配置效率下降。

如果当时央行手中有足够多的国债，央行可以采用卖出国债的方式收回基础货币，而在市场中愿意买进国债的企业和个人必定是资金的盈余者，他们买进国债的行为优化了手中持有的资产组合，提高了资金的配置效率，同时央行也完成了收回基础货币的调控目标。

同样是收回基础货币的对冲操作，采用不同的渠道和方式，对资金的配置效率所产生的影响明显不同。这说明在央行资产持有结构中，增加政府国债资产的持有量不仅是增加一个资产品种的持有量，而且直接关系到改善央行货币政策执行效率和提高资金的配置效率。改革外汇储备形成机制的特殊作用可以改善央行资产的持有结构，从而改变央行在紧缩货币阶段和扩张货币阶段在执行货币政策方面的非对称性，进一步提高执行货币政策的实际效果。

（四）需要进一步解决的问题

需要指出的是，外汇储备管理体制的改革只是改变了外汇储备的形成机制，切断了外汇储备增长与基础货币发行的直接联系，保证了央行货币政策的独立性。但是，为维持汇率稳定而产生的成本依然存在。钟伟（2006）[1] 指出了人民币平稳升值的三

---

[1] 钟伟．人民币平稳升值成本加大 国家外汇投资公司应予创立 [N]．南方周末．2006-02-15.

大成本：成本之一是央行外汇资产和本币负债扩张过程中的汇率和利率风险；成本之二是中央银行与商业银行之间分摊成本的内在冲突；成本之三是商业银行内部外汇占款对贷款的急剧挤出效应。本书认为，外汇平准基金的建立使得一部分成本从央行转出，但基金同样面临着外汇资产和本币负债的汇率和利率风险。随着外汇储备的增加，基金本币负债水平也会大幅增加，这会影响债券市场的利率，提高负债成本。同时，大量的外汇储备也面临着保值增值的问题。因此，建立最优储备规模模型、测算中国的最优外汇储备规模、为中国最终实现汇率决定市场化提供依据就显得格外重要。

第三章　中国外汇储备规模管理创新分析

如前所述，截至 2010 年 3 月 31 日，中国外汇储备余额为 24 470.84 亿美元，居世界第一位，约占全球外汇储备的 30%。巨额外汇储备提高了中国对外支付能力，增加了海外投资者信心，并对中国经济的高速发展提供了有力的保障和支撑。但是，储备量的增加也对中国通货膨胀和人民币升值造成了巨大压力，直接影响了央行货币政策的有效性。未及时冲销的外汇占款连同在人民币升值预期下涌入国内的热钱导致流动性过剩，猛烈冲击国内资本市场，对中国经济健康发展起着不利的影响。同时，席卷全球的金融危机令中国巨额外汇储备面临缩水风险，给中国外汇管理当局提出了巨大挑战。衡量利弊两方面的因素，普遍存在的观点是，必然存在一个最优储备量水平，能够平衡储备增加对中国经济有利和不利方面的影响。同时，积极的数量管理是外汇储备管理的基本组成部分，是质量管理的基础。因为只有明确了持有储备的合理规模，才能够探讨储备的投资及增值等问题，而不对国家经济造成大的潜在风险。因此，下文将围绕这一主题进行探讨，最终得出结论：到 2007 年年底，实际储备规模已经高出最优规模 1 倍多，并且从趋势来看，这种差距还在不断扩大。这一结论说明，中国只有加快汇率制度改革并调整国内经济结构，才能从根本上解决外汇储备规模过大的问题，避免外汇储备过多对国内经济造成不利影响。

第一节　快速增长的外汇储备规模影响分析

从直观上看，一国持有外汇储备能在国际贸易中调节国际收支，保证对外支付；在国际金融中干预外汇市场，保持汇率稳定。作为代价，要付出一定的机会成本。而从深层次上看，每个经济体都是有机的整体，外汇储备的增加又会通过不同的传导机制对其产生深远影响。

一、近年来中国外汇储备增长情况及来源

外汇储备是一国（或地区）货币当局持有的可以随时使用的可兑换货币资产。依国际收支平衡表即外汇储备的形成结构来看，导致外汇储备剧增的主要来源是中国在经常项目和资本金融项目的双顺差。

（一）经常项目顺差产生的外汇储备

1. 经济结构造成的经常项目顺差

中国的产业结构不合理，国内资源价格未完全反映其稀缺程度，劳动保障和环境保护制度不健全，出口商品价格对资源、劳动和环境污染的补偿不足，客观上强化了出口商品的价格优势，而且目前的经济状况是个人消费欲望冷淡、企业资本积累增加，这就从宏观层面上一定要由对外收支的顺差来加以平衡，否则就不会在这种失衡的经济结构中实现经济稳定的增长。

2. 外汇体制造成的经常项目顺差

自 1994 年以来，中国实行强制结售汇制度，企业通过出口获得外汇，将外汇卖给指定银行，再通过银行间市场由中央银行买回，目前中国的外汇市场供大于求、无法出清，中央银行只好不断被动地购进外汇。

（二）资本与金融项目顺差产生的外汇储备

1. 外商直接投资（FDI）金额庞大

长期以来，中国基本保持了资本金融项目的顺差，外商直接投资（FDI）是导致中国外汇储备增加的主要来源。第一，从外国投资者的角度来看，中国经济的迅速崛起，有广阔的市场空间，以及由此带来的利润和利润前景自然是首要原因。第二，中国的金融市场仍处在不发达的状态。尽管就总体来说中国的储蓄大于投资，但许多潜在投资者无法得到必要的资金。与此同时，由于中国的 FDI 优惠政策，建立合资企业是一件相对容易的事情，一些企业为了获得资金，于是引进 FDI。在获得外汇之后，便将外汇卖给中央银行，并用所得人民币购进国产设备和其他产品，其结果是 FDI 流入并未转化为贸易逆差，而是转化为外汇储备的增加。第三，即便可以得到国内资金，但由于资本管制，中国的投资者难于得到所需外汇，于是引入 FDI 又成为解决问题的最好方法。

2. 海外投机资金的流入

流入的资金进一步加大了中国外汇储备的总体规模，引发了关于人民币升值的新一轮争论，中国有可能陷入“外汇储备增长较快—人民币升值预期—资金流入—外汇储备继续增长—进一步的升值和资金流入”的恶性循环。自 2005 年汇率调整以来，人民币对美元汇率一路小幅上升，到目前已突破 1 美元兑 6.9 元人民币的关口。

二、外汇储备增加的有利影响

（一）增强了中国的综合国力，提高了中国的国际资信

外汇储备是体现一国综合国力的重要指标，中国的外汇储备

规模已跃居世界第一位，综合国力的提高使中国可以充分根据国情来安排自己的发展道路，对国际收支政策进行主动性的调整，同时把调整期间的进出口变动和通货紧缩政策对国内经济运行目标的不利影响降到最低限度，以保持国内经济的合理增长。如1995年和1996年，中国就根据国际收支有较大顺差的形势，对资本金融项目管理政策进行了调整，控制对外借债规模，并限制外汇贷款的结汇和用作人民币抵押贷款的规模。

同时，2万多亿外汇储备也为中国举借外债以及债务的还本付息提供了可靠的保证。据统计，中国的外债规模在2007年年底已达到了3 736亿美元，每年单外债还本付息就需要近200亿美元。再考虑到中国出口产品多为劳动密集型产品，易受国际市场需求变动的影响，持有充足的外汇储备不但可以应付偿债高峰期还本付息的需要，而且对维护中国在国际上的良好信誉、吸引外资流入、争取国际优势提供了必要的条件和保证。而且1997年7月1日中国政府对香港恢复行使主权后，充足的外汇储备也为中国维护香港国际金融中心地位、保持香港的稳定繁荣提供了有力保障。

（二）为人民币实现自由兑换创造了必要条件

外汇储备的迅速增加为人民币实现自由兑换创造了必要条件。人民币可自由兑换是中国外汇体制改革的重要目标。中国在1996年年底已经顺利实现了人民币经常项目可兑换，拥有丰厚的外汇储备确保了中国能应付随时可能发生的兑换要求，维持外汇市场汇率的相对稳定，抵御货币兑换所带来的风险，削弱其可能造成的不利影响。在经常项目可自由兑换后，下一步的目标便是取消对资本金融项目的外汇管制，促进国际间正常的汇兑活动和资金流动，实现人民币可兑换。

三、外汇储备增加的不利影响

上一章从外汇储备的形成机制分析了对货币政策的影响，下面从外汇储备增加角度综合概括其对经济的不利影响。

（一）外汇占款占基础货币投放的比重不断加大，央行资产结构极不合理

中国央行通过三条渠道发行货币：财政渠道、银行信贷渠道和外汇占款。1994 年汇率体制改革之前，基础货币主要通过再贷款、财政借款与透支、专项贷款方式发行，外汇占款仅占很小一部分，平均不到 6％的水平，最低时只有 1.24％。汇率改革之后，中国正逢双顺差起始阶段，贸易顺差激增和外商投资大幅增加导致中国外汇储备开始迅速增长。储备的积累以外汇占款形式增加了国内基础货币供给，到 2009 年 6 月份，以外汇占款形式投放的基础货币累计已达 23 321 亿美元，占基础货币供给累计额的 128.5％；从增量上看，2008 年以外汇占款形式新投放基础货币 34 455 亿人民币，占当年基础货币投放额的 124.5％[1]。这说明外汇占款占基础货币投放的比重非常大，央行不得不用发行央行票据进行对冲。

与外汇储备居世界第二的日本中央银行的资产负债表相比，可以看到，中国央行在资产持有方面与之有明显差别。下面是 2001 年～2009 年 6 月中日两国央行国外资产、政府债券在总资产中的比重比较。

[1] 上述数据由中国人民银行网站提供的数据计算。

表 3-1 中、日央行国外资产、政府债券在总资产中的比重比较

统计年度	中国		日本	
	国外资产占比(%)	政府债券占比(%)	国外资产占比(%)	政府债券占比(%)
2001	31.8	4.5	3.4	64.3
2002	45.8	5.6	3.8	66.4
2003	50.2	4.6	3.6	71.2
2004	59.7	3.8	3.4	65.7
2005	61.1	2.7	3.3	63.6
2006	66.7	2.2	4.7	69.8
2007	73.8	9.6	5.2	63.3
2008	78.5	7.8	14.4	51.4
2009.6	79.6	7.4	7.0	60.1

资料来源：根据中国人民银行网站、Bank of Japan 网站统计数据整理。

在中国央行的总资产中，占主要部分的资产是国外资产。从2001年～2009年6月间，外汇资产占比逐年上升，从31.4%上升到79.6%，呈逐年上升趋势；政府债券占比在2.2%～9.6%之间。而日本央行政府债券占总资产的比重在51.4%～71.2%之间，外汇占比除2008年年底的14.4%稍高外，其余时间在3.3%～7.0%之间。和日本央行相比，中国央行所持有的政府债券资产占总资产的比重明显过少。如第二章提到的，这种资产的缺陷是由于对资产的买卖决定权上存在着非对称性，即在资产的买进和卖出过程中，资产的买卖决定权不完全掌握在央行的手中，因而资产交易的实际结果与央行想要得到的结果并不一致。中国央行的国外资产主要是外汇储备，其买卖的决策权掌握在中国外贸部门和国外部门的手中，结果常常与央行所希望出现的结

果相背。例如在通货膨胀时期，央行本应紧缩货币，但如果此时净出口出现顺差或者外商直接投资迅速增加，为保持人民币汇率稳定，央行就需要用人民币全额兑换外汇。其结果是央行所持有的资产非情愿地增加，等额本币进入流通领域，造成物价更快地上涨。在经济萧条时期，央行应该放松货币，但此时如果出现国际收支逆差，央行就必须承担起弥补国际收支逆差的责任，其结果将使央行的资产总额下降，基础货币供给量进一步收缩，对经济造成更为严重的伤害并加剧通货紧缩。

（二）外汇储备增加改变了基础货币发行的供给结构

外汇占款迅速增长会导致中国货币供给结构发生变化，主要表现为内向型部门和外向型部门之间，外向型程度不同的地区、行业、部门和企业之间人民币资金分配的失衡。随着外汇占款的增多，央行为保证货币供应量不致出现大的波动，被迫采取对冲方式，削减或回收对商业银行的再贷款以稳定信贷总规模。如2004年中央银行对存款货币银行的再贷款就减少了1 243亿元，此举压缩了商业银行系统的流动性并造成国内信贷紧缩，回收再贷款的冲销操作改变了中国货币供给结构。出口创汇的外向型企业通过结汇可以轻易获得人民币资金；而内向型企业，由于中央银行对商业银行再贷款的回收，它们对信贷资金的需求无法得到完全满足。对外开放程度不同的地区之间也会出现资金失衡现象，对外开放程度高的东部沿海发达地区资金供应相对充足，对外开放程度低的中西部内陆地区资金会相对短缺。这种资金流向结构上的失衡和地区经济发展差距的扩大会随外汇占款比例的上升而加剧，而货币投放结构的不稳定性将使中国货币政策的有效性受到严重制约。

（三）外汇储备增加削弱了货币政策的有效性，加大了货币政策的操作难度

强制结售汇制度增强了中国货币供给的内生性。该制度下，企业经常项目下的外汇收入要无条件地结汇给外汇指定银行，外汇指定银行持有的结售周转外汇余额超过其上限的头寸必须在外汇市场抛补。在中国持续出现国际收支顺差的情况下，外汇指定银行不得不在银行间外汇市场上大量抛出外汇，外汇市场出现持续供过于求的局面。目前，虽然强制结售汇的规定已经取消，但由于存在人民币升值预期，中央银行为了维持汇率稳定而被动吸纳外汇并增加本国货币发行。因此，中央银行无法事先控制外汇占款，只能被动地适应外汇占款的波动，利用紧缩的货币政策冲销过多的货币投放，致使货币政策的运用受到诸多限制。

2006 年到 2007 年年初，为缓解国内流动性过剩问题，中国央行连续 5 次提高金融机构法定准备金率，分别提高 0.5 个百分点，每次回收约 1 500 多亿元流动资金。但是同期中国外汇储备规模月增长 200 亿美元以上，照此计算，存款准备金每增加 0.5 个百分点尚不能冲销一个月外汇占款的增加，政策作用十分有限。另外，提高法定准备金率会增加银行系统的存贷差，给商业银行带来较高运营成本，可操作空间不大。提高基准利率是更激烈的流动性回收措施，但高利率会吸引中短期境外资金流入，进一步促使外汇占款增加。发行央行票据是近两年来央行最重要的货币政策手段，其周发行量达到约 250 亿元，其中一年期票据主要是用于新增外汇占款的对冲。2006 年，央行共发行 97 期央行票据，其中包括 4 期定向央票，48 期 1 年期央票，43 期 3 个月央票和 2 期 6 个月央票，共计 3.65 万亿元，若简单按 2.5%的利率计算，每年利息支出约 900 亿元，该利息支出最终由财政负担，这无疑加重了中央银行与财政部门之间的矛盾。目前，央行

票据总量以及央行票据利率还在不断攀升，冲销成本不断增大，这意味着冲销政策的不可持续性。

央行为对冲外汇占款投放需收缩信贷，进行公开市场操作，出售有价证券回收货币，这种行为将增加利率上升压力，使外界形成利率上升预期，进而吸引国外资本流入，增加外汇占款的投放。另外，信贷不足会引发“外币本币化”现象，即由于企业获得银行信贷的难度加大，而企业结汇所得人民币资金的应用不受贷款规模、资金投向的约束，因此企业借吸引外商直接投资的渠道获取资金，经济总体上表现为资本顺差扩大，外汇储备增加。可见，央行采取货币政策时往往面临两难困境，紧缩的货币政策在回笼一部分货币的同时，又造成一部分外汇占款被投放，货币政策操作难度随外汇储备的增加不断增加。

（四）外汇储备增加了人民币升值压力，不利于中国外贸经济的发展

外汇储备规模过大，给一国的货币政策带来很多不利的影响，目前中国人民币升值问题是一个非常典型的现实问题。要求人民币升值的呼声近几年来呼声层出不穷，从2002年的日本首先要求人民币升值开始，2003年9月，美国前任财政部长斯诺来华访问，要求中国政府放宽人民币的波动范围，以及近几年前任的财政部长保尔森来华访问给人民币升值施加压力。2004年10月，中国财政部部长金人庆和中国人民银行行长周小川参加一个由西方七国（G7）举行的特别会议，人民币成了该次会议的重要议题。其间，包括国际货币基金组织（IMF）在内的国家和国际组织再次表示，建议中国放弃钉住美元的汇率安排。这次关于人民币汇率问题的争论，把人民币升值问题提到更高的层面。2005年7月21日19时，中国宣布启动汇率改革，主要内

容是自 2005 年 7 月 21 日起，中国开始实行以市场供求为基础进行调节、有管理的浮动汇率制度，人民币汇率不再单一钉住美元，以形成更富弹性的人民币汇率机制。如图 3-1 汇率改革以来人民币对美元的中间价。从图 3-1 中可以看出人民币从 2005 年 7 月 21 日 1 美元兑换 8.11 元人民币（在升值前是 1 美元兑换 8.272 2 元人民币）到 2005 年 12 月 30 日 1 美元兑换 8.070 2 元人民币，短短几个月时间，相对于汇率改革之前就升值了 2.44%。到 2009 年 9 月 30 日，1 美元兑换 6.829 0 元人民币，相对于汇率改革之前升值了 17.45%。从图 3-1 中的趋势就可以知道到人民币在不断的升值中。

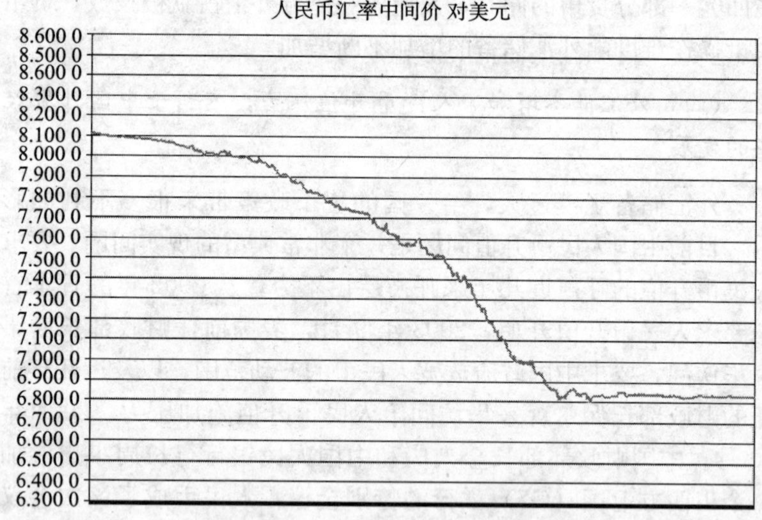

图 3-1　汇率改革以来人民币对美元的中间价
（2005 年 7 月 21 日～2009 年 10 月 16 日）

而人民币升值的首要动力就是中国外汇储备水平世界第一，

根据中国人民银行《汇率、黄金、外汇储备报表》可知，2009年9月，中国的外汇储备增加至22 725.95亿美元，同比增长19.26%。这显示了在外汇市场上外汇供给大于外汇需求，人民币升值压力上升。人民币升值的预期又加大了外资流入和国际收支的顺差，进一步增加了人民币升值的压力。近几年来，中国的贸易顺差带来了巨大的外汇储备的增加，引发了世界各国对中国的诸多非议。西方国家的批评人士多次指责中国人为压低人民币汇率，以此使出口商获得了不公正的价格优势，其目的是希望限制对中国产品的进口。贸易摩擦曾呈上升趋势，近几年，中国产品出口到外国常常遭受高额的反倾销税，这就对中国的外贸出口造成了很大的困难。总之，外汇储备的增长会引起人民币的升值，而人民币的升值将使本国产品相对于外国产品的竞争力下降，不利于对外贸易的顺利展开，进而直接影响到国内经济的增长。

（五）高额外汇储备不利于优化资源配置

外汇储备是一种实际资源的象征，它的持有是有机会成本的。关于外汇储备的机会成本说，是20世纪60年代末期由阿格沃尔（J. A garaual）等一些经济学家提出的。他们认为，持有外汇储备的机会成本就是国内投资的收益率。一国持有的储备超过国家的需要，就意味着一部分投资和消费的牺牲。因此，一国的储备需求由其持有储备的边际成本和边际收益来决定。适度储备需求应是其持有储备的边际成本和边际收益达到均衡时的储备要求（阿格沃尔，1971）。中国这样持有巨额外汇储备并吸引大量外商直接投资，等于是低价将国内资金转到国外供外国人使用，同时还以高价从国外引入资金，其潜在的损失不容忽视❶。

❶ 余永定，覃东海．中国的双顺差：性质、根源和解决办法［J］．世界经济，2006（3）：35.

目前，中国外汇储备主要以活期存款和国库券等方式放在海外生息保值，其收益率约为5%。国外又利用这笔钱到中国投资。根据IMF的研究报告显示，跨国公司在中国的投资收益率一般在13%～14%。这超过中国外汇储备收益率的两倍，如果算上其在中国投资对环境的污染而造成的损失，这之间的收益率差额给中国造成了巨大的损失，并会随着中国外汇储备规模的增加而不断加剧。因此，过量的外汇储备规模实际上也是一种资金的闲置，即放弃了国内众多的较高投资收益，形成外汇储备的巨额机会成本，无法实现货币这种经济资源的最优配置。

（六）高额外汇储备增大了储备资产管理难度以及储备资产的风险

在当前经济全球化进程中，相对于国内市场来说，国际市场的竞争更加激烈，风险更大。首先，在当今世界经济全球化的趋势下，国际资本流动速度快、数量大，国际金融市场更是波动剧烈，加上各国经济发展的极不平衡，汇率变化无常。作为国家财富的外汇储备，它的规模过大会使国家财富处于巨大的风险之中，高额的外汇储备给储备资产的保值增值管理带来了难度。特别是中国的外汇储备中有60%～70%以美国国债和企业债券形式存在，使中国的外汇储备受美国国债市场规模的威胁。储备币种的单一性和单一的资产结构给中国外汇储备带来了巨大的风险。美元的波动就可直接造成中国外汇储备的损失。其次，外汇储备运营部门由于系统及运营过程中的错误或疏忽而可能引致潜在损失的操作风险也越来越大。总之，随着外汇储备规模的增加，储备资产的风险就越大，其管理的难度也就越大。

第二节　最优储备规模研究综述

20世纪中叶，以固定汇率制度为特点的布雷顿森林体系建立，除美国外，其他国家都须在外汇市场出现波动时动用外汇储备干预外汇市场，维持汇率稳定。与浮动汇率时期相比，各国储备规模明显增加，不断增加的外汇储备带来巨大的机会成本，各国意识到储备规模并非多多益善，过量与不足之间必定存在一个介值。因此，应在满足既定储备目标的前提下，使成本最小化，对储备最优规模的研究开始兴起。

1974年，布雷顿森林体系崩溃，世界金融一体化拉开序幕。国际资本流动加快，流量变大。外汇储备用于维持固定汇率的作用越来越小，但是不断放大的金融风险却对各国货币当局的储备行为提出了新的课题。20世纪90年代之后，接连发生的大规模金融危机使储备不足的国家遭受了严重的冲击，同时也为其他国家敲响警钟。各国（尤其是亚洲及拉美国家）开始大量积累外汇储备以应对金融项目的投机性攻击。在此背景下，原有的最优储备规模模型得到了发展，新的测度方法也开始出现。

同期，国际经济形势开始发生变化，国际经济不平衡显现。包括中国在内的亚洲国家基于种种原因，外汇储备增速惊人。最优储备规模的计算问题在新兴市场国家开始被重视，并结合各国国情得到发展。

总结前人的研究，测度储备适度规模的模型与方法基本上可以划分为3类，即比例分析法、成本收益法和跨期分析法。其中，前两种方法对应于不同的时期有不同的表现形式。

一、国外研究综述

（一）比例分析法

比例分析法是采用储备与其他一些经济变量的比例水平来衡量储备适度性的一种常规方法。经常使用的比例关系有储备与进口比（R/M）、储备与国内生产总值比（R/GDP）以及储备与外债比（R/D）等，这些比例关系在各国确定储备规模时通常作为拇指法则使用。

1. 储备与进口（R/M）比例法

这种方法是美国经济学家罗伯特·特里芬于 1960 年在《黄金和美元危机》❶ 一书中提出的。特里芬认为储备充足率是一个国家政策的目标，只要一国的储备量保持在最低水平上，这个国家就不必被迫服从由货币引起的内部调整。他通过对历史资料分析的基础上认为一国的储备与年进口量之比以 40%为适度，低于 30%或者 33%，各个国家就需要采取调节措施，20%的总量储备水平是一个绝对的最低值。如果认为 25%为最优，一国外汇储备量应以满足 3 个月的进口需求为宜。现在一般认为，外汇储备以能满足 3～6 个月的进口额为宜。在特里芬时代，国际间的经济交往主要是进出口贸易，并且国际间的资本流动规模也较小，考察国际间经济活动就主要依靠进出口贸易等指标。因此，在当时看来从进口贸易支付的角度来考虑外汇储备规模问题是可取的。在此之后，特里芬提出的储备与进口比的方法被 IMF 和各国的经济学家所接受和采用。

进入 20 世纪六七十年代，特别是 80 年代以来，随着世界经

❶ 罗伯特·特里芬，陈尚林．雷达，译．黄金与美元危机——自由兑换的未来［M］．商务印书馆，1997：37-46.

济的日益发展，国际资本的流动日趋扩大，并且资本流动的增长额远远地超过了世界贸易额的增长。国际间的经济活动已经主要由资本往来所替代，资本流动对外汇储备的影响大过了贸易支出，特里芬法则考虑的显然已经不全面了。

2. 国际储备与国际收支差额比例法

该理论的主要代表人物是布朗（W. M. Brown），他在特里芬的储备与进口比率的基础之上提出国际储备与国际收支差额比例。该种比例的支持者认为一国的国际储备需求量与其国际收支差额及其变动幅度密切相关。用全部的对外交易总差额作为比率的分母，顺应了储备弥补国际收支逆差这一点，因而具有一定的优越性。但我们也应看到，由于采用国际收支差额这一事后指标会遇到“同时性问题”（The Simultaneity Problem）。因为对外收支逆差是随储备的可获得性而变化的，一国的国际收支逆差首先取决于可用来弥补逆差的储备额，又取决于储备不足时的调节政策，因此一国的国际收支总差额和国际储备额是同时决定的。

3. 国际储备与国内货币供给比例法

该理论的主要代表人物是已故的原芝加哥大学约翰逊（H. G. Johnson）教授，他以及该理论的支持者主张采用国际储备与国内货币供给量或对外流动性负债之间的比例来反映储备适度规模。该理论是从货币供应角度来分析外汇储备规模适度性问题。这一理论认为，国际收支主要是一种货币现象，国际收支的不平衡从本质上讲是一种货币现象，国际收支差额意味着官方储备的增减，它等于本国货币需求减本国所创造的货币。国内货币供给过多引起国际收支逆差，货币需求过度则造成顺差。

4. 国际储备与短期外债比例法

外汇储备和短期外债比例也称为快速偿债能力指标。通过该指标来反映国家在偿还外债的其他支付手段不足的时候，可动用的外汇储备资产清偿外债的能力，一般认为该指标的警戒线为100%。至20世纪90年代爆发了墨西哥金融危机和东南亚金融危机等严重的资本金融项目危机事件，最优储备规模理论得到了很好的发展，各国为了防范金融危机而积累国际储备的动机成为储备规模研究的重心。代表人物就是圭多蒂（Pablo Guidotti）和格林斯潘（Greenspan），他们改进了特里芬（Triffin，1960）的比例法则，认为在资本国际化的背景下，短期债务的累积是引发金融危机的罪魁祸首，为应付短期内出现大规模偿债需求的局面，一国外债的平均到期时间最好大于3年，或者国际储备与短期外债的比例要大于1，亦或国际储备与国民生产总值比大于0.1。随着全球金融一体化进程的加速，经常项目资本流动占世界资本流动总量的份额日益缩小，金融危机频繁出现，各国在确定储备量的时候也更多地顾及到外汇储备抵御金融风险的作用。特里芬法则在决策中的重要性逐渐让位于圭多蒂—格林斯潘（Guidotti-Greenspan）法则。根据阿根廷前财政部长圭多蒂的建议，外汇储备存量应该允许一国在至少一年无借贷的条件下维持经济正常运行。这意味着储备的最低水平应该大于该国在未来一年的外部支出。美联储前主席格林斯潘补充了圭多蒂的观点。他认为，一国外债的平均到期时间最好大于3年。如果用比例数值进行表述，圭多蒂—格林斯潘法则基本等价于以下命题：为了降低金融危机发生的概率，一国的外汇储备与短期外债比要大于1，或者外汇储备与国民生产总值比大于0.1。除了以上两个法则之外，还有与外汇储备量相关的其他比例指标用来说明一国的抗风险性。国际货币基金组织于2000年发表的《外部脆弱性的债务、储备指标》一文对这些指标进行了详细阐述。

比例分析法的数据易于统计，简单易行，且经验上外汇储备与这些经济变量之间确实存在比例关系。但是比例的最优值却往

往是根据主观经验确定的，缺乏理论基础。另外，比例分析法还没有考虑不同国家的具体情况。然而，在实际的情况下，各国的经济发展程度不一样，各自在外汇储备的需求上的比例也是不同的，还有各国在国际金融市场上的融资能力、货币的可兑换程度等方法存在差异，它们对外汇储备的需求就会有很大的不同。仅仅一个比例不能适用于所有的国家，因而其说服力较差。此外，不少西方研究人员将特里芬法（即进口比例法）和其他几种比例法相结合来说明外汇储备的适度规模。

（二）外汇储备需求的函数分析方法

外汇储备需求的函数法也称回归分析法。从20世纪60年代后半期开始，西方的经济学家就广泛把计量经济学运用到外汇储备的研究当中，他们建立各种计量经济模型对影响一国储备的诸因素进行回归分析和相关分析，构成储备需求函数，用以研究一国储备的适度规模。该理论认为储备需求与一种或多种经济变量存在相关关系，在得知这些经济变量的相关资料后，就可以利用线性或非线性函数关系估计出储备需求。进入20世纪80年代，由于管理浮动汇率制的建立，国际金融界开始把汇率因素引进对储备需求的研究。然而，大多数发展中国家在布雷顿森林体系崩溃后仍实行钉住汇率制，汇率变动对其储备需求的研究意义不大。对于外汇储备需求的函数分析方法比较有名的有克拉克(Clark，1970)、弗兰德斯（Flanders，1971)、艾尤哈（Iyoha，1976)、Hamada和Ueda（1977）和弗伦克尔（J. A. Frenkel，1979）等，下面介绍其中的几个模式。

1. 弗兰德斯模式

弗兰德斯（M. J. Flanders）的贡献主要是在对发展中国家储备需求函数的研究中，其根据研究所建立的储备需求函数也较全面。他在研究过程中考察了R/M比率与10个变量之间的关系，这10个变量主要包括出口收益的不稳定性、私人外汇和国际信贷市场的存在、借贷成本、收入水平、持有储备的机会成本、储备的收益率、储备的变动率、贸易商品库存的水平及变化、政府改变汇率的意愿和调节政策所需的成本。这些变量中有一些变量是难以量化的，如政府改变汇率的意愿等。因此，他在设计模型的时候就舍弃了一些变量，最终得出的储备需求函数为

$$L/M=\alpha_0+\alpha_1 F/L+\alpha_2\sigma_L+\alpha_3 GR+\alpha_4 D+\alpha_5 Y+\alpha_6 V$$

式中：

L/M 表示国际清偿能力与进口额的平均比率；

F/L 表示在一定时期内一国官方外汇储备与其清债能力的年平均比率；

σ_L 表示储备的变动系数；

GR 表示以生活水平指数消去通货膨胀的GNP年百分比；

D 表示本币贬值率，其计算方法为 $\frac{R_{T2}-R_{T1}}{R_{T1}}$，其中 R 指美元的本币值，T 指时期；

Y 表示本国人均GNP占美国人均GNP的百分比；

V 表示出口变动系数。

弗兰德斯利用以前的数据对这一函数的参数进行估计，但结果却是令人失望的。因此，他认为任何简单模式只能是一种推测，并不能使人满意，也不能对一国储备需求作出正确的表述。

2. 艾尤哈模式❶

艾尤哈（M. A. Iyoha）对发展中国家的储备需求也进行了专门分析，认为发展中国家储备需求（R_d）取决于预期出口收入

---

❶ Iyoha, M. A. Demand for international Reserves in Less Developed Countries: A Distributed Lag Specification[J]. Review of Economics and Statistics, 1976(3): 351-355.

（X^e）、进口收入的变动率（σ^2）、持有外汇资产的利率（r）以及一国经济的开放程度（P）。因此，其储备需求函数的抽象形式为：

$$R_d = f(X^e、\sigma^2、r、P), f_1, f_2, f_3, f_4 > 0$$

艾尤哈认为，储备的需求量与上面 4 个因素呈正相关关系，为了确定 R_d 量，他利用两期滞后调整模式，具体形式如下：

$$R = \alpha_0 + \alpha_1 X^e + \alpha_2 \lg\sigma^2 + \alpha_3 r + \alpha_4 P + R_{-1} + R_{-2}$$

式中：

R_{-1}、R_{-2} 分别为前一期和前二期的储备持有额。

艾尤哈通过实际数据对储备函数进行检验，最后得到的结果是令人满意的，得出该模型对发展中国家的外汇储备的计算相对来说是比较理想的模型。

3. 弗伦克尔模式❶

1979 年，弗伦克尔（J. A. Frenkel）从发展中国家与发达国家在储备需求函数的结构的差异性角度分析发展中国家的储备需求。他的目的就是检验这二者的外汇储备结构是否存在差异，他为发展中国家构造的储备需求函数是：

$$\lg R = \alpha_0 + \alpha_1 \lg m + \alpha_2 \lg\sigma + \alpha_3 \lg M$$

式中：

R 表示储备需求量；

m 表示平均进口倾向；

σ 表示国际收支的变动率；

M 表示国际交易规模；

α_1、α_2、α_3 分别表示 m、σ、M 对 R 变动的弹性。

弗伦克尔在估计国际储备需求函数的参数时，得出国际储备

---

❶ Frenkel, J. A. The Demand for International Reserves by Developed and Less Developed Countries, 1974(161).

受各国的经济变量的影响程度不同，发现发展中国家与发达国家的储备需求函数同 m 、σ、M 变量的反应有很大差别。根据统计数据计算结果，发现发展中国家的储备需求对国际交易额变动的弹性大于发达国家，而对国际收支变动的反应则小于发达国家。因此，他认为必须对这两类国家的储备需求函数分别进行分析。

外汇储备需求的函数分析方法弥补了比例分析法的缺陷，是顺应了时代的趋势而发展起来的，在研究中通过构造多元回归与相关分析方法与计量经济模型结合起来构造的外汇储备需求函数，克服了比例分析法的片面性，同时还引入了很多新的变量，如进口水平、国际收支的变动率、持有外汇资产的利率以及一国经济的开放程度等，来全面地分析外汇储备的需求。该种方法在研究外汇储备问题上认识到发展中国家和西方发达国家的不同，如弗伦克尔模型发现发展中国家与发达国家的储备需求函数相同的变量之间有很大的差异，得出结论必须采用不同的需求函数对这两类国家的储备需求进行分析。

该种方法在弥补比例分析法的缺陷的同时也有很多不足之处。储备函数的建立主要是依赖于经验数据，所得的结论带有较多的数学色彩，其经济理论基础就显得薄弱了。不同的经济变量之间是相互影响和关联的，从而就可能出现很多共线性的问题，影响回归效果。从另一个方面来看，有的变量不能够通过数学模型变现或是很难度量，这就使得储备需求函数的分析显得不够全面。

（三）成本收益模型

在经营企业的时候，成本收益法是指为了实现最大的利益而必须使生产某种商品的边际成本等于其所获得的边际收益，从而达到利润最大化的目的。对于政府而言，同其他经济单位一样为了达到国际经济福利的最大化，在对不同的行为做选择的时候，

也要衡量边际收益和边际成本后才制定合理的政策。在国家持有外汇储备的时候，在确定外汇储备的需求时就可以按照一种较为精确的程序进行估计。

国家持有外汇储备可以用以调节外汇市场，维持国外投资者的信心，预防国际金融及贸易的冲击，为经济发展提供良好的环境。同时，外汇储备又是一种对实际资源的要求权，持有外汇储备就意味着要放弃或牺牲一部分国内投资和消费的权利。持有储备导致的收入损失越大，对储备的需求就越小。使用成本收益法可以通过衡量积累外汇储备的利弊得失，以确定一国最优储备量应满足条件。其计算公式为：

$$\frac{\mathrm{d}C}{\mathrm{d}R}=\frac{\mathrm{d}B}{\mathrm{d}R}$$

式中：

C 表示持有储备的边际成本；

B 表示持有储备产生的边际收益；

R 表示一国持有的储备量。

1. 海勒模型❶

1966 年，海勒（Heller，1966）在《Optimal International Reserves》一文中最早使用成本收益方法分析最优储备规模问题。海勒模型是成本收益法的开端，该模型是在以下假设下进行讨论的：①国家足够小，不能影响贸易品的价格；②其他国家不对该国的行动作出回应；③该国币值不存在高估或低估；④一国持有储备的成本等于其机会成本，即储备的投资收益与外汇存款利息或外国债券收益之差；⑤每一年该国经常项目随机产生逆

❶ Heller, H. R. Optimal International Reserves[J]. Economic Journal, 1996(6): 296-311.

差，经常项目余额服从 $[-h,h]$ 上的随机分布；⑥如果该国外汇储备量不足以弥补当年的经常项目逆差，则国内经济会发生调整，并且带来一定的调整成本。经济的边际调整成本为 $MC_f=\frac{1}{m}$，其中 m 为平均进口倾向，表示一国经济对其进口的依存程度。持有储备的边际收益 $MR=MC_f\times\pi$，其中 π 表示逆差发生的概率。根据以上假设，海勒求出的最优储备规模计算公式为：

$$R_{opt}=h\frac{\log(r,m)}{\log 0.5}$$

2. 阿格沃尔模型❶

1971 年，阿格沃尔（Agaraul，1971）在《Optimal Monetary Reserves for Developing Countreis》一书中对海勒的模型进行了改进，使之适用于发展中国家的储备问题。他用产出来衡量持有储备的收益和成本，并将持有外汇储备的机会成本设为其用于进口生产性必需品时所能生产出来的那部分产品而不是以货币形式持有外汇。他认为，机会成本主要是在意潜在的资本的投资品的进口比例，以及该种投资品的生产能力和国内的闲置资源的可获得性。在海勒模型的基础上，他提出如下假设：①由于进出口弹性较低，该国易出现外汇短缺现象；②该国国内存在着因缺乏必需品而得不到利用的大量闲置资源；③在无力为国际收支逆差提供融资时，该国经济经常通过行政方式对进口直接管制；④该国在国际资本市场上的融资能力有限。持有外汇储备的机会成本可表示为：

$$OCR=Y_1=R\frac{m}{q_1}$$

❶ Agaraual J. P. Optimal Monetary Reserves for Developing Countries[J]. Weltwirts-chaftliches Archive, 1971(CVII).

式中：

Y_1 表示用储备购买生产性进口品所能得到的产出量；

R 表示用于进口生产性物品的外汇数量(储备)；

m 表示资本 — 产出比率的倒数，可用百元积累增加的国民收入指标替换；

q_1 表示追加可用资本的进口比率，可用一国进口的生产资料与国民收入中生产性积累的比率代替。

持有外汇储备的收益可表示为：

$$RB = Y_2 = R\frac{\pi^{R/D}}{q_2}$$

式中：

Y_2 表示减少进口以纠正逆差所损失的国内产量；

q_2 表示进口的生产性物品占总产出的比率，可用一国进口构成中的生产资料值(含机器设备和生产原料)与国民生产总值的比率代替；

R 表示储备量；

π 表示逆差出现的概率；

D 表示国际收支逆差额，可用过去某一年的最高逆差额表示。

阿格沃尔认为，对于发展中国家来说，应该用以下公式计算该国的最优储备规模：

$$R_{opt} = \frac{D}{\log\pi}(\log_m + \log q_2 - \log q_1)$$

阿格沃尔模型比较切实地考虑了发展中国家的经济特点，因而在计算发展中国家最优储备规模的时候被广为应用。

3. Ben-Bassat 和 Gottlieb 模型❶（1992）

Clark（1970）、Hamada 和 Ueda（1977）以及 Frenkel 和 Jovanovic（1981）发现，经常项目危机发生的概率与一国储备水平有关，进而假设经常项目危机的发生概率是外汇储备量的函数。Ben-Bassat 和 Gottlieb（1992）20 世纪 90 代初提出的是一类新的最优国际储备模型。他们根据海勒的观点，认为中央银行持有外汇储备的主要动机是预防审慎的动机而非国际交易。他们提出了专门针对预防性储备需求的最优数量模型。他们的模型是在以下假设的基础上进行分析的：假定存在这样一个国家，它有经常账户的赤字，因而从国际上借款以便为经常账户的这一赤字进行融资。这就要考虑国家风险发生的可能性，以及发生主权违约的经济后果。考虑了一国外债规模对经常项目危机发生概率的影响，假设危机发生概率满足如下关系：

$$\pi = \pi(R/M, D/X, z_i)$$

式中：

π 表示经常项目危机发生的概率；

R 表示一国外汇储备水平；

M 表示年进口量；

D 表示该国外债总量；

X 表示年出口量；

z_i 表示其他经济变量，函数形式及各变量的系数通过计量方法估计得到。

Ben-Bassat 和 Gottlieb（1992）根据上述关系重新构造政府目标函数：

---

❶ Ben bassat and Gottlieb. Optimal International Reserves and Sovereign Risk [J]. Journal of International. Economics, 1992 (33): 345-362.

$$\min_{R} EC = \pi(R)C_0(m, GDP) + [1 - \pi(R)]rR$$

式中：

C_0 表示经常项目危机带来的损失；

r 表示持有储备的机会成本率。

该模型通过对目标函数 R 求一阶导数，得：

$$\frac{\partial EC}{\partial R} = C_0(m, GDP)\pi_R + (1-\pi)r - rR\pi_R$$

其中，$\pi_R = \dfrac{\partial \pi}{\partial R}$。

由一阶条件等于 0，即 $\dfrac{\partial EC}{\partial R} = 0$，可得：

$$\frac{\partial EC}{\partial R} = C_0(m, GDP)\pi_R + (1-\pi)r - rR\pi_R = 0$$

根据上式可以解得在成本最低时 R 的值，从而确定一国的最优外汇储备量 R^*：

$$R^* = \frac{(1-\pi(R^*))}{\pi_R(R^*)} + \frac{C_0(m, GDP)}{r}$$

R^* 表示使一国持有的达到最低成本时的外汇储备量，即最优外汇储备。

4. 加西亚和索托模型❶

限于以上模型提出的时代背景，以海勒模型为基础的模型群主要关注的是进口不足引起的国内经济调整成本，忽视了国际金融风险的潜在威胁。20 世纪 80 年代之后，关注资本金融项目冲击成本的成本收益模型开始出现。到了 20 世纪 90 年代，有关储备规模因素分析的文献都普遍指出，该阶段全球外汇储备总量的

❶ Pablo García and Claudio Soto. Large Hoardings of International Reserves: Are TheyWorth It? [N]. Central Bank of ChileWorking Papers.

增加，尤其是亚洲地区的外汇储备总量剧增与全球金融风险的增大显著相关。这说明经常项目冲击对一国储备行为的影响已经让位于金融风险的影响。

2004 年，加西亚和索托（Garcia 和 Soto，2004）利用 Ben-Bassat 和 Gottlieb（1990）的分析框架，构建了外汇储备的金融性冲击预防需求模型。该模型关注金融危机对一国经济造成的成本，在做计量分析的时候，也以金融危机相关数据为样本估计危机发生概率相关变量的系数。它假设金融危机的发生概率主要与两个指标相关：①外汇储备与短期债务的比率 R/S；（有关储备水平对危机发生概率影响的文献还可参见）②总债务占国内生产总值的比率 D/GDP 。得出目标函数是：

$$\min_{R} EC = \pi(R)C_0 + [1-\pi(R)]rR$$

金融危机发生概率为：

$$\pi(R) = \pi(\frac{R}{S},\frac{D}{GDP},z) = \frac{\exp(\beta_0 \frac{R}{S} + \beta_1 \frac{D}{GDP} + z - \varepsilon)}{1+\exp(\beta_0 \frac{R}{S} + \beta_1 \frac{D}{GDP} + z - \varepsilon)}$$

式中的 β_0 和 β_1 由计量方法得到。

式中：

π 表示金融危机发生的概率；

R/S 表示外汇储备与短期债务的比率；

D/GDP 表示总债务占国内生产总值的比率；

z 表示其他经济变量；

ε 表示一次危机的冲击。

另外，加西亚和索托（2004）依据 Gregorio 和 Lee（2004）对危机成本的研究，假设危机成本与储备规模正相关 $C_0 = C_0(\frac{R}{S},\cdots)$，这一假定减少了一国外汇储备的预防性需求。加西亚和索托

(2004）对中国的最优储备规模进行了估算，得到的结论是20世纪90年代后的大部分时期，中国实际外汇储备量高于最优值一倍以上。

与比例分析法相比，以上成本收益模型在为一国确定最优外汇储备量提供了理论依据，为进行外汇储备最优规模计量研究开辟了新的途径，对推进外汇储备最优规模理论的发展也起到了积极的推动作用。它具有很多优点，如在模型的研究中引入了概率的形式来预测未来的国际收支逆差的发生，这样，就反映出了储备需求与国际收支之间的关系。另外，在阿格沃尔模型的研究中还考虑到了西方发达国家和发展中国家在经济结构和经济制度方面的不同，建立了适合发展中国家的最优国际储备的研究模型。当然，其在研究外汇储备方面也存在一定的局限性。这些模型对参变量的处理仍停留在宏观层面上，没有考虑经济中私人部门的行为模式；许多假设以经验结论为基础，缺乏说服力。

（四）三阶段模型❶和跨期分析模型❷

在最优化模型方面，Aizenman和Lee（2005）提出了一个计算最优国际储备量的三个阶段模型（简称为A-L模型）。该模型的结构和Diamond-Dybvig（1983）模型相似，假设流动性冲击会致使国际投资提前赎回，从而降低下一期的国内总产出。该模型还假设存在唯一的金融中介银行；所有的交易都依赖于债务合同；银行和企业之间没有分开，即企业是银行的所有者。在第一阶段，风险中立的代理商将资金存入银行，用D来表示所存

❶ Joshua Aizenman and Jaewoo Lee. International Reserves: Precautionary vs. Mercantilist Views, Theory and Evidence[N]. IMF Working Paper, 2005.

❷ Olivier Jeanne and Romain Rancière. The Optimal Level of International Reserves for Emerging Market Countries: Formulas and Applications[N]. IMF Working Paper, 2006.

入的资金，并将 D 投入到长期金融投资中。产出随着初始投资 K_1 的增加而增多，随着调整成本 θ 的流动性的减少而减少。假设生产函数为道格拉斯生产函数，则第二阶段的产出为：

$$Y_2=[K_1-(1-\theta)MAX\{Z-R,0\}]^{\alpha}$$

其中，$0\leqslant\theta\leqslant1$，$\alpha<1$。

得出最优的国际储备需求公式为：

$$D^{\alpha-1}\Big[-\alpha(1-z^*)^{\alpha-1}\int_0^{z^*}f(z)dz+\theta\int_{z^*}^{r}\alpha(1-z-\theta[z-z^*])^{\alpha-1}f(z)dz\Big]+(1-r_j)\int_0^{z^*}f(z)dz=0$$

Aizenman 和 Lee 认为，政府通过发行债务积累国际储备，目的是在危机时期缓解短期债务到期压力，最大程度地减轻流动性冲击对国内经济造成的影响。与之前的模型相比，该模型综合考虑了政府和私人的行为模式，框架更完整，微观基础更扎实。但是，从上面的公式可以看出该模型较为复杂，并且 Aizenman 和 Lee 没有对模型进行定量分析，仅就推导出的结果进行了一些定性分析，在实际测算时实用性不强。

为了使储备规模模型更具有微观基础，减少模型中变量对经验取值的依赖，2006 年，在 A-L 模型的基础上，Jeanne 和 Ranciere 从金融危机和短期债务的角度入手，提出了一个可量化的跨期模型研究储备规模问题。该类模型的主要特点是：①考虑经济是动态的，从不同时期衡量储备规模对一国经济的影响；②把行为主体划分为私人部门与政府部门，考虑两部门的行为模式及相互影响；③一国积累外汇储备的作用是在国内受到金融账户冲击及经常项目冲击的时候起缓冲作用；④政府储存外汇储备的目标是平衡国内居民各期消费，实现社会福利最大化。最后得出结论：为最小化金融危机对一国总福利的影响，一国国际储备应与

该国的GDP成一定比例（比例值通过计算得到）。由于模型假设一国短期债务总额与该国GDP成固定比率，因此该模型暗含了最优外汇储备规模应与短期债务量成固定比率的结论，故该模型可认为是为圭多蒂—格林斯潘法则提供了理论基础。

本章第三节将详细阐述跨期分析模型并对该模型进行扩展。

二、中国国内研究现状

对于外汇储备最优规模问题的研究，国内的学者近些年才开始有所研究。在1994年之前，中国的外汇储备规模较小，1989年之前的外汇储备规模还不到100亿美元，到1993年才仅仅211.99亿美元。但是，在1994年外汇管理体制改革后，中国国际储备实现了年均30%的快速增长，过去外汇储备不足的情况大大改善。到1996年，中国外汇储备规模突破了千亿美元大关，达到1 050.49亿美元。随后爆发的亚洲金融危机，引起国内人士对外汇储备认识的加深，国内对外汇储备规模问题研究的文献才有所增加。

中国外汇储备规模由以前的不足到现在的快速增加，随之而来的问题是：中国的国际储备是否已达适度水平？中国的最优储备规模是多少？围绕这些问题，国内许多学者在积极探索国外学者理论的基础之上并结合中国实际，对中国适度外汇储备的概念及规模问题进行了较为深入的研究。总的来说，目前在中国学者中存在的观点主要有三种，即不足论、合理论和过多论。

不足论认为，目前中国外汇储备严重不足，且在可以预见的将来也很难提高到适度的水平。刘斌（2000）根据国际收支调节的货币理论为基础，从经济主体对外汇的货币需求的角度，以一国外汇储备的规模应以足够防止汇率冲击为适度标准，对影响中国经济主体外汇需求的众多因素进行分析，并对与中国国际环境和经济发展水平相类似的东亚各新兴市场经济国家和地区进行国际比较，得出“一国外汇储备的可增长量受到两方面因素的制约：一是国内货币需求限制，二是外汇资金的可供量”；提出了衡量中国外汇储备适度性的指标和安全界限指标，认为“中国外汇储备严重不足，且在可以预见的将来也很难提高到适度的水平”。武剑（2000）以国际收支调节的货币理论为基础，分析了在自由兑换条件下中国经济主体外汇需求的诸多因素，认为判断国际储备的适度性问题应以外汇储备与 M2 的比例为基准，因此至少在 2005 年以前中国的国际储备存量无法满足抵御金融危机的需求。管于华（2001）发现，根据现行公布的国家外汇储备数据得到的结论是：中国近年的外汇储备大大超出适度规模标准的上限，而根据调整后的国家外汇储备数据得到的结论却是中国的外汇储备远在适度规模标准的下限以下，这说明中国的外汇储备不是偏多而是偏少。黄泽民（2004）从另一个角度出发，认为中国外汇储备的需求具有动态性而且是由多种因素决定的，并结合中国在世界政治格局中所处的特殊地位，从而得出现在还难以得到中国外汇储备过剩的结论。

合理论认为，中国外汇储备处于适度规模或者说规模处于合理范围之内。王国林（2001）运用 IMF 衡量国际储备是否充足的 3 个定量指标（实际储备趋势、总储备与进口的比率以及外汇储备与国际收支综合差额的比率）推算出 1991～2000 年外汇储备的适度值，认为中国外汇储备是充足的，规模也是适度的。姜旭朝、刘德军（2002）等从定性和定量的角度对中国外汇储备的规模进行分析，根据外汇储备率、利润汇出用汇率和偿债用汇率 3 个指标加总定量计算出 1999 年中国应有的基本外汇储备额，通过比较发现，中国实际外汇储备数量超过估算规模的 20%以上；但从定性分析的角度来看，考虑到困扰发展中国家的其他一

些问题会对外汇储备产生相应的影响，如外贸结构、国际融资能力和汇率制度等，这些制约因素的存在要求中国外汇储备的数额应高于基本储备规模，因而从定量分析和定性分析相结合的角度看，中国外汇储备在基本储备规模基础上上浮20%是处于合理区间以内的，符合中国国情。黄泽民（2003）认为，中国外汇储备具有不同于西方国家的两个鲜明特点，一是中国的官方储备中包含部分民间储备；二是来源上具有一定的借入性质，综合考虑这些因素以及中国在国际政治格局中所处的地位，并不能得出中国外汇储备过多的结论。刘莉亚和任若恩（2004）运用回归方法和协整方法，建立中国适度外汇储备规模的需求模型，通过实证分析发现，20世纪80年代以来，中国外汇储备实际规模的运动轨迹与适度规模的运动轨迹基本上是一致和吻合的，外汇储备的实际规模总是围绕着适度规模进行着较小幅度的波动。刘艺欣（2006）认为影响中国外汇储备适度规模的因素主要有非国际化的人民币、相对稳定的国际收支、借入储备的不可靠性、递增的机会成本等，对外汇储备的测算还要考虑贸易顺差、外债余额、外汇平准基金等可计量因素，在考虑这些因素后，2004年年末中国外汇储备的适度规模与实际规模基本接近，因而中国外汇储备规模基本是合理的。谢太峰认为外汇储备既是中国经济实力增强的必然结果，又对中国经济健康发展具有重要的保障作用，没有足够的证据表明中国外汇储备已经过多；只要外汇储备增长的同时国内经济运行状况良好，就应当认为这种增长是正常、合理和可接受的。

过多论认为，中国外汇储备过多。余永定（1997）研究发现，中国外汇储备高于当时最优外汇储备。时建人、王国林（2001）运用国际上通常采用的3个客观指标（外汇储备与进口额的比例、外汇储备占本国当年外债余额的比重、外汇储备占本国当年 GDP 的比重）来计算中国外汇储备适度规模，结果表明中国的外汇储备大大高于国际公认的合理储备水准。许承明（2002）应用了 3 项比例指标对中国储备水平进行了国际比较。通过计算发现，中国各项指标数值明显偏高，说明中国国际储备已有过多之嫌。另外，他注意到，国际储备与 GDP 比例较高的国家恰好是货币危机的发生国或受害国。这一方面说明较高的国际储备相对规模并不能阻止货币危机的发生；另一方面说明该比例较高的国家一般也是对外开放程度较高的国家，资本账户的开放增加了经济运行的外部风险。黄有光（2004）运用比例分析法通过对外汇储备和 GDP 占比这一指标的计算得出，中国超过 40%，日本为 12%，从而认为中国现在外汇非常充足，而且持有太多的美元债券，并正蒙受着美元币值下跌的损失。汤敏（2004）也认为从传统的观点来看，当前中国的外汇储备规模是超过了一般水平。王元龙（2006）通过测算了外汇储备与进口的比率、与外债的比率，与 GDP 的比率以及与国际参考标准相比较后，认识到中国过于巨大的外汇储备规模已经关系到国家的金融安全，最后提出中国外汇储备应保持在 3 000 亿～4 000 亿美元之间才算是合理的规模。根据人民银行数据显示，截至 2009 年 9 月中国外汇储备额已经达到 22 725.95 亿美元，大大超过了上述标准。夏斌（2006）考虑了应对外债的储备、应对进口需求的储备和应对外资骤减的储备，得到的结论是 7000 亿美元，这一结论得到了广泛引用。钟伟采用特里芬比率法和阿格沃尔成本—收益法，对中国外汇储备的适度规模进行实证分析，发现中国实际的外汇储备规模过高。吴丽华（1997）运用阿格沃尔模型对持有外汇储备的收益和成本进行了对比分析，测算出中国的适度外汇储备水平，得出中国外汇储备量过多的结论。周木生和张永鹏（2002）以外汇储备的需求为理论依据，构建了一个新的外汇储

备合理规模的界定模型，运用该模型对 1994～1999 年中国外汇储备进行实证分析，分析结果指出中国的外汇储备规模整体上偏多。张克中和者贵昌（2005）从外汇需求角度出发，通过测算各因素需要的外汇储备的合理规模，得出中国外汇储备明显偏大的结论。陈燕（2006）在国际有关外汇储备规模理论和实践的基础上，结合中国的经济实际，考虑几个代表性变量：进口规模、贸易差额的波动幅度、实际利用外资情况、国际收支经常账户变动、国家每年外债规模及汇率变动，分析这些因素对中国的外汇储备规模有何影响、其影响力大小如何，通过建立计量模型进行实证分析，得出结论：2004 年中国实际外汇储备远大于模型预测值，说明中国外汇储备的高增长是非正常的，需要作出适当调整。饶华春（2007）在分析能较好解释中国外汇储备规模变动的主要影响变量的基础上，利用动态调整模型确定中国的外汇储备需求方程，并依此来判断中国所持有的外汇储备是充足或是超量，结果表明：1996 年以来，中国大部分年份的外汇储备供过于求，但外汇储备实际持有量与需求量之间的缺口有 63％的部分在年度内得到了调整。叶永刚和熊志刚（2008）等从宏观金融视角出发，运用或有权益分析方法和 VAR 分析方法，证实既能满足支付性需求又能满足抵补风险的需求的储备规模就是适度规模；通过对中国 2002～2006 年适度外汇储备规模的度量，认为自 2002 年以来，中国外汇储备规模的确过高。

还有观点认为，外汇储备不存在过多或过少的问题。如郭树清（2004）认为，因为各个国家经济差异很大，其国际和国内的实际情况也很不相同，外汇水平的差异也很大，有多少外汇储备才算合适，理论上和实践中没有统一的标准。殷剑峰（2006）也认为一国外汇储备很难计算合适的量。

在最优模型方面，国内文献主要结合中国的实际，对西方的经典模型进行了扩展。采取的方法主要有比例分析法、因素分析法、成本收益法以及回归分析。如吴丽华（1997）应用阿格沃尔模型估算了中国的最优储备规模，然后按照比例分析法的上下限对该值进行了修正，建立了中国的外汇储备区间。胡援成（1997）提出了外汇储备不存在适度的规模点，而应是在一个目标区间内波动，其采用的是因素分析法，在其模型中考虑的因素有外贸进口额、国民经济所处的发展阶段和水平、持有外汇储备的机会成本、偿还外债本息的数额、外商直接投资资金回流的外汇支付（这主要指外商直接投资的利润回流）、国家外汇政策的需要。武剑（1998）在《中国外汇储备规模的分析与界定》一文中采用了比例分析法，选取了进口额、当年外债余额、外商直接投资余额作为分析因素，设定了一个比例空间，得到适度规模的上、下限，由此认定中国外汇储备会因为一些外界因素偏离适度界线。徐剑明在《中国适度外汇储备规模的模型分析》中采取了边际分析法，得出结论中国外汇储备规模过度。其假设外汇储备的总成本主要是指它的机会成本加上外汇占款对通货膨胀的影响，以及外汇汇率下跌对外汇储备可能造成的损失等；总收益为外汇储备在外国银行的利息收益、国外证券及其他投资收益以及拥有外汇储备对国内经济较直接的促进作用等。王国林（2001）运用了回归分析法分析了外汇储备的影响因素，最后得出结论资本金融项目的增长对外汇储备影响要大于经常项目。魏晓琴和尤元宝（2004）认为，阿格沃尔模型确定的外汇储备规模主要是用来满足交易性外汇储备需求和调节性外汇储备需求，而实际决策时，还应该在模型中加入偿债性外汇储备需求因素和预防性外汇需求因素。

总体来说，中国有关外汇储备规模的研究主要借鉴的是国外20世纪90年代之前的研究成果。正如上文分析过的，这些模型中的很多假设已不符合当前国际经济现状，需要作出改进。

第三节　中国最优储备规模模型

本部分首先介绍了 Jeanne 和 Ranciere 模型（下文简称为 J-R 模型），并用该模型的结论测算了 1995～2008 年中国应具有的最优储备量。接下来，对该模型进行了扩展和完善以更加贴近中国实际。最后，利用扩展后的模型对中国历年储备规模重新进行测算，并得出结论：1995～2002 年中国实际外汇储备量与最优储备量基本一致；而 2002 年之后，二者渐行渐远；至 2008 年年底，中国实际储备量已经超过最优储备量 100％以上。

一、J-R 模型

J-R 模型认为，在一个开放的经济体中，政府持有外汇储备的主要动机是预防金融危机发生。政府持有足量的外汇储备，可以对资本金融账户的资本流入逆转冲击提供有效的缓解保护，从而维持国内的消费水平，避免经济遭受严重的衰退。该模型较为贴切地描述了外汇储备对于一个开放经济体的保护机制，也很贴近中国现实。

在引入模型前，首先用数学形式对一个开放经济体在遇到资本金融账户危机时，其国内总产出、国内吸收以及储备量的变化进行描述。一个开放经济体的实际国内吸收可以写作实际总产出和对外贸易差额之差：

$$A_t = Y_t - TB_t \tag{1}$$

而对外贸易差额又可以记作：

$$TB_t = -KA_t - IT_t + \Delta R_t \tag{2}$$

式中：

KA_t 表示资本金融账户；

IT_t 表示来自国外的收入和转移支付；

$\Delta R_t = R_t - R_{t-1}$ 表示储备的变化量。

结合公式（1）和公式（2），可以将国内吸收表示为国内总产出、资本金融账户、来自国外的收入和转移支付以及储备消耗之和，即

$$A_t = Y_t + KA_t + IT_t - \Delta R_t \quad (3)$$

公式（3）说明，在其他条件不变的情况下，资本金融账户发生危机（所谓资本金融账户危机，是指资本金融账户资本流入突然下降）会降低国内吸收。由于国际储备能够在危机发生时用来偿还外部债务，减少国内总产出下降的压力，所以资本金融账户危机对国内吸收的影响可以简单的用国内总产出 Y 的下降或是外汇储备的减少 ΔR 来表示。危机时期，公式（3）各部分的表现可以参阅圭多蒂（2004）的相关研究成果。

如果在时间 t 观察到资本金融账户资本流入占 GDP 的比例，$K_t = KA_t/Y_t$，较之前下降了 5 个百分点，那么就认为在时间 t 发生了金融账户危机。

时间 t 发生了资本金融账户危机 $\Leftrightarrow k_t < k_{t-1} - 5\%$

Olivier Jeanne 和 Romain Rancière 在 34 个中低等收入国家中依照上述条件确认了 1976～2003 年间发生的危机。结果如表 3-2 所示。

表 3-2　样本国家及危机年份

样本国家	危机年份
阿根廷	1989；2001；2002
玻利维亚	1980；1982；1983；1994
博茨瓦纳	1977；1987；1991；1993
巴西	1983

续表

样本国家	危机年份
保加利亚	1990；1994；1996；1998
智利	1982；1983；1985；1991；1995；1998
中国	—
哥伦比亚	—
哥斯达黎加	—
捷克斯洛伐克	1996；2003
多米尼加	1981；1993；2003
厄瓜多尔	1983；1986；1988；1992；1999；2000
埃及	1990；1993
萨尔瓦多	1979
危地马拉	—
洪都拉斯	1998；2000
匈牙利	1994；1996
牙买加	1983；1985；1986；1988；2002；2003
约旦	1976；1979；1980；1984；1989；1992；1993；1998；2001
韩国	1986；1997
马来西亚	1984；1987；1994；1999
墨西哥	1982；1995
摩洛哥	1978；1995
巴拉圭	1988；1989；1995；2002
秘鲁	1983；1984；1998
菲律宾	1983；1997
波兰	1988；1990
罗马尼亚	1988

续表

样本国家	危机年份
南非	1985
斯里兰卡	—
泰国	1982；1997；1998
突尼斯	—
土耳其	1994；2001
乌拉圭	1982；2002

可以看到，许多有名的金融危机都可以在表 3-2 中找到（墨西哥 1995；韩国、泰国和菲律宾 1997；阿根廷 2001）。

通过观察危机发生的前后 5 年公式（3）右边各组成部分的变化情况，Jeanne 和 Ranciere（2006）发现，在发生危机的年份，资本金融账户经历了资本流入的锐减，减少的幅度约等于前一年国内总产出的 9.5％强。这并不令人惊讶，因为资本金融账户中流入资本大幅度减少正是模型确认危机发生的标准。但是值得注意的是，这一部分资本流入的减少，很大一部分都被外汇储备的减少抵消了。因此，危机时期国内吸收平均只减少了约 2.6％，大大少于资本流入的减少。同时，流入资本逆转对一国实际增长率的影响也很有限。危机时期经济增长率虽然下降了，但是仍能维持正增长。

2002 年乌拉圭的例子说明了外汇储备在危机时期的显著作用。紧随阿根廷危机之后，乌拉圭经历了占 GDP 38％的资本金融账户逆转。危机发生后，针对国内银行系统大量美元存款的减少，乌拉圭政府动用了大量储备。结果，虽然国内吸收经历了较大的萎缩（占 GDP 的 15％），但是与资本金融账户的冲击相比，国内吸收的减少要小的多。由于上述大部分国家基本采取的是缺

乏弹性的汇率制度，外汇储备在危机时期发挥了经济缓冲器的作用，减少了资本金融账户危机对国内经济的冲击。

J-R 模型建立在危机过程中发生的典型性事实基础上。考虑一个可能遭受资本金融账户危机攻击的小型开放经济体，该经济体储存了一部分外汇储备以缓解危机对国内吸收的影响。下文首先阐述该模型的假设条件，然后介绍模型的推导过程及最优储备规模的计算公式。

（一）模型的设定

考虑一个开放经济体位于离散时点上 $t=1, 2, \cdots$。该经济体仅生产一种产品，用于国内消费和出口。经济体按照一条固定路径发展并可能遭受危机袭击。J-R 模型中，唯一的一个不确定性因素就是发生危机的风险。

国内经济由私人部门和政府部门构成。国内私人部门用一个消费者代表代替，其行为要遵循一定的预算约束：

$$C_t = Y_t + L_t - (1+r)L_{t-1} + Z_t \tag{4}$$

式中：

Y_t 表示国内总产出；

L_t 表示该消费者的外部债务，消费者并不能拖延债务。

在危机发生前，总产出和私人部门的外部债务都按照相同的速率 g 增长。而危机发生时，消费者无法继续维持其外部债务，短期债务的抽离降低了国内消费，总产出与长期路径相比降低比率 γ。假设消费者的外部债务都是短期的，并且在危机发生时期 L 的值降为 0。危机过后，私人外部债务仍然为 0，但是总产出回归到它的长期增长路径。

假设每一个时期危机发生的概率为 π。在不影响结论的前提下，J-R 模型假设在危机发生之后，所有的不确定性都消失，经济按照 $g < r$ 的速率增长，这种假设意味着危机只发生一次。

用角标 b 、d 和 a 分别表示危机发生前期、当期和后期的变量值，用 λ 表示在危机发生前债务占 GDP 的比率。经过这些替换后，J-R 模型的所有假设都可以用下列公式表示：

$$Y_t^b = Y_t^a = (1+g)^t Y_0 , Y_t^d = (1-\gamma)(1+g)^t Y_0 , \quad (5)$$

$$L_t^b = \lambda (1+g)^t Y_0 , L_t^d = L_t^a = 0 , \quad (6)$$

式中：

λ 表示危机发生前私人部门外部债务占总产出的比率。

与私人部门不同，政府部门能够发行长期债券，长期债务不必在危机发生时偿还。长期债券的利率是在危机发生前的每个时期支付一单位的产出。在危机发生之后，债券停止支付任何收益。考虑到债券的期望寿命为 $1/\pi$ ，其期限是很长的。例如，如果 $\pi = 0.1$ ，那么债券的期望支付期就是 10 年。

在危机发生前，债券的价格等于下一期所支付的一单位产出与下期价格之和的现期贴现价格：

$$P = \frac{1}{1+r+\delta}[1+(1-\pi) \cdot P]$$

这意味着：

$$P = \frac{1}{r+\delta+\pi}$$

债券价格公式表示，在危机发生并且债券价格降为 0 之前，债券的价格是一个常数。另外 J-R 模型还假设用于计算债券价格当前价值的贴现利率（长期债券利率）比短期利率 r 要高，差异是 δ 。

政府发行通过发行长期债券为积累外汇储备融资：

$$R_t = PN_t \quad (7)$$

式中：

N_t 为政府在时间 t 发行的债券总量。因为在危机时期政府不

能发行任何外债，所以政府必须在危机前建立外汇储备。

公式（7）能够从政府的预算约束中替换出 N_t 和 PN_{t-1}：

$$Z_t + R_t + N_{t-1} = P(N_t - N_{t-1}) + (1+r)R_{t-1} \quad (8)$$

从上式能够推出政府的转移支付量：

$$Z_t^b = -(\frac{1}{P} - r)R_{t-1} = -(\delta + \pi)R_{t-1} \quad (9)$$

转移支付是负的，含义是政府必须向消费者征税以支付持有储备的成本，该成本与危机发生的概率 π 和利率差 δ 成正比。

当危机发生的时候，政府将外汇储备转移给消费者，支付其短期外部债务：

$$Z_t^d = (1 - \delta - \pi)R_{t-1} \quad (10)$$

为保证此时转移支付是正的，假设 $\delta + \pi < 1$。在危机发生后政府不再具有危机防范职能，此时，R_t、Z_t 和 N_t 全部为 0。

用公式（9）和公式（10）从公式（4）中分别替换出 Z_t，得到危机发生前期、当期和后期的消费水平：

$$C_t^b = Y_t^b + L_t^b - (1+r)L_{t-1}^b - (\delta + \pi)R_{t-1}, \quad (11)$$

$$C_t^d = (1-\gamma)Y_t^b - (1+r)L_{t-1}^b + (1 - \delta - \pi)R_{t-1}, \quad (12)$$

$$C_t^a = Y_t^a。 \quad (13)$$

从公式（11）和公式（12）中可以看出储备量对各期消费量的影响。如果在第 t 期发生了危机，那么增加 R_{t-1} 可以增加第 t 期的消费；如果在第 t 期没有发生危机，则增加 R_{t-1} 会降低第 t 期的消费。换言之，政府积累外汇储备，实际上是将非危机期的消费转移到危机期，平衡国内消费不发生大的波动。

图 3-2 描述了在危机发生时样本国家各主要宏观经济变量的变化情况，图 3-3 则描述了模型中危机发生时一国各主要宏观经济变量的变化情况。从图中可以看出，J-R 模型较好地模拟了危机中各变量的变化，特别是储备对危机的缓冲作用。

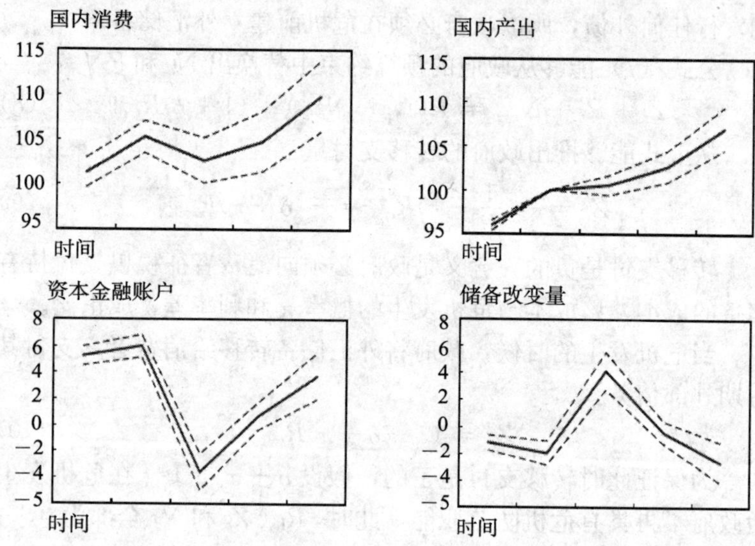

图 3-2　样本国家 1980～2003 年在危机时各宏观经济变量的变化情况

最后确定政府的目标函数。假设政府的目标是消费者总福利最大化：

$$U_t = \sum_{s=0,\cdots,+\infty} (1+r)^{-s} u(C_{t+s}), \qquad (14)$$

在效用函数中，风险规避系数 σ 是常数：

$$u(C) = \frac{C^{1-\sigma}-1}{1-\sigma}$$

政府需要解决的问题是在危机发生前的每一期找到能够使消费者效用 U_t 最大化的储备水平 R_t 。

以下两条备注是对模型假设的总结：

（1）J-R 模型中，一国增加外汇储备等价于增加该国外债的到期时限。如果加总政府部门和私人部门的预算约束有：

$$C_t = Y_t + (L_t - PN_t) - (1+r)(L_{t-1} - PN_{t-1}) +$$

$$PN_t - (1 + r + \delta + \pi) PN_{t-1}$$

该公式表明，增加外汇储备等价于用一国整体的长期债务（PN）来代替短期债务。持有储备等价于通过发行长期债券来代替短期债务。长期债务降低了一国的经济风险，代价是付出更高的利率。

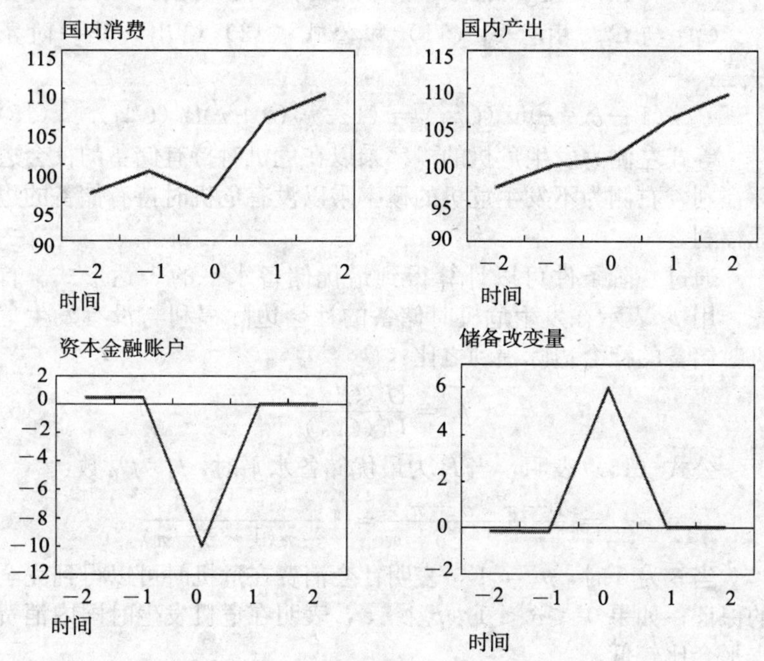

图 3-3　危机时期国内吸收和国际储备

（2）J-R 模型将私人部门的行为视为给定的，这就产生了一系列问题：从私人角度讲，他们的这种行为是否最优？为什么他们不自己持有储备呢？答案可能是政府部门在发行长期债券方面比私人部门更有优势。

（二）J-R 模型的求解

政府的策略是在危机发生前的每一期 t 选择储备水平 R_t 以最大化 U_t。因为 R_t 仅仅关系到第 $t+1$ 的预期效用，所以政府的决策变得相对简单化：

$$R_t = \text{argmax}(1-\pi)U(C_{t+1}^b) + \pi U(C_{t+1}^d)$$

C_{t+1}^b 与 C_{t+1}^d 由公式（11）和公式（12）给出，其一阶条件是：

$$\pi(1-\delta-\pi)U'(C_{t+1}^d) = (1-\pi)(\delta+\pi)U'(C_{t+1}^b) \tag{15}$$

等式左侧为发生危机的概率乘以在危机时持有储备的社会边际福利，右侧为不发生危机的概率乘以没有危机时持有储备的边际福利。

通过一阶条件可以计算得到最优储备水平的表达形式。首先，用 p_t 表示在发生危机时储备的社会边际福利与没有发生危机时储备的社会边际福利之比：

$$p_t = \frac{U'(C_{t+1}^d)}{U'(C_{t+1}^b)} \tag{16}$$

公式（15）表明，当 R 为最优储备水平时，p_t 为常数：

$$p_t = \frac{1-\pi}{\pi}\,\frac{\delta+\pi}{1-\delta-\pi} = 1 + \frac{\delta}{\pi(1-\delta-\pi)}$$

当 δ 为 0 时，$p_t = 1$，表明社会消费在危机时可以得到完全的保证；如果 $0 < \delta < 1$，$p_t > 1$，表明在危机发生时国内消费水平会比较低。

对一阶条件进行简单处理可以得到结论：t 时期最优储备量应该与总产出水平呈固定比率：

$$R_t = \rho Y_{t+1}^b$$

最优储备—产出比率应该为：

$$\rho = \frac{n_1 p_t^{-\frac{1}{\sigma}} - n_2}{n_3 + n_4 p_t^{-\frac{1}{\sigma}}} \tag{17}$$

其中：

$$n_1 = (1 + g) + \lambda(g - r)$$

$$n_2 = (1 - \gamma)(1 + g) - \lambda(1 + r)$$

$$n_3 = 1 - \delta - \pi$$

$$n_4 = \delta + r$$

公式（17）表明，最优储备量与一国短期债务以及危机时的产出成本等密切相关。最优储备水平随 p_t 的上升而下降，或者随危机发生概率 π 的下降而下降。风险规避系数 σ 的上升降低了 $p_t^{-\frac{1}{\rho}}$ ，从而增加了最优储备需求。

二、求解中国资本金融项目预防性最优储备规模

（一）决定最优储备水平的 6 个变量

通过上面的分析可知，一国的最优储备水平由 6 个变量决定，分别是：①危机发生的概率 π；②危机时产出的损失比率 γ；③短期外部债务与 GDP 的比率 λ；④储备的收益率即无风险利率 r；⑤长期债券利率与无风险利率 r 之间的差异 δ；⑥执政者的风险规避系数 σ。确定了这些变量的取值后，便可通过最优储备规模计算公式得到一国的最优储备水平。

1. 危机发生概率

表 3-2 显示，在 1976～2003 年的 28 年间，34 个国家共发生了 63 次资本金融账户危机。因此可简单设置每年一国发生资本金融账户危机的概率为：

$$\pi = \frac{63}{34 \times 28} = 0.066$$

2. 短期外部债务与 GDP 比例 λ

中国 1995～2008 年短期外部债务量、GDP 及二者比率如表 3-3 所示。

表 3-3　中国 1995～2008 年短期外部债务量、GDP 及二者比率（λ）

年份	短期债务（10 亿美元）	GDP（亿元）	短期债务/GDP
1995	11.91	57 733	0.017 2
1996	14.11	66 850.5	0.017 5
1997	18.14	73 142.7	0.020 5
1998	17.34	76 967.2	0.018 6
1999	15.18	80 579.4	0.015 6
2000	13.08	88 254.0	0.012 2
2001	65.27	95 727.9	0.056 3
2002	70.78	103 935.3	0.056 3
2003	92.17	116 741.2	0.065 3
2004	123.21	136 584.3	0.074 6
2005	156.14	183 085	0.068 8
2006	183.63	216 314	0.067 7
2007	220.08	265 810.3	0.062 7
2008	210.79	314 045.4	0.046 6

3. 危机时产出的损失比率 γ

取 34 个样本新兴市场国家遭遇危机时经济衰退的平均值作为危机时产出的损失比率 γ。Jeanne 和 Ranciere 发现，在危机时期，一国的增长率在当年平均下降 4.5 个百分点，在第二年平均下降 2.2 个百分点。因此，不妨设 $\gamma=6.5\%$。

4. 长期国债利率和无风险利率 r

增加外汇储备等价于用一国整体的长期债务（PN）代替短期债务。持有储备等价于通过发行长期债券代替短期债务。因此，二者之间的差距与储备的最优持有量负相关。二者之间的差异越大，政府的债务替代行为成本越高，最优储备量就越小。由

于中国发行的长期国债主要以5年期国债为主，短期外债则是以美元计息，因此长期债务利率用中国5年期国债利率均值代替，短期外债以美国无风险利率均值代替。表3-4分别列出了1996～2009年历年中国5年期国债利率、美国基准利率 r 和二者之间的差距 δ_t 。

表3-4　中国1996～2009年5年期国债利率、美国基准利率和二者之间的差距

年份	中国5年债券利率（%）	美国基准利率（%）	利率差（%）
1996	13.06	5.5	7.56
1997	10.17	5.25	4.92
1998	7.86	5.00	2.86
1999	5.13	5.25	−0.12
2000	3.14	6.00	−2.86
2001	3.14	3.5	−0.36
2002	2.36	1.25	1.11
2003	2.63	1.00	1.63
2004	3.00	1.75	1.25
2005	3.81	3.5	0.31
2006	3.62	4.96	−1.34
2007	4.86	5.02	−0.16
2008	6.18	1.93	4.25
2009	4	0.18	3.82
均值	5.21	3.58	1.63

取 $\delta=\bar{\delta}=\bar{R}-\bar{r}=1.63$ ，δ 和 π 确定后，最优储备量计算公式中的 p_1 值就确定了：

$$p_{t}=1+\frac{\delta}{\pi(1-\delta-\pi)}=1+\frac{0.016}{0.066\times(1-0.016-0.066)}=1.27$$

5. 执政者风险规避系数 σ 的确定

该系数的确定有比较大的主观性，当 $\sigma=1$ 时，一国政府是风险中立的。但是考虑到金融危机对一国经济造成的巨大损失和深远影响，政府决策者往往是风险规避的。同时，参考真实周期理论对该问题的研究，对一般的国家，可设定 $\sigma=2$ 。中国情况需特殊考虑，进入 20 世纪 90 年代后，随着改革开放的深入，中国与世界经济联系的日益紧密，经济持续高速增长。而金融体系尤其是银行体系建设尚不完善，抗风险能力差。如果资本金融项目突然出现重大危机，中国经济的健康发展将经受甚于其他国家的考验。因此，从保守的角度，设定中国政策制定者的风险规避系数 $\sigma=4$（随着东南亚金融危机等一系列金融危机的爆发，政策制定者的实际风险规避系数可能比该数值还要高）。

6. 经济增长率 g

中国自 1978 年实行改革开放以来，GDP 平均增长率为 9.4%，所以可设经济增长率为 9.4%。

7. 历年人民币与美元汇率

在计算中国最优储备规模时，涉及美元与人民币相互转换的部分按当年年末汇率计算（见表 3-5）。

表 3-5　1995～2009 年美元兑人民币年末汇率

年份	汇率（人民币/美元）	年份	汇率（人民币/美元）
1995	8.46	2003	8.27
1996	8.31	2004	8.27
1997	8.28	2005	8.07
1998	8.26	2006	7.97

续表

年份	汇率（人民币/美元）	年份	汇率（人民币/美元）
1999	8.26	2007	7.57
2000	8.26	2008	6.94
2001	8.26	2009	6.8
2002	8.27		

在确定了公式（17）中各变量的值后，根据公式（17）计算出中国1995～2008年的最优储备规模，如表3-6所示。

表3-6 1995～2008年最优储备规模

年份	最优储备规模（亿美元）	年份	最优储备规模（亿美元）
1995	213.67	2002	1 030.57
1996	240.37	2003	1 380.29
1997	285.04	2004	2 073.09
1998	278.53	2005	2 293.19
1999	267.67	2006	2 769.26
2000	245.55	2007	3 215.36
2001	898.65	2008	2 972.04

（二）参变量敏感性

在对J-R模型进行扩展之前，首先关注一下该模型各参变量的敏感性问题：

1. 短期债务与GDP的比例λ

表3-6显示，中国最优储备规模在1995～2000年一直处于比较低的水平。其主要原因是，该阶段中国的短期外债与GDP

的比例较低，引发危机的风险较小。直到 2001 年，中国短期外债水平由 130 亿美元激增至 652 亿美元，防范金融风险的外汇储备要求便相应增至 898.6 亿美元，并在其后数年中随短期外债水平的不断攀高而增加。

从逻辑关系上看，J-R 模型与圭多蒂—格林斯潘法则内在一致。都关注短期外债存量对一国金融安全的影响。事实上，如果设定 $\sigma = 3.94$，则用 J-R 模型计算的中国 2005 年最优储备量即等于用圭多蒂—格林斯潘法则计算的最优储备量。因此，可以认为 J-R 模型为圭多蒂—格林斯潘法则提供了理论基础。

2. 资本金融账户危机发生的概率 π 与产出损失比 γ

我们可通过改变样本容量重新计算危机发生的概率 π。表 3-2显示，约旦在短短 28 年间竟发生了 9 次资本金融账户的危机，如果剔除约旦这个样本点，余下的 33 个国家在 28 年间共发生了 54 次危机，按照平均法计算，此时资本金融项目危机发生的概率 π：

$$\pi = \frac{54}{33 \times 28} = 0.058$$

用新的危机发生概率值重新计算最优外汇储备规模，结果如表 3-7 所示。

表 3-7　用新危机发生概率计算的 1995～2008 年最优储备规模

年份	$\pi = 0.066$ 时的需求量（亿美元）	$\pi = 0.058$ 时的需求量（亿美元）
1995	213.67	211.96
1996	240.37	238.43
1997	285.04	282.74
1998	278.53	276.27
1999	267.67	265.51

续表

年份	$\pi=0.066$ 时的需求量（亿美元）	$\pi=0.058$ 时的需求量（亿美元）
2000	245.55	243.59
2001	898.65	891.28
2002	1 030.57	1 021.92
2003	1 380.29	1 368.67
2004	2 073.09	2 055.77
2005	2 293.19	2 274.37
2006	2 769.26	2 746.88
2007	3 215.36	3 189.36
2008	2 972.04	2 947.21

表 3-7 表明，如果危机发生概率降低了，中国就可酌量减少用于抵御金融危机的外汇储备存量。

将表 3-2 中发生的资本金融账户危机分为 1976～1989 年和 1990～2003 年两组，可发现在 1976～1989 年 34 个国家共发生了 42 次危机，$\pi=0.088$；而在 1990～2003 年仅发生了 21 次危机，是前一个时期的一半，$\pi=0.044$。危机爆发频率降低，一方面，可归因于各国管理者对外部管理日益娴熟，在历次危机中积累了丰富的危机管理经验；另一方面，世界经济的普遍高增长避免了危机的发生。但是，并不能说由于危机发生概率降低了，中国就可以减少相应的外汇储备存量。主要理由如下。

（1）随着人民币升值以及全球汇率格局的重新洗牌，未来世界经济充满了不确定性。美国经济发展在经历了 20 世纪 90 年代的繁荣阶段后，已呈现出疲软态势。尤其是美国的巨大经常项目赤字可能引导其采取紧缩的货币政策，收缩国内消费。这些原因都可能导致中国及其他以出口为导向的新兴市场国家出口受阻，进而引起低增长。另外，截至2007年1月11日，人民币兑美元汇率已经突破1∶7.8大关，而且人民币升值进程仍在缓慢进行。对人民币升值的预期引导国外热钱涌入，进一步加剧了国内存在的流动性过剩问题，造成国内资本市场全面升值。同时，中国汇率改革逐步深入，政府会不断放松对资本金融账户的管制。到时一旦国内经济受到冲击，外国短期资本就会抽离，这些问题都会加大中国发生资本金融项目危机的可能性。

（2）虽然20世纪90年代后发展中国家资本金融项目危机出现的概率降低，但是该时期资本金融项目危机引发的金融危机对一国经济的影响却是之前任何时期都无法比拟的。也就是说，虽然公式（11）中的参数π减小了，但是危机使经济增长偏离均衡路径的幅度$\gamma=9\%$（$>6.5\%$）却增大了（1976～1989年为$\gamma=5.25\%$，小于6.5%）。表3-8给出了$\pi=0.088$、$\gamma=5.25\%$以及$\pi=0.044$、$\gamma=9\%$时的最优储备规模。

表3-8　γ改变时1995～2008年最优储备规模

年份	$\pi=0.088$、$\gamma=5.25\%$时的需求量（亿美元）	$\pi=0.044$、$\gamma=9\%$时的需求量（亿美元）
1995	105.59	425.08
1996	120.43	475.01
1997	158.98	532.36
1998	145.60	538.84
1999	121.84	552.43
2000	87.78	552.77
2001	737.51	1 226.57
2002	846.01	1 406.32
2003	1 167.91	1 817.14
2004	1 795.93	2 649.23

续表

年份	$\pi=0.088$、$\gamma=5.25\%$时的需求量（亿美元）	$\pi=0.044$、$\gamma=9\%$时的需求量（亿美元）
2005	1 958.62	2 983.59
2006	2 357.43	3 617.53
2007	2 697.76	4 275.67
2008	2 330.23	4 264.82

结果表明，由于世界金融一体化加大了危机的破坏性，反而要求中国储存更多的外汇储备进行预防。

3. 长期利率与无风险利率差 δ

利率差 δ 增大，意味着用长期国债代替短期外债的成本增大。利率差 δ 越大，政府持有储备的意愿越小。从中国的情况看，1996 年中国 5 年期国债仍维持在 13.06%的高位，同期美国的联邦基金利率（无风险利率）是 5.5%，相差了 7.65 个百分点。而 1999 年二者的差距则下降至－0.12%。1999 年后美国逐渐调低利息，在 2003 年，这个数值重新上升至 1.63%。可见，由于各国需根据本国经济情况实施不同的货币政策，所以各国利率差有较强的变动性。本文对 1995～2009 年的中国各年利率差求均值，设置 δ 为 1.63%。但是，如果考虑到中国 20 世纪的高利率水平有其特殊历史原因，则 δ 的值可以调低。例如，若取 1997～2005 年的平均利率差为基准，则 δ 的值变为 0.97%，最优储备规模如表 3-9 所示。

表 3-9　δ 改变时 1995～2008 年最优储备规模

年份	$\delta=0.0163$ 时的需求量（亿美元）	$\delta=0.0097$ 时的需求量（亿美元）
1995	213.67	404.40
1996	240.37	450.93

续表

年份	$\delta=0.0163$ 时的需求量（亿美元）	$\delta=0.0097$ 时的需求量（亿美元）
1997	285.04	507.87
1998	278.53	512.95
1999	267.67	523.69
2000	245.55	521.05
2001	898.65	1 205.87
2002	1 030.57	1 383.89
2003	1 380.29	1 794.97
2004	2 073.09	2 624.44
2005	2 293.19	2 947.64
2006	2 769.26	3 570.80
2007	3 215.36	4 211.30
2008	2 972.04	4 171.15

从世界范围看，各国长期债券利率与美国联邦基金的平均利率差接近于 1.5％。

4. 执政者风险规避系数 σ

从 1990 年以后的全球储备变化状况来看，有理由相信各国（尤其是遭受金融危机的国家，如韩国）执政者的风险规避系数都增加了。中国由于资本金融账户处于管制状态，未在东南亚金融危机中遭受严重的冲击，但是亚洲近邻的教训也给中国政府敲响了警钟，提高了中国政府的风险防范意识。如果在 1997 年之后将中国的执政者风险规避系数修改为 $\sigma=6$ ，则在表 3-9 结果的基础上，中国资本金融账户预防性储备需求状况如表 3-10 所示。

表 3-10　σ 改变时 1995～2008 年最优储备规模

年份	$\sigma=4$ 时的需求量（亿美元）	$\sigma=6$ 时的需求量（亿美元）
1995	213.67	510.40
1996	240.37	567.42
1997	285.04	631.26
1998	278.53	642.87
1999	267.67	665.72
2000	245.55	673.99
2001	898.65	1 376.41
2002	1 030.57	1 580.08
2003	1 380.29	2 025.20
2004	2 073.09	2 930.52
2005	2 293.19	3 310.85
2006	2 769.26	4 015.68
2007	3 215.36	4 763.86
2008	2 972.04	4 836.06

三、对 J-R 模型的扩展

J-R 模型描述了外汇储备平衡不同时期国内总消费的作用，从福利最大化角度入手推导出一国最优储备规模的计算公式。模型的基本假设简单且贴近现实，有很强的可塑性。为了使模型更加贴近中国实际，计算出最优储备规模，为中国央行判断储备水平提供有力依据，下文对 J-R 模型进行一定程度扩展。

外商直接投资（FDI）事实上是一种债务性资产流入。虽然 FDI 并不像外债一样需要在未来的某一时点偿还本金，但是却要求有定期的利润汇出。截至 2004 年年底，中国累计利用外商直接投资的规模为 5 621 亿美元（见表 3-11）。按照年收益 10%～

20%的回报率计算，外商直接投资利润全部汇出所需外汇储备约为1 000亿美元，这个数字不能被一国央行所忽视。但是J-R模型并没有考虑外商投资所需要的利润汇出性储备需要。中国目前实行的是缺乏弹性的汇率制度，在存在人民币升值预期时，大量外资会流入，央行面临的是外汇储备增加的问题。但如果情况发生逆转，大量资本流出，外汇市场外汇供给大幅度减少，为维持汇率稳定，央行应向市场提供充足的外汇，以保证市场稳定。所以，当出现资本金融账户危机时，为应付各种可能发生的情况，在决定中国最优储备规模的时候，除了考虑政府干预外汇市场、防范危机等主动性的储备需求外，还要考虑私人部门进口用汇、利润汇出等被动性储备需求。下面分别将利润汇出因素和私人部门进口用汇因素整合到J-R模型中去。

表3-11　1995～2008历年FDI

单位：亿美元

年份	FDI	年份	FDI
1995	375.21	2002	527.4
1996	417.25	2003	535.05
1997	452.57	2004	606.3
1998	454.63	2005	603.25
1999	403.19	2006	694.68
2000	407.2	2007	826.58
2001	468.78	2008	1 080

资料来源：历年中国统计年鉴。

（一）利润汇出因素

在非危机时期为外商提留一部分利润汇出（如一年利润汇出量），会减少当期的消费，进而减少社会福利。但是在危机发生

的关键时刻，这部分储备又可以为政府所用，为外部金融性冲击提供缓冲作用，增加社会福利。所以，从作用发生机制来看，利润汇出性储备同主动的危机预防性储备是一样的。政府需要持有利润汇出性储备是保证外汇储备在外资兑汇之后仍能应付金融危机的冲击。两种储备需求之间的关系是相加的。对 J-R 模型做简单的变形，假设最优储备规模是由最优主动性储备需求加利润汇出性储备需求得到的：

$$R* = R + \theta FDI$$

式中：

R^* 表示最优储备量；

R 表示 J-R 原始模型确定的最优储备量；

FDI 表示利用外资额；

θ 表示外商直接投资的年平均利润率。

考虑利润汇出因素之后，中国 1995～2008 年历年最优储备规模如表 3-12 所示。

表 3-12　考虑利润汇出因素时 1995～2008 年最优储备规模

年份	最优储备规模（亿美元）	年份	最优储备规模（亿美元）
1995	566.68	2002	1 659.19
1996	630.01	2003	2 105.45
1997	699.15	2004	3 021.46
1998	711.07	2005	3 401.34
1999	726.20	2006	4 119.88
2000	735.07	2007	4 887.84
2001	1446.73	2008	4 998.06

（二）私人部门进口用汇因素

对私人部门进口用汇因素的考虑相对利润汇出性因素复杂。

金融危机发生时期，即使出口不受影响，由于本币贬值压力巨大，出口收汇资金会外流，外汇储备快速耗竭。进口由于外汇短缺而受阻，国内生产会受到影响，受影响的程度视一国经济对外部环境的依赖程度而定。依赖程度越高，经济的调整成本越大，经济危机给一国福利带来的冲击就越大。因此，与利润汇出性储备是简单相加不同，对私人部门进口用汇因素的考虑需要纳入到福利最大化分析框架中来。

另外，J-R 模型对资本金融账户危机冲击成本采用的是样本的平均值，但是观察上文列出的 34 个国家遭遇的 63 次资本金融账户危机冲击，造成的国内直接损失小者不足 GDP 的 4%，严重的却达到 GDP 的 25%以上。可见金融冲击使不同国家遭受的损失不同，因此 J-R 模型中用平均数近似危机成本的处理方法欠妥。

按照海勒（1966）的假设，进口不足引起的经济调整成本满足如下关系：

$$C=\frac{G}{m}$$

式中：

C 表示调整成本；

m 表示平均进口倾向，可以用来表示一国的经济开放程度，$m=\frac{IM}{Y}$；

G 表示危机期间的进口缺口。

特里芬（1960）的最优储备比例法则表明，一国国际储备与贸易商品进口额的比例在 40%时，表明该国有充分的能力维持其货币的可兑换性，当这一比例低于 30%时，该国有可能会采取外汇管制措施。后来有些学者在此基础上进一步研究认为，一

国的国际储备与贸易商品进口额的比例，应以 25%～30%为宜，即国际储备应能满足 3～4 个月的进口需要。由此可以推断，如果没有充足的外汇储备，一国进口缺口会持续 3～4 个月，其后可能由于国内经济形势变好，或是政府在此期间得到了国际资金的资助而摆脱困境。这里不妨沿用上述假设，假设进口缺口最高达到一年进口值的 $\frac{1}{3}$，G 服从 $[0,\frac{IM}{3}]$ 上的均匀分布，这样可推出危机时期经济调整的预期成本为：

$$EC=\frac{EG}{m}=\frac{IM/6}{IM/Y}=\frac{Y}{6}$$

经过简单推导后，危机时期居民消费额调整为：

$$C_t^d=Y_t^b-(1-r)L_{t-1}^b+(1-\delta-\pi)R_{t-1}-\frac{G}{m}$$

危机时期居民消费的期望值为：

$$EC_t^d=Y_t^b-(1-r)L_{t-1}^b+(1-\delta-\pi)R_{t-1}-\frac{EG}{m}$$
$$=Y_t^b-(1-r)L_{t-1}^b+(1-\delta-\pi)R_{t-1}-\frac{Y}{6}$$

非危机时期居民消费额不变：

$$EC_t^b=C_t^b=Y_t^b+L_t^b-(1+r)L_{t-1}^b-(\delta+\pi)R_{t-1}$$

政府仍然以居民各期期望福利最大化为目标确定储备规模：

$$R_t=\text{argmax}[1-\pi(R)]\times E[U(C_{t+1}^b)]+\pi(R)\times E[U(C_{t+1}^d)]$$

经求解后，结果如下：

$$R=\frac{n_1 p_t^{-\frac{1}{\sigma}}-n_2}{n_3+n_4 p_t^{-\frac{1}{\sigma}}}Y$$

其中：

$$n_1=(1+g)+\lambda(g-r)$$

$$n_2=(1+g)-\lambda(1+r)-\frac{1}{6}$$

$$n_3 = 1 - \delta - \pi$$
$$n_4 = \delta + r$$

按照以上公式重新对中国 1995～2008 年的最优外汇储备量进行估计，结果如表 3-13 所示。

表 3-13　加入私人部门进口用汇的 1995～2008 年最优储备规模

年份	最优储备量（亿美元）	实际储备量（亿美元）
1995	1 281.99	735.97
1996	1 420.60	1 050.29
1997	1 533.94	1 398.9
1998	1 592.07	1 449.6
1999	1 701.98	1 546.75
2000	1 788.98	1 655.74
2001	2 618.25	2 121.65
2002	3 006.09	2 864.07
2003	3 698.13	4 032.51
2004	5 155.54	6 099.32
2005	5 956.70	8 188.72
2006	7 258.68	10 663.44
2007	8 796.58	15 282.49
2008	9 687.41	19 460.3

与 J-R 模型的原始模型结果比较后发现，考虑利润汇出和经济调整成本后，模型所要求的最优储备规模显著提高。这是因为利润汇出和经济调整使国民消费遭受更大的减少，政府必须在非危机时期储备更多的外汇以平衡不同时期居民的消费，提高经济体在不同时期的总福利水平。

四、中国外汇储备充足性

用扩展后的 J-R 模型解分析中国外汇储备规模的充足性。为了方便比较，用图形表示表 3-13 中中国最优储备量及实际储备量，如图 3-4 所示。

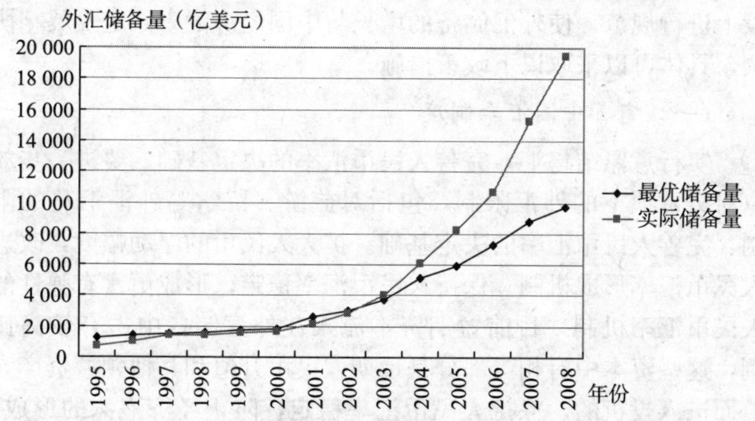

图 3-4　1995～2008 年中国的最优储备量及实际储备量

图 3-4 中菱形标志的线表示中国 1995～2008 年的最优储备规模，正方形标志的线表示实际外汇储备规模。根据图 3-4，可以把中国的外汇积累过程分为两个阶段。第一个阶段是 1995～2002 年，中国实际外汇储备规模虽然在大部分时期略微低于最优储备量，但是从整体上看是适度的，并不会对国内经济造成过大的负面影响。况且如果调低政策制定者的风险规避系数，最优储备规模与最优储备规模基本可以吻合。第二个阶段是 2002 年以后，中国实际储备量开始与最优储备量渐行渐远。到了 2008 年年底，实际储备规模已经高出最优规模 1 倍多。并且按照趋势来看，这种差距还在不断扩大。这一结论说明，中国只有加快汇

率制度改革并调整国内经济结构，才能从根本上解决外汇储备规模过大问题，避免外汇储备过多对国内经济造成不利影响。

五、政策建议

从长远看，中国外汇储备规模要控制的适度范围内，应从政策上进行规范，使外汇储备的增长与中国经济健康稳定发展相协调，具体可以采取以下政策措施。

（一）完善中国汇率制度

实行意愿结售汇，完善人民币汇率的决定基础。要进一步放宽对经常项下的外汇限制，包括对旅游、留学等外汇汇兑的限制，完善人民币汇率的决定基础。扩大人民币的浮动幅度，改进人民币汇率形成机制。保持人民币汇率稳定，形成更富有弹性的人民币汇率机制。目前短期资本流入在外汇储备中占有较高比例，这些资本中有相当部分是预期人民币升值和其他领域资产升值而进入投机的。保持人民币汇率稳定，防止经济泡沫的形成，就能打破他们的预期，消除投机空间，这些热钱就会转移他处。这样，就能剔除外汇储备中的投机性强的部分，消除隐患。以往为了维持人民币兑美元的固定汇率，在美元大幅贬值的情况下，中央银行频繁入市进行公开市场操作，买进美元，卖出人民币，一方面增加了国家外汇储备，另一方面也扩大了货币供应量。因此，要想减轻外汇储备过快增长的压力，必须弱化央行干预力度，浮动汇率制度是人民币汇率制度发展的必然趋势。自 2005 年 7 月 21 日起，中国开始实行以市场供求为基础、参考一篮子货币进行调节、有管理的浮动汇率制度，人民币汇率不再钉住单一美元，形成更富有弹性的人民币汇率机制。推动人民币汇率形成机制的市场化进程，扩大外汇交易主体，放开主要外贸企业进入外汇市场，提高外汇交易规模，减少央行干预市场的频度。同

时，放宽人民币汇率的波动幅度，实行真正意义上的“以市场为基础的、有管理的浮动汇率”机制。

（二）加强出口产业结构调整，鼓励先进技术设备的进口

进出口顺差是中国外汇储备的最主要来源。虽然近几年来中国持续贸易顺差，但是中国出口的商品大多是加工制成品和农产品等低附加值商品，以劳动密集型产品为主，需求弹性小，而中国加入 WTO 后，国内市场涌入了大量国外竞争品，国内市场竞争加剧，进口额将会有较大增加，持续的贸易顺差将很难继续。因此，必须利用目前外汇储备比较充足的时机，优化出口产业，大力推进高新技术产品的出口，促进出口产业化结构调整，逐步实现出口商品以一般工业制成品为主向高附加值工业制成品为主的转变，最终实现外贸出口增长方式从数量增长型向质量效益型的飞跃，全面提升中国出口产业的国际竞争力。在积极支持出口的同时，加大进口力度，特别是利用外汇储备充足的有利时机，加大对能源、先进技术和设备等的进口；建立重要物资战略储备，保证能源等战略物资的安全；促进重大技术和装备的改造，加快技术进步和制造业的现代化，由外汇储备转换为物资技术储备。

（三）优化外商直接投资的产业结构

外商直接投资通过资本金融项目和经常项目对外汇储备施加影响，目前中国外商直接投资企业出口值在中国出口总值中已突破 60%[1]。在利用外资投资方面，应优化外商直接投资的产业结构，不断提高利用外资的质量和效益，应多吸引能产生牵引效应的跨国公司来中国投资，促进中国相关产业管理和技术水平的提高，同时依法加强对外商投资企业的监督和管理。

---

[1] 数据来源于中国海关。

(四)严格控制外债增长速度，合理安排外债结构

当前，在外汇储备量大幅增长的同时，要严格控制外债增长速度。首先，在安排合理速度时应该考虑到国内经济发展的结构与速度和自身的偿债能力，同时必须根据国民经济发展和承受能力，结合宏观战略部署和国内资金的配套能力，根据国际资本的可供应量来保持适度的外债规模。借款过少难以满足国内建设的资金需求，造成国民经济发展的迟滞；举债过多又会超过本国的承受能力和消化吸收能力，造成不必要的风险和浪费。其次，在举借外债中应该合理安排债务期限、币种、利率等债务结构问题，这样有助于有效地防范外债风险，增强应变能力。再次，可以考虑提前偿还一部分外债，减轻将来还本付息的负担，提前偿还外债可以防止偿债年份过分集中及偿债高峰期的过重压力对国民经济发展的冲击。

(五)逐步放松资本金融账户的管制，允许居民对外投资

放松资本金融账户的管制，主要是指逐步减少资本流出的选择，以鼓励更多的中国企业对外投资，这实际上意味着中国的海外资产在政府与私人部门之间发生了一定的转换，这种转换可以减少政府所承担的外汇储备风险。

(六)加强国际货币合作，签订区域性的多边货币互换协议

从某种意义上来说，紧密的国际货币合作，可以大大减少一国外汇储备的持有量。因为，一方面，签订有区域货币合作的成员国之间的双边贸易，可以减少为平衡贸易收支而持有的外汇储备；另一方面，还可以通过货币互换对区域内发生短期对外支付困难的成员国进行融资，这也相应减少了为防范金融危机或突发事件而持有的外汇储备水平。所以，区域货币合作能够有效地降低发展中成员国外汇储备的持有水平。

第四章　中国外汇储备结构管理分析

本书在第二章分析了中国外汇储备管理的制度框架，解决了外汇储备谁来管理的问题，本章主要分析外汇储备如何管理的问题。

外汇储备的结构管理指的是币种结构管理、资产结构安排及风险管理制度。外汇储备结构安排是否妥当，直接影响到储备资产的价值稳定及其功能的实现。

本章共分三部分：第一部分对部分国家和地区的外汇储备结构管理经验进行分析比较和借鉴；第二部分分析中国外汇储备结构管理的现状，找出存在的问题；第三部分提出中国外汇储备结构管理改革的政策建议。

第一节　外汇储备结构管理的文献综述

近年来，在外汇储备结构管理问题上，国内外学者做了大量研究，提出了一些有价值的政策建议，以下对其做简要评述。

一、国外外汇储备结构管理理论及实证研究

传统的外汇储备币种结构选择理论主要有三个：一是资产组合理论；二是海勒—奈特模型；三是杜利模型。现分别对这三个理论进行介绍。

（一）资产组合理论

资产组合理论是由托宾（J. Tobin）和马克维兹（H. M.

Markowitz）提出，研究任何通过资产的分散来降低风险的理论。该理论根据不同资产的收益水平和风险情况，求出最优资产组合，也就是风险相等的条件下收益最高的资产组合，或者是收益相等的条件下风险最小的资产组合。资产组合理论主要采用"均值—方差分析"法（Mean-Variance Approach），即资产组合的预期收益由每一种资产预期收益的加权平均表示，资产组合的风险由预期收益的方差或标准差表示。因此，通过资产分散有可能使整个资产的风险小于其中每种个别资产的风险。

其方法可以分为以下四步：第一步是确定一系列可供选择的资产对象；第二步是对欲选择的资产前景进行分析，并估计所有资产的收益率、方差和协方差；第三步是确定有效边界，即利用估计出的预期收益率、方差和协方差来确定构成有效边界的有效资产组合的组成部分和位置；第四步是找出最优资产组合，即无差异曲线与有效边界的切点。

求解有效边界的方法主要有风险极小法、收益极大法和二次规划法。由于风险极小法和收益极大法不能解决对投资比例的限制，用这两种方法求出的最优投资组合可能会出现负值，其在投资学上的意义即对该资产的卖空交易。而二次规划法的约束条件中可以包括不等式，因此，对于投资组合中某种或某几种资产的持有比例有所限制时，要用二次规划法才能解决问题。

（二）海勒—奈特模型

这一模型是出于海勒（Heller）和奈特（Knight）根据资产组合理论进行储备币种分配时产生的质疑，在他们合著的文章《中央银行的储备货币偏好》（Reserve-currency Preferences of Central Banks）中提出来的。他们认为在使用外汇储备时，不但面临着汇率波动的风险，而且还存在交易成本问题。因此，在该模型中，决定储备币种结构问题的关键因素是一国的汇率安排和

贸易与收支结构。

1. 一国的汇率安排

资产组合理论主张通过分散资产来实现目标，而海勒和奈特则强调中央银行的“干预汇率动机”在决定成本币种选择时的重要意义。在不同的汇率安排下，各国所持有的成本币种分配会呈现差异。首先，对于钉住单一货币的汇率安排，中央银行可以通过以所钉住货币作为储备币种持有外汇储备，从而消除汇率波动风险。其次，对于钉住一篮子货币的汇率安排，要降低汇率风险，则需按照篮子货币的权数分配其外汇储备的不同币种持有额。最后，对于实行浮动汇率制度的国家，要降低汇率风险，则需要按照某种有效性汇率指数（如进口权数）对其外汇储备进行资产组合。

2. 贸易与收支结构

在国际收支中，贸易收支占有举足轻重的地位，贸易收支结构是国际收支结构的一个重要缩影。外汇储备作为平衡国际收支的资产，其币种结构必然与贸易收支的来源及币种结构有密切联系，这样才不会对国际支付产生影响，也不会因为储备货币的频繁交换产生太大的交易成本。海勒认为，一国持有储备货币与该国同储备货币国家的贸易变量呈正比变化。海勒和奈特两人在他们的论文中建立了反映汇率安排和贸易结构的计量模型，并回归出了基本结果。其他一些因素如一国经济的开放程度，一国的GNP水平等，都可能影响该国的储备管理政策。但海勒和奈特在回归分析中发现，这些因素与币种分配的相关率都几乎为零，所以舍弃不用。

（三）杜利模型

杜利（Michael P. Dooley）同海勒和奈特一样，认为在进行外汇储备币种分配时，实现过程的交易成本所产生的影响远远大于对外汇资产风险和收益率的考虑。他认为，在一国持有的储备中，持有某一种外汇资产是由贸易流量、外债支付流量和汇率安排共同影响的结果。他摈弃了“均值—方差分析”的资产组合理论，而采用回归分析法建立了计算统计模型。杜利模型表明在一国持有的储备中，持有某种外币资产是贸易流量、外币支付流量和汇率安排共同影响的结果。由于模型增加了对发展中国家外债状况的考虑，因而比海勒—奈特模型更为完善。在进行回归运算时，杜利根据发展中国家和工业化国家的不同特点，分别进行了回归，使模型的应用性大大增强。杜利模型是目前较为完善的储备币种决定模型。

（四）国外学者进行的实证研究

早期外汇储备结构研究主要是沿用传统的马克维兹资产组合模型，将外汇储备资产看作财富的储藏手段，中央银行作为投资者，通过资产分散化，尽可能在降低风险的同时实现组合资产价值最大化。Ben-Bassat（1980）就利用这种方法估算出了以色列的最优储备结构。

杜利（1987）认为，资产组合框架主要适用于分析官方的净国外资产，而不适用于总的外汇储备，并用 93 个发展中国家的数据进行了实证分析，证明外汇储备币种结构主要受交易动机影响。杜利、利松多与马蒂松（Dooley，Lizondo and Mathieson，1989）用 1976～1985 年 58 个国家的外汇储备币种结构数据估计了交易动机模型，进一步发现：其一，外汇储备币种结构主要受所钉住的货币、主要贸易伙伴和外债结构的影响；其二，交易动机在各国外汇储备币种结构管理中所占的重要程度是不同的。Roger（1993）研究发现，大多数工业化国家的外汇储备币种结构变化主要与外汇市场公开干预有关，而不是资产组合的结果。

Eichengreen（1998）利用数据实证分析了各国国内生产总

值和国际贸易相对规模对全球外汇储备币种结构的影响，发现长期内这种影响确实存在，但短期内则不存在。Eichengreen 和 Mathieson（2000）进一步验证了一国的贸易对象、外债结构、汇率安排、资本账户开放和储备货币之间的利差对外汇储备币种结构的影响，发现各国的外汇储备币种结构具有历史延续性，所有影响因素只能渐进地发生作用。他们通过对 1971～1995 年的年度数据进行分析，发现每当一国的对外贸易增长一个百分点，其对外汇储备的贡献度为 0.5 个百分点。

随着各国汇率制度的逐步确立和完善及外汇储备规模的不断增加，如何在满足流动性和清偿力要求的同时增加外汇储备的收益性又一次成为讨论的热点。Srichander（1999）采用模糊决策理论论证了决策外汇储备币种的方法。Elias，Richard，Gregorios（2006）采用动态均值—方差模型得出了存在交易成本的情况下外汇储备的最优币种结构。

二、国内学者对外汇储备结构管理的研究

在中国外汇储备居高不下的情况下，必须解决以下两个结构问题：①外汇储备币种结构的合理性，以防止汇率风险；②在保证储备资产的流动性前提下，如何安排货币资产和非货币资产的相对比例。

（一）对外汇储备币种结构的定性定量分析

在定性研究中，中国学者主要依据海勒—奈特模型和杜利模型从汇率制度、贸易和国际收支结构、外债结构等角度对外汇储备币种进行选择。金艳平与唐国兴分别赋予中国的进出口贸易结构、外债结构、储备货币国际地位和收益率因素一个权重，估算出中国外汇储备比较合理的币种结构为：美元（55%～65%）；日元（20%～25%）；德国马克（10%～15%）；英镑和法国法郎

各自 5%左右。宋铁波、陈建国在综合考虑中国的贸易结构、外债结构及储备货币的风险收益和中国的汇率制度的具体情况后，引用 Srichander Ramaswamy 在其论文中的研究，并借用 SDR 篮子货币的币种组合，计算出中国外汇储备币种组合比例情况，具体为：美元（58%～63%）；日元（13%～18%）；欧元（13%～18%）；英镑等其他货币（5%～10%）。朱箴元认为外汇储备的货币结构应当因国而异。由于各国对外支付和储备货币汇率都处于不断变动中，外汇储备的结构应是经营的结果，而不应是事先设定的目标。张文政、许婕颖介绍了海勒—奈特模型与杜利模型在中国外汇储备的币种权重选择中的应用。在海勒—奈特模型与杜利模型关于一国外汇储备币种结构的选择中，他们分别考虑了贸易结构、外债结构、汇率制度及各国货币的地位等因素对外汇储备币种选择的影响，指出中国外汇储备的币种组合为：美元（63%）；日元（15%）；欧元（20%）；其他货币（2%）。在外汇币种的定量分析中，中国学者主要是应用马克维兹期望方差模型的思想，建立一个非线性数学模型来确定外汇储备的最佳币种结构。分析的思路是运用资产组合理论，从数量上讨论以风险最小为目标的外汇储备最优结构，利用国际投资的收益和风险的若干数据，来说明具体计算的方法和分析相应的不同币种收益率与各国经济相关度对结果的影响。易江、李楚霖将资产组合风险最小化的理论应用于外汇储备安全增值问题的研究，在允许卖空和不允许卖空两种情景下导出实现外汇储备最优组合的方法，并利用实际数据进行了分析。陈建国、谭戈运用均值—方差方法推导了储备资产组合的有效边界，然后通过求解反映货币当局偏好的经验函数，确定了效用最大化的储备资产结构。马杰、任若恩、沈沛龙尝试采用马克维兹证券组合理论的思想，将外汇储备资产证券化，把外汇储备整体看成一个证券组合，通过分析这个证券组

合的最优资产配置比例来确定一国外汇储备资产的构成。朱淑珍利用马克维兹的组合投资理论，以美元为基准，考察几种具有代表性的国际货币的风险收益情况，分析了中国的外汇储备的风险有效边界曲线，同时给出了理论上最优的外汇储备结构的调整建议。

（二）对外汇储备资产结构的分析

张明、何帆（2006）通过大量数据分析，得出以下结论：对于中国而言，在外汇储备的资产结构方面，过分偏重美国国债投资，忽视了美国机构债、企业债、股权投资以及黄金投资，过分偏重安全性和流动性，忽视了收益性，从而在投资方面存在较大的效率损失。因此，中国应该进行外汇储备的资产调整，降低投资于美国国债的比率，提高投资于美国股权、美国机构债和企业债以及黄金的比率。

李庆云、宋芳秀（2004）通过对中国外汇储备的构成研究，认为中国的外汇储备中存在大量的非正常资本流动，资本异动形成的被动外汇储备和正常经济活动形成的外汇储备有着本质区别。前者给外汇储备规模和宏观经济的发展带来了很大的不确定性，不应该作为要求人民币升值的依据。这一部分的规模越大，可能造成的危害也越大，因此，应加强对非正常资本流动的管理。

邹全胜（2005）从货币的兑换结构和交易成本两个方面来分析外汇储备的结构性问题。认为中国的外汇储备要与中国外向型经济相配合，在实现储备货币盈利性和低风险性的同时，也应考虑储备货币的方便性与交易成本大小，不能单纯因为美元汇率的短时期涨跌而改变自己的储备结构。目前不应减持美元储备，原因有三：一是各国仍基本上偏好接受美元；二是目前有大量美元以热钱形式进入中国，需要用美元来进行干预；三是若中国较大幅度减持美元，将带来使人民币升值压力更大和交易成本增加的负面影响。

（三）用外汇储备注资国有商业银行

2003年年底国家动用450亿美元的外汇（合3 724.52亿元人民币，1美元兑8.276 7元人民币）储备注资了中国银行和中国建设银行两家股份制试点银行，两家银行各获得225亿美元对其进行股份制改造，动用外汇储备注资商业银行既是资本性投入，也是中国政府外汇储备首次进行股权性投资，是外汇储备资金运用上的一个大胆的理论和实践创新。针对国家这次外汇储备注资国有商业银行，国内外学者也有不同意见。

天一（2004）认为，用外汇储备给国有商业银行注资，它既可以化解银行业面临的不良资产的巨大风险，又为国有银行上市进行股份制改造奠定了基础；同时，又可以减少国家的外汇储备压力，并可能会带来较好的投资收益，且不会影响中国的国际支付能力，也不会对通货膨胀产生压力，最终有利于在总体上维护国际收支平衡和货币政策目标。

赵勇（2004）从以下五个方面分析了外汇储备注资国有商业银行：一是中国金融当局为了使外汇注资这一行为合法化，做了一个变通，将外汇储备稳定汇率的功能改为“维护金融系统的稳定”，这一改动虽然不无道理，但从根本上说偏离了外汇储备的本义；二是外汇储备注资不能带来国有商业银行机制的转化；三是外汇储备注资会带来货币增发，从货币错配效应和外币信贷扩张效应两方面分析了外汇储备注资的影响；四是外汇储备注资国有商业银行不仅不会缓解反而会加剧人民币升值的压力；五是外汇储备注资不仅不能增加反而会降低外汇储备的使用效率。

李恩侠（2005）认为，注资国有商业银行实现股权投资，国

家成为股东，可实现股权收益。中国的外汇储备规模肯定超出合理的水平，因此可拿出部分参与国有商业银行股份制改造。这一创新之举，不仅解决了这两大拟上市国有独资商业银行资本金不足问题，而且还减少了中国的外汇储备，从而减轻了人民币的升值压力。

（四）借鉴国外经验

农淑贞（1998）认为，台湾在20世纪80年代采取的措施，当前也不妨借鉴，并结合中国实际情况提出几条借鉴措施：①短期措施：提高银行准备金率、公开市场操作、降低中央银行对商业银行的再贷款；②中期措施：放宽外汇管制，增加私人及企业的外汇需求，使在外汇市场上的外汇供给减少，汇率升值压力减少，中央银行干预汇率的压力减少，这就部分地减轻了外汇储备增加的压力；③长期措施：中国汇率制度的最终目标应该是让汇率反映经济变量的变动，成为外汇的价格指标，中央银行应尽量减少不必要的干预，以使其货币政策拥有更大的自主性和独立性，这就从制度上消除了巨额外汇储备存在的最终根源。

唐欣、纬恩（2005）认为，中国的外汇储备管理要借鉴东亚的经验。第一，东亚主要经济体在进行储备管理时普遍采取双层模式。外汇储备体系实际上是一个多部门协调的决策执行过程。对中国而言，他们建议成立国务院领导下的，由多个政府职能部门相互协调的国际储备战略决策小组。第二，由财政部门和中央银行共同对储备进行管理的体制需要二者之间的高度协调和配合。第三，从国际比较看，外汇储备追求的是中度还是高度流动性，似乎与经济规模并无紧密关联。第四，在储备风险管理方面，东亚各国普遍采用了基于内部模型法的全面风险管理，对投资经理的选择、投资基准回报的确定以及相应的纠偏计划越来越市场化，并定期对外汇储备的风险状况进行压力测试，保障储备在极端环境下的安全性问题。这种引入全面风险管理框架的趋势值得借鉴。

邢毓静（2003）对一些典型国家的外汇储备管理政策进行了介绍并提出了一些可资借鉴的经验。

（五）成立专门的投资机构

何帆（2006）认为，在短期内外汇储备还会持续高增长，需要考虑更主动的外汇储备管理方式。外汇储备一般用于流动性的要求就包括贸易、外债和短期国际冲击等，在保留满足这些流动性要求的额度情况下，剩余部分可以考虑通过单独成立专门的投资机构来运作这些外汇储备，用于长期性投资。如新加坡、挪威都存在这样的机构，不过这些国家本国的投资机会比较少，大多投向国外。中国可以借鉴这种方式，采用更积极的方式来运作较高的外汇储备。

（六）用部分外汇储备置换战略物资储备

关晓红、邵学言（2005）认为，在外汇储备持续增加的情况下，中国可适当考虑放开国内紧缺资源的物资进口配额、降低进口税率、鼓励大量进口紧缺资源物资；扩大进口先进技术、先进设备的免税范围，鼓励企业大量进行技术改造；加大石油和矿产等战略物资的进口。这样既可以消化部分外汇储备，减轻人民币的升值压力，还可以促进产业结构调整和技术进步，有利于提高国民福利和生活素质。

以上分析侧重于对不同方面的分析，缺乏对外汇储备结构管理的整体分析，本书试图对现有研究进行综合，提出一个外汇储备结构管理的整体框架。

三、对现有理论和实证研究的评析

传统外汇储备结构选择的三大理论，主要侧重于外汇储备币种结构的研究，分别从不同角度对外汇储备货币结构选择进行了分析，其中资产组合理论强调了资产中收益与风险在安排外汇储备货币结构中的作用；海勒—奈特模型强调了贸易收支在决定外汇储备货币结构中的作用；杜利模型在海勒—奈特模型的基础上，将影响外汇储备货币结构的因素扩大为贸易流量、外债支付及汇率安排三个因素。国外对外汇储备币种结构的研究已有一定理论基础，这有利于在辅以相关计量工具的前提下，对外汇储备结构的研究从定性分析向定量分析发展。但是这些理论仍然存在一些不足。

（一）对资产组合理论的评析

资产组合理论决定了储备货币最佳币种分配的方法，从收益与风险的角度解释了目前储备货币多元化的现状。但根据目前各国中央银行持有的储备资产币种分配的资料，几乎没有任何一个国家的中央银行完全按照资产组合理论的要求分配其外币币种份额，因为作为国家的外汇储备管理机构，不是金融市场上的投资者以投资获利为首要目的，他们要考虑的首要问题是如何迅速方便而且有效地实现外汇储备的职能，其次才是如何降低风险和扩大盈利，这就是资产组合理论的内在缺陷。

（二）对海勒—奈特模型的评析

海勒—奈特模型从国际储备的特点和职能出发去研究各种储备货币的比例，讨论一国的汇率安排与贸易结构对储备币种分配的影响，比纯粹运用资产组合理论而得出的结果更具有现实意义。尽管该模型具有较为方便的操作性，但它也存在一些明显的缺陷。首先，由于该模型是一种回归模型，它是通过对以往的统计数据来确定模型中的各项参数，能够用来预测将来的惯性发展状况，但却不能解决外汇储备的币种应该怎样分配这一问题。所以海勒—奈特模型的重要性应在阐明汇率安排与一国的贸易收支结构决定储备币种分配的作用上，而非具体比例的选择上。其次，该模型缺乏对外债这一因素的考察。保证支付外债对广大的发展中国家而言是外汇储备的重要职能之一，因此外债结构是影响发展中国家储备币种结构的主要因素之一。作为发展中国家，应把储备币种结构与外债结构有机结合起来，避免到期时的汇率风险和减少在外汇市场上换汇、购汇所带来的手续费等额外的费用。最后，该模型仅仅从中央银行执行储备职能的偏好上进行了分析，完全没有考虑各种储备货币之间的收益率与风险，而这正是资产选择理论考虑的重点。实际上，中央银行在持有外汇储备时，或多或少总要考虑其风险与收益的变化。

（三）对杜利模型的评析

杜利模型对现实的模拟只是一种近似的估计，一些解释变量的数据都是近似的数据，误差可能性极大。比如，在计算贸易流量时，以进出口的地区贸易结构来反映各种外汇资产在贸易中所占份额，是不确切的。因为一国进出口中的货币组合并不完全与贸易的国家结构相吻合。另外，由于是计算模型，不能确切地回答储备币种应该按什么比例分配这一规范性的问题，它只能说明“是什么”的问题。

（四）今后的研究方向

国外学者对影响外汇储备币种结构因素的研究，对基于中国具体情况的币种结构研究有一定的借鉴价值。国内的研究基于中国的具体情况，将传统的研究外汇储备币种结构的模型应用到中

国外汇储备币种结构的研究中，这为以后进一步研究奠定了基础。面对中国目前高额外汇储备状况，在美元贬值背景下，对中国外汇储备结构管理开展研究，并提出相关政策建议显得尤为重要。但国外学者研究外汇储备币种结构的模型较少，目前还不能确定哪种模型最为有效。因此，国内学者对外汇储备币种结构研究的文献就相对较少，且进行研究所使用的模型都比较单一，又因国家对币种结构相关方面的数据基本不予公开，数据的可得性较差，故得出的合理币种结构的参考价值较低。对外汇储备结构的研究除了币种结构研究外，还需对资产的结构进行研究。但是，对外汇储备资产结构的研究很少，当前定量的理论分析模型几乎没有，主要还是一些定性经验规则的阐述。从国际趋势看，对外汇储备结构的研究将会有两大倾向：一是在研究内容上，合理测算较为精确的外汇储备的币种结构与资产结构，将会是今后研究的重要内容；二是在研究方法上，由于对外汇储备资产结构的研究很少，探寻测算效用最大化的外汇储备资产结构的新方法将是一个非常有价值的研究领域。中国正处于经济转轨的重要时期，面对目前高额外汇储备的情况，对外汇储备资产结构的研究缺乏必要的理论和实践积淀。对币种结构的研究，在相关数据可获得性提高的基础上，运用合理的计量方法测算最优的外汇储备币种结构是今后的重要研究内容。因此，今后的研究应本着注重安全性、流动性、收益性的原则，探寻优化外汇储备结构的有效途径，并测算出合理的外汇储备资产结构和币种结构，对外汇储备结构管理提出切实可行的政策建议。

第二节　外汇储备结构管理的国际经验比较

本节选取了 10 个国家和地区，对其外汇储备结构管理状况进行比较。比较内容包括管理目标、币种选择、资产选择、是否分类管理、有无基准以及是否积极管理等，为中国优化外汇储备结构管理提供借鉴。

一、一些国家（地区）外汇储备结构管理经验❶

（一）英国的外汇储备结构管理

英国的外汇储备管理目标由财政部制定的债务和储备管理的年度审议事项规定，主要是维持外汇市场稳定和其他的国家利益。在此基础上，谋求收益最大化。在币种选择上，美元、欧元各占 40%，日元占 20%。由于一部分外汇储备是由国家贷款基金在国际市场上的借款，因此，其净储备的货币构成与国家贷款基金的外币负债匹配。在储备资产构成上，英国无明确的储备资产分类管理。其资产主要投资于高评级和高流动性的政府、超国家机构及机构的债券，有很少一部分投资于短期的银行存款和公司债务。在风险管理和业绩评估方面，由财政部制定的债务和储备管理的年度审议事项规定了一系列基准。这些基准包括：积极的储备管理基准；中央银行操作的限制基准；风险控制框架基准；外汇平准基金的审计安排基准。在经营模式上，英国采取在财政部规定限度内的积极管理模式。

（二）加拿大的外汇储备结构管理

加拿大持有外汇储备主要是为了满足货币的流动性需求，并且在外汇市场出现异常性波动时入市干预。加拿大主要通过向国际市场借款来形成外汇储备，由加拿大的中央银行——加拿大银

❶ 本部分内容主要参考 IMF，Guidelines for Foreign Exchange Reserves Management：Accompanying Document and Case Studies，IMF，2003 以及相关国家财政部或中央银行网站。

行来经营外汇储备；另外由加拿大银行和财政部共同组成一个独立的风险管理小组，独立对外汇储备的风险管理状况进行监控。这样，加拿大外汇储备管理的重要目标就是降低筹集外汇储备的成本，进行有效的资产负债管理。在币种选择上，外汇资产与外汇负债匹配，一半为美元资产，其余为欧元和日元。加拿大实行储备资产分类管理。流动性部分满足 EFA（外汇基金账户）核心流动性要求，投资部分比流动性部分规模大，其投资期限与负债期限匹配。在资产级别上，至少是 AA 评级以上的主权政府、机构和超国家机构债券。短期投资主要是高评级的商业银行存款。对投资业绩的评估依据负债组合规定的基准。在经营模式上，由于储备资产经营的目的是降低持有成本，加拿大采取的是稳健管理模式。由于资产与负债的币种匹配且以流动性资产为主，利率和汇率风险较低。

（三）澳大利亚的外汇储备结构管理

澳大利亚的外汇储备管理的目标主要是干预外汇市场。在此基础上，在给定的风险约束下，尽可能地获得较大的回报。澳大利亚会在中央银行的年报中披露外汇储备的管理政策、外汇储备组合管理的主要指标和实际的回报水平。在币种选择上，其货币构成主要根据市场因素确定，美元、欧元资产各占 45%，日元资产占 10%。这一比例会定期调整，确保风险收益均衡。澳大利亚无明确的储备资产分类管理。资产构成主要是政府证券和商业银行存款。90%为美国、德国、日本政府债券。在风险管理业绩评估方面，确定了币种、资产和期限基准。澳大利亚储备银行对投资组合中每种资产的组成部分制定了基准，每种资产构成主要根据市场流动性的特征和资产配置时的实际因素来决定，这个基准为：美元资产 22%用于回购协议和存款，21%购买美国短期国库券，57%购买美国中期国库券；欧元资产 22%用于回购协议和存款，15%购买欧元短期国库券，55%购买欧元长期国债；日元资产22%用于回购协议和存款，33%购买日本短期国库券，45%购买日本长期国债。除基准组合所包含的货币和资产以外，澳大利亚储备银行交易中心有权持有小额的其他高利率工具。这些工具包括：英国金边债券，荷兰和瑞士政府债券，国际清算银行发行的中期债券，美国联邦政府债券。1994年银行开始购买利率期货合同作为流动性对冲工具。在经营模式上，澳大利亚采取稳健管理模式，严格按照基准规定进行投资组合。

（四）匈牙利的外汇储备结构管理

匈牙利作为一个小型的开放型经济国家，由于其资本账户实现了自由兑换，因而其持有外汇储备的主要目的是支持货币政策的顺利实施。同时，在不影响实施货币政策所要求的流动性前提下，实现风险调整后的收益最大化。货币构成主要是根据中央银行的资产负债状况、外贸状况等决定。货币基准主要是欧元。匈牙利的储备资产实行分类管理，分流动性项目和投资性项目两类。资产构成主要是美国国债、AAA和AA级欧盟主权债券以及其他AAA级和AA级资产。在风险管理和业绩评估方面，规定了货币基准和投资组合基准。在管理模式上，采取一定限度内的积极管理。

（五）挪威的外汇储备结构管理

挪威的外汇储备实行分类管理，分为四种组合，每种组合有不同的管理目标。一是流动性组合，约40亿美元，主要用于执行货币政策，为外汇操作提供流动性。二是投资组合，约130亿美元，也随时用于外汇市场操作，但主要目的是提高长期收益。三是免疫组合，约10亿美元，其投资用于防范政府对外债务的

货币和利率风险。四是石油基金缓冲组合，约10亿美元，每天收取石油资本，并按月转化为政府石油基金。不同组合有不同的币种选择。免疫组合的币种与政府对外债务币种匹配。流动性组合的币种选择与外汇市场干预相匹配，共有四种货币。其中欧元是与市场干预最相关的币种，在基准中占50%。投资组合（长期组合）的规模比流动性组合的规模大得多，主要谋求提高长期投资水平。这意味着更强调风险分散，所以投资组合比流动性组合包括的币种更多。这一组合中，固定收益部分包括8种货币，股权部分包括12种货币。缓冲组合的币种组合由石油基金的货币组合决定。在资产构成上，投资组合基准包括20%的股权。缓冲组合中的一部分也有股权，与石油基金的资产构成匹配。另外的组合只包括固定收益工具。在风险管理和业绩评估方面，除缓冲组合与石油基金匹配外，每一组合都规定基准。在经营模式上，除免疫组合和缓冲组合外，其他每一组合在一定的限制规定内进行积极管理。

（六）瑞典的外汇储备结构管理

瑞典的外汇储备管理目标是，在可接受的风险范围内获取好的收益。此外，储备还用来服务于政府的外币负债。币种构成的基准是：美元、欧元各占35%，英镑、日元各占15%。储备资产实行分类管理，分为流动性组合与投资组合。流动性组合用于满足瑞典国家债务办公室的利息和贷款偿还。投资性组合投资于债券，目的是在允许的风险范围内，寻求最好的长期收益。四种货币资产包括：有政府保障的资产；国际组织发行的债券；其他有政府保障的证券，如欧元债券；美国机构债券等。这些美国机构包括：TVA（田纳西流域管理局）、FHMLC（联邦住房贷款抵押公司）、FNMA（联邦国民抵押协会）和FHLB（联邦住宅贷款银行）等。投资基准采取所罗门·史密斯·巴内提供的定制性基准。在经营模式上，采取由董事会授权规定的积极管理模式。

（七）新西兰的外汇储备结构管理

新西兰外汇储备管理的目标是满足外汇市场干预需要。在此基础上，实现风险调整后的净收益最大化。由于新西兰银行的外汇储备是国际市场借款，因此其投资币种与借款币种一致，并以此防范汇率变化风险。储备资产无明确分类管理。资产构成主要是：三分之一的储备投资于G3政府债券或中央银行存款；另一个三分之一投资于同样的工具和逆回购（有担保的G3政府债券）或国际清算银行；其余三分之一可以投资于CDs（大额可转让存单）；还有一小部分投资于其他证券。在风险管理和业绩评估方面，有资产和负债组合基准。持有储备涉及成本，当只投资于高质量资产时，必须承担更高的成本。目标是通过谨慎交易对总资产进行合理组合以降低成本。在经营模式上，采取在管理者规定的限度内的积极管理。

（八）中国香港的外汇储备结构管理

香港的外汇储备管理目标是：支持货币局制度，同时维持储备的长期购买力。货币结构是根据预先设定的政策目标进行的，这个目标结构是：美元80%，欧元15%，日元5%。美元占绝对主导地位是因为港币与美元的联系汇率制。储备资产实行分类管理。外汇基金进一步划分为支持性组合和投资性组合。支持性组合主要用于支持汇率制度的平稳运行，因而主要投资于高流动性的美元债券；而投资性组合则主要投资于OECD国家的债券和股票市场，以便维持香港外汇储备在未来的购买力。基金可投资20个国家债券市场，10个股权市场和18个货币市场。投资基准是：80%的债券和20%的股权。总的基金基准是通过定制

化实现组合最优化。总基金由不同类型的投资组合构成，市场基准用于不同类型的组合，经营模式采取积极管理模式。在预先设定的风险限制范围内，可以允许对基准有一定战术性偏离。

（九）韩国的外汇储备结构管理

韩国的外汇储备管理目标是维持中央银行对外汇市场的干预能力，防范突然性的外部冲击，并且为国家保持财富等。在保证最大限度的安全性和流动性前提下，尽可能提高收益。决定韩国外汇储备的货币构成因素主要是外债的货币结构、经常项目收支的货币结构以及外汇储备本身的规模和波动状况等。储备资产实行分类管理，分流动性项目、投资性项目和委托外部经理人管理三类。资产构成为全球和美国固定收益工具，包括债券和存款。在风险管理和业绩评估方面，每一类都有基准组合。经营模式也是在管理者规定的限度内实行积极管理。

（十）哥伦比亚的外汇储备结构管理

哥伦比亚持有外汇储备的主要目的是保证短期外债的正常偿付，从而为投资者提供投资信心；同时维持汇率制度的正常运行。外汇储备管理目标是：在对不同资产种类、不同地区、不同发行者等确定相应的限额以及对流动性和收益性的波动设定一个区间之后，尽可能地赢得收益的最大化。货币结构主要是根据过去3年对外支付的货币结构来预测下一年的支付结构，进而对外汇储备的货币结构进行调整，从而保证外汇储备的货币结构与未来货币流出的货币结构保持一致。2000年的币种构成是：美元占80.4%，欧元占15.3%，日元占4.2%，其他货币占0.1%。储备资产没有正式的分类管理，但是为了保证外汇的随时可用，保持了投资于高流动性资产，这些资产可以在一定范围内波动。投资组合由中央银行管理，同时也委托给外部经理人管理。资产主要投向评级较高的主权国家债券以及评级高的、以硬通货计价的银行和公司存款；同时也允许运用外汇储备进行利率和汇率的期货和远期交易。在经营模式上，哥伦比亚采取积极管理模式，可以允许一定程度上偏离不同类型的风险基准。

二、比较分析与经验借鉴

基于上述国际比较，从国际范围来看，在进行外汇储备结构管理时，通常要考虑以下几个方面的问题。

（一）外汇储备管理的目标

一个国家和地区外汇储备管理目标的确定与其持有外汇储备的动机以及衡量外汇储备充足性的政策密切相关。许多影响外汇储备充足性的因素，如资本流动的波动、外债的规模和结构、借款的成本、市场信心、国内外汇市场的发展状况等，都会影响外汇储备的管理政策。对于那些缺少有效的渠道以进入国际资本市场筹资的国家来说，持有足够的外汇储备有助于降低外部冲击可能带来的危机；而从外汇储备管理政策的角度看，外汇储备的管理过程也必须考虑持有外汇储备的这个动机。因而，外汇储备管理的首要目标此时就应当是保证外汇储备的足够的流动性，以便在政府需要时能够及时动用。持有外汇储备的一个通常动机就是满足特定市场条件下的流动性支付的需要。但究竟需要将外汇储备中的多大比率投资到流动性资产中，目前并没有一个国际性的通行指标。这不仅与各国不同的经济结构状况、经济制度等有关，还与外部经济冲击的类型、资本流动的波动性等密切相关。在其他条件相同时，一个国家持有的外汇储备规模越大，需要投资到流动性资产上的外汇储备的比率相应就越小。

为了决定外汇储备中的流动性资产比率，许多中央银行开始从两方面着手评估对于流动性的外汇储备资产的需求：①以往在

外汇市场上用于市场干预的储备状况；②在假定的最恶劣的市场状况下可能产生的对流动性外汇储备资产的需求，也就是所谓的“压力测试”（Stress Test）。假定在不同的市场状况下，中央银行可以确定在不同的置信水平下所需要持有的流动性的外汇储备资产，那么，对于那些较为依赖国际资本市场的国家来说，中央银行还需要评估的是：如果进入国际资本市场的融资渠道在极端的市场状况下被关闭，是否还需要持有更多比率的流动性资产？

一个国家国内外汇市场的发展程度也是影响外汇储备中的流动性资产比率的一个重要因素。在新兴市场国家和地区中，如果国内的外汇市场并不发达，那么，在极端的市场状况下，市场承受剧烈波动和压力的能力将相对有限；在市场大幅波动时，市场交易者可能会从正式的市场交易中退出，转而寻求其他形式的交易方式，此时市场上往往会形成单边交易的格局。中央银行为了维持外汇市场的正常运转，在不改变特定的汇率体制的条件下，就需要向市场投入流动性的资产来进行干预。

随着中国外汇储备的不断增长，如何合理界定持有外汇储备的不同动机、进而采取相应外汇储备管理政策，就是目前面临的一个十分突出的问题。例如，可以大致将外汇储备的持有动机划分为流动性动机和投资性动机，进而将外汇储备进一步划分为不同的子项目。在满足流动性动机的外汇储备管理中，强调的是投资流动性强的高评级的资产，注重外汇储备与对外支付的货币和期限结构的一致性，着眼于对外汇市场供求状况及其走势的判断；在满足投资性动机的外汇储备管理中，则是将这一部分外汇储备作为国家财富的一种保持形式，通过在国际市场投资获得最大的回报。

（二）外汇储备资产的管理模式

储备资产的管理模式主要有两种划分方式。

（1）储备资产管理模式按照三种级别（安全性、流动性和收益性）储备在外汇储备中的比重分为三类。①保守型管理模式。典型代表为日本，在安排储备资产结构时，将安全性放在第一位，流动性放在第二位，而将收益性放在末位。②进取型管理模式。在储备资产安排时更注重资产的收益性，将资产的安全性、流动性放在第二位。例如，意大利专业银行曾经将几十亿美元储备委托给美国长期资产管理公司运作，在长期资产管理公司1998年出现重大投资失误之前的5年中，其投资年平均回报率超过40%。有的国家中央银行拿出部分储备资金交给这些投资基金，往往能够获得非常高的回报，当然，同时也承担着较高的风险。③积极管理模式。在储备资产的安排中，注意收益性、安全性和流动性的结合，既不将储备资产全部投资于国债，也不将绝大多数储备投资到投资基金、股票、公司债券上。而是根据本国对储备资产的使用要求确定流动性、安全性、收益性储备的顺序，在可承受的风险范围内争取收益的最大化，并据此进行资产组合。上述分析的部分国家，如英国、匈牙利、挪威、瑞典、新西兰、中国香港、韩国和哥伦比亚等采取的都是积极管理模式。

（2）相同经济类型的国家，具有相似的国际经济地位以及货币地位，它们的储备管理制度也具有相似性。按照国家和地区的经济类型划分，储备管理制度也大致可分为三类。第一类是经济发达国家，如美国、日本、澳大利亚、加拿大等，其储备管理目标是进行市场操作、执行货币政策、稳定本币汇率；其储备经营的首要目标是在安全的前提下，确保流动性，干预市场时不计成本，基本上没有收益性要求。这些国家的共同特点是本币均是可自由兑换的国际储备货币，本币可以履行对外支付的职能，国家综合实力较强。储备经营管理由财政部与中央银行分工协作，财政部负责制定政策，中央银行负责根据财政部的指令进行储备经

营和市场运作。第二类是新兴工业化国家和地区，如新加坡、韩国、中国香港、中国台湾等，其储备管理目标除执行货币政策、稳定本币汇率外，同时重视积极投资，争创高收益；其储备经营目标除了资产要有较高的安全程度外，还以获得最高的长期回报率为宗旨，因此投资品种多。这些国家和地区的共同特点是本币虽然实现了可兑换，但不是主要的国际储备货币，资源相对缺乏，对外依赖性较强，属于小型开放型经济。外汇储备的经营管理一般由中央银行或货币管理当局直接负责。但新加坡是个例外，它有专门经营外汇储备的机构，即新加坡政府投资公司。第三类是广大发展中国家，其储备管理的首要目标是保证对外支付，维持国际收支的基本平衡；其储备经营的目标是兼顾“安全性、流动性和收益性”，操作上较为谨慎，偏重流动性，收益水平一般。这些国家的共同特点是外汇资源相对短缺，本币不可自由兑换，经济水平相对落后，实行较为严格的外汇管制，一般设有专门的外汇管理部门经营管理外汇储备。

（三）外汇储备货币结构的确定

确定外汇储备的货币结构，首先需要考察持有外汇储备的重要动机。如果持有外汇储备主要是为了满足短期外债的偿付需要，那么外汇储备的货币结构就需要最大限度地与短期外债的货币结构保持一致，避免货币错配可能造成的损失。但是，具体确定货币结构的过程更为复杂。例如，私人部门可能会运用衍生金融工具来转换对外负债的货币类型，而且中央银行不一定能够完整地掌握私人部门的外债规模、外债期限、货币结构等。另外，中央银行在必要时还需要考虑可能出现的资本外逃、汇率制度及其变动等。

从持有动机来说，可以将外汇储备的货币结构的确定方法划分为以下几种。①基于支付短期外债的确定方式。如果持有外汇储备主要是为了顺利支付短期外债，那么，确定外汇储备的货币结构的主要依据就应当是短期外债的货币结构。②基于市场化的多元化最优确定方式。在一些发达国家，货币已经实现自由兑换，金融市场比较完善，外债对其不构成重要压力，因而在确定外汇储备的货币结构时，主要是按照汇率和利率等市场化指标的波动趋势来确定，即通过市场化的风险收益权衡来确定外汇储备的资产和货币结构。因此，这些国家持有的外汇储备的货币形式通常不会是持有单一的货币，而是适当的多元化的货币。③基于购买力的确定方式。对于一些进入国际资本市场渠道有限的国家来说，经常项目的收支状况对于整个国际收支状况的影响相当显著，未来的进口或者外债的支付主要是一种或者少数几种货币，因此为了保证其有限的外汇储备在进口和偿还外债时的购买力，需要将外汇储备的货币结构与其进口和外债支付的货币结构保持相对的一致。④基于成本的确定方式。有些国家的外汇储备主要是通过筹资借入的，因而其外汇储备管理的主要目标之一，就是尽可能地降低持有外汇储备的成本，严格控制净外汇储备头寸（Net Reserve Position）所可能承担的风险水平；与此同时，外汇储备投资的货币结构和期限，必然会被迫与借入负债的货币结构和期限等保持一致。

中国高达 2 万多亿美元的外汇储备，使得中国完全应当着手对不同的资产、期限、国家和地区等制定不同的结构性限额，合理确定中国外汇储备的货币结构。

（四）外汇储备的资产结构

在确定外汇储备中不同类型的资产比重和结构时，不仅要考察这些资产在正常市场条件下的表现，还必须考察其在极端市场条件下的表现。这是因为，外汇储备的动用通常是在市场出现极端情况时（如市场的剧烈波动、投资者偏好的转移等）发生的。

在市场极端情况下，许多在正常市场条件下能够转换为现金的外汇储备资产，常常不能及时变现。如果急于变现，那么，要么需要付出较高的交易成本；要么需要面对交易日趋萎缩的市场；要么因为市场在紧急状况下出现高度的资金紧张。国际经验表明，传统的金融市场研究中衡量风险和回报的方式，在极端的市场条件下会出现很大的变化，其中级别较高的资产在市场极端状况下的表现相对较好。这也是为什么许多国家的中央银行将外汇储备严格限制在高评级的资产方面的重要原因之一。

（五）外汇储备的分类管理

不同的外汇储备规模会直接影响到外汇储备管理政策的确定。在外汇储备规模十分有限的情况下，通常是考虑短期外债的偿付、进口的支付等，但是随着外汇储备规模的扩大，满足流动性需求的动机就显得不再是第一位的因素了；从中长期看，中央银行在持有较大规模的外汇储备时，就需要考虑获得较高的外汇储备投资回报。也正是由于外汇储备的规模较大，中央银行也正好有条件充分运用市场化的多元化投资方式，在给定的风险控制下寻求较大的回报。

首先，较高的外汇储备规模可以允许其投资到风险程度相对高一些的资产形式上，以便充分进行资产的多元化和最优化配置。在市场的极端情况下，即使一个国家的外汇储备全部投资到美国政府债券，其市场表现未必良好，此时可能一些特定形式的资产形式还会提供良好的回报。其次，较高的外汇储备规模可以允许其持有更长期限的资产形式。第三，在更高的外汇储备规模支持下，中央银行可以充分运用当前蓬勃发展的金融衍生交易的各种形式来管理流动性风险，同时获得更高的收益。

（六）外汇储备管理中的风险管理

全球不断增高的外汇储备规模、风险程度不断提高的资产形式、日趋复杂的金融工具、动荡不定的金融市场等，都促使各国的中央银行要在外汇储备的管理过程中积极建立完善的风险管理框架，包括采用先进的风险管理技术、建立完善的内部风险管理制度和风险披露制度等。人们既可以说风险管理本身就是外汇储备结构管理的重要组成部分，也可以说良好的外汇储备风险管理是实施各种既定的外汇储备管理目标的基础和前提。

（七）外汇储备管理与外债管理的协调

目前在许多新兴市场国家和地区，有关当局正在着手保持外汇储备管理政策与相关政策的一致性，其中不仅包括目前已经引人关注的外债管理政策，也包括各国政府确定外汇储备充足性的依据和政策目标、外汇储备的融资方式和使用方式等。

当前，许多国家在确定外汇储备管理政策时，也在积极推行国际融资渠道的多元化；同时积极降低为外汇储备融资的成本，寻求更为稳定可靠而且效率更高的筹资渠道。如许多国家除在继续采用传统的银团贷款形式进行筹资外，还积极采用了一些新的筹资工具；一些国家还设定了控制借款成本的具体管理政策。在一定的经常性筹资的市场上，有的国家还分别设定了不同的限额，以免市场产生一种饱和感，从而维持这个国家作为筹资者的市场“稀缺价值”（Scarcity Value），外汇储备管理的透明性以及相应的问责制度，也是外汇管理战略的重要组成部分，并且会直接影响到市场的信心。事实上，外汇储备管理政策不仅直接影响到外汇储备规模的维持，也通过提供合理水平的外汇储备投资回报来促进外汇储备规模的增长；一国的货币管理当局应当及时地披露外汇储备的投资损益状况，以便保持适当的透明度。

第三节　中国外汇储备结构管理的现状和问题

一、中国外汇储备资产性质

在分析中国外汇储备结构管理之前，首先需要弄清中国外汇储备的资产性质。

中国外汇储备主要有两个来源，一是经常项目顺差。企业通过出口获得外汇，在结售汇制度下，将外汇卖给指定银行，再通过银行间市场由中央银行买回，企业则得到人民币，作为用商品出口换回的对国内商品的支付能力。从企业角度看，形成商品出口—外国货币—人民币—国内商品购买的交易链条。从最简单的意义上，中央银行在此交易链条中起到的只是置换货币币种的作用，并没有获得额外的支付能力，支付能力留在企业手中。二是资本金融项目顺差。将资本流入按照对外汇储备规模有无影响，可分为两部分：一部分资本流入同时对应着商品进口，对外汇储备增减没有影响；另一部分资本流入会最终通过中央银行换取人民币，并形成外汇储备。在后者的情形中，支付能力仍然留在最初持有外汇的外资流入者手中，中央银行同样只是起到置换货币的作用，并没有获得额外的支付能力。

从中央银行资产负债表角度分析，无论是何种来源的外汇储备，中央银行外汇资产增加都同时对应着负债的等量增加。为购买外汇，中央银行必须多发行基础货币或中央银行票据（用以对冲部分基础货币发行），这些都是中央银行的负债。所以，在中央银行的资产负债表上，外汇储备对外是资产，但对内是负债。

通过外汇储备的来源过程和经资产性质的分析说明，外汇储备并不是中央银行的一笔收入，或者说在中央银行和财政部合并形成的资产负债表中，外汇储备并不是政府的财政性收入。

本书第一章已经提到，按照IMF第五版《国际收支手册》关于国际收支平衡表中的项目，可以推知，一国官方外汇资产包括：货币当局持有的外汇资产；各级政府持有的外汇资产；货币当局持有的外汇储备资产。中国的货币当局是中国人民银行。虽然中国的外汇储备经历了从严重短缺到高度充足状态，但中国的官方外汇资产一直等同于外汇储备资产，由人民银行持有并管理。由于这些外汇储备资产对应的中央银行的本币负债，按照中国现行法律法规，要把一部分外汇储备转化为官方其他外汇资产，需财政发行国债筹集本币资金或直接向中央银行出售国债购买，如无偿调拨，属财政向中央银行透支。

国家通过发行特种国债从中央银行购买的外汇就转化成了官方其他外汇资产，对于这些资产的经营运用可分为两类：一部分资产由中国投资有限责任公司经营管理，完全实行市场化运作，其指导思想就是实现这些外汇资产的保值增值，经营模式可借鉴新加坡国家投资公司（GIC）的经营模式，进行大规模的海外投资。另一部分资产用于购买国家战略储备物资、引进先进技术等政府性职能。至于这部分资产是交由相关的国有企业还是新建机构运作还需进行广泛的可行性论证。

此前，中央银行持有的外汇储备曾先后两次投入总计600亿美元，注资国有商业银行。对此注资行为，至今人们仍有不同意见。持否定评价的人认为，国有商业银行资本金补充应由财政部完成，由中央银行使用外汇储备补充银行资本金，实质上等同于财政部发行定向债券，中央银行用等额的外汇储备认购了这种定向债券。财政部曾在1998年发行2 700亿元特种国债，用筹得的资金弥补了国有银行资本金的不足，如今中央银行用外汇储备来补充银行资本金，实际上是把财政赤字隐性化。

如果把这部分外汇储备看作中央银行授权中投公司进行投资性运作，则属中央银行外汇储备的投资性质的运用。中央银行与中投公司的关系应是委托代理关系，其本金和收益仍属中央银行。

通过以上分析，中国的官方外汇资产将分为两部分：一是中央银行持有的官方外汇储备；二是官方其他外汇资产，两者分属于不同的主体独立运作，以下分析与本书主题相关的外汇储备资产的经营运作。

二、中国外汇储备的币种组合现状

从中国的情况看，中国外汇储备币种组合的变化是一个由单一化向多元化发展的过程。改革开放前，储备货币以美元这一单一货币形式为主；改革开放后，随着中国对外贸易国别、贸易外汇和外债还本付息币种的多样化，中国对外汇储备货币构成也作了相应调整，增加了日元、德国马克、港元、法朗、英镑等币种的持有量。应该说，这一时期对外汇储备结构的管理主要侧重于保证对外支付的需要，这是由中国当时外汇短缺和外汇储备规模有限的现实情况所决定的。1994 年外汇体制改革之后，中国在外汇供求上出现了供大于求的格局，外汇储备不断增加。同时，国际金融市场动荡，持有外汇储备的风险性提高。在这种情况下，如何适时地调整中国外汇币种结构，以避免损失就显得尤为重要。从目前中国外汇储备货币种类的选择上看，根据安全性、流动性、盈利性原则，中国的外汇储备货币中选择了美元、日元、欧元、英镑等币种。但中国的外汇储备在币种组合中存在过于单一的问题。根据 2002 年 5 月国际清算银行（BIS）的季度报告显示，中国的外汇储备在过去 3 年中增加了 670 亿元，其中 80％是美元。

由于浮动汇率制的实行和国际金融形势的动荡，各国的货币总是有升有贬，为了保值、增值、避险，必须合理分配各币种储备的比重。储备币种过于集中在一种货币，如美元上，一方面随着国际金融体系动荡，美国经济的下滑，美元储备的风险也在增加；另一方面无形中对所选择货币的国家提供低息的贷款——储备货币国不需要现在支付便可获得进口商品和服务。因此，在中国外汇储备不断增加、国际经济日益复杂的形势下，如何选择合理的货币结构以保证外汇储备的安全性和收益性目前值得讨论的一个理论和现实问题。中国在实行外汇储备结构管理时也积极采取了一些措施。如 1997 年国际金融市场研究和分析制度的建立等，但还不能满足现实的需求，而且由于中国涉足时间较短，尚缺乏管理经验，因此，中国的货币当局应结合中国外汇储备不断增长的势头，在充分的技术分析的基础上，确定外汇储备币种的合理比例。

三、中国外汇储备资产组合管理现状

从中国外汇储备资产管理的现状看，中国外汇储备中，70％左右是美元，而且把大部分剩余的外汇用来购买美国债券，其中绝大部分购买的是美国国债、政府下属机构或者政府担保的债务。

长期以来，中国外汇储备资产管理的核心是保值。但绝不能被动、片面地去理解和认识保值，而要把储备当作金融资产进行管理和运作。在保值的基础上，除获取基本的利息收益外，努力争取适当增值。而从机会成本看，外汇储备机会成本高昂，存在资源浪费。外汇储备的机会成本是指持有的外汇资产用于投资带来资本边际收益。通常发展中国家的资本边际投资收益介于10％～20％之间，据中国的经济测算，资本的边际投资收益在

20%左右，即便以10%保守测算，损失也是巨大的。拥有大量的外汇储备，使得本可以利用的大量外汇资产闲置，在一定程度上限制了技术进步和经济增长的速度，提高了国内投资的边际收益率，也就提高了经济结构调整的机会成本。而且中国外汇储备的增长相当于一个资本由中国流向美国的过程，实际的效果就是中国人在省吃俭用的同时，给美国人贷款。但是，美国国债收益率简直微不足道，潜在的利率损失不容忽视，最终的实际收益可能是负数。

比较目前的收益和机会成本，让人不得不重视持有如此大规模外汇储备的不利影响。因此，目前最重要的不是去控制外汇储备的规模，而是去管理好外汇储备的结构，尤其是合理选择外汇储备的资产组合，提高外汇储备的运营效率，降低持有外汇储备的成本，增加储备资产的收益。

四、中国外汇储备经营方式落后

外汇储备经营方式落后，缺乏明确的分类管理安排和投资基准。当今世界国际金融风险不断增大，随之产生了许多新的避险盈利的外汇经营方式，如外汇储备资产存放国别、银行多样化，利用远期、期权、期货及大额可转让存单等方式来使外汇储备保值增值。而目前中国从资产经营方面看，国家外汇储备资产经营，虽然已开始建立业务品种和投资对象多种多样的经营模式，如流动性资产管理、投资性资产管理、货币保值、委托经营和海外机构经营等。流动性资产主要投资于货币市场工具和短期政府债券，以保证中央银行干预外汇市场等用汇需要；投资性资产主要投资于相对长期的政府债券、机构债券、国际金融组织债券和高信用等级的公司债券，以取得较高投资收益；货币保值主要通过货币远期和货币期权，降低货币折算亏损对可支配收入的影响；委托经营和海外机构经营的主要目的是建立学习、借鉴、比较和交流的有效途径，同时收集信息，尝试新的投资和管理方式。但主要方式还是采用把大部分外汇储备存放在国外银行获取低息的方式经营外汇储备，与美国、法国等发达国家利用灵活的管理方式，积极参与国际金融市场相比，中国外汇储备资产的投资、管理参与国际金融市场的程度不高，交易的灵活性也有所欠缺。

但也要看到，也正是由于中国现有的外汇储备规模较大，加强中国外汇储备资产组合管理有一些有利条件。在中国有较多外汇储备的情况下，较高的外汇储备规模可以在满足基本需求的情况下，允许货币当局持有更长期限的资产形式；也可以允许其投资到风险程度相对高一些的资产形式上，以便充分进行资产的多元化和最优化分配，在市场上出现即使美国政府债券的市场表现也未必良好的极端情况下，通过持有一些其他特定形式的资产获得良好的回报。另外，在风险管理中，在更高的外汇储备规模支持下，中央银行可以充分运用当前金融衍生交易的各种形式来管理流动性风险，同时获得更高的收益。

第四节　中国外汇储备结构管理创新的政策建议

由于中国目前的外汇储备资产管理透明度太低，许多所需数据难以获得，下面仅从方向性方面提出一些政策建议。

一、调整币种组合

在选择何种货币作为储备货币时，一般原则是尽可能选择与本国对外贸易结构一致的货币。这一因素尤其对一些进入国际资本市场渠道有限的国家来说更为重要，这些国家经常项目的收支

状况对于整个国际收支状况的影响相当显著，未来的贸易支付主要是一种或者少数几种货币，为了保证其有限的外汇储备的国际购买力，需要考虑对外贸易货币结构因素，尽可能选择与本国对外贸易结构一致的货币。因此，通过考察进出口商品的来源流向和数量以及贸易双方的支付惯例等可对币种组合的确定发生影响。

表 4-1　中国从主要贸易伙伴进口额

(2008 年 10 月)

国家和地区	金额/百万美元	占比/%
总值	607 028	100.0
日本	116 850	19.3
韩国	89 047	14.7
中国台湾省	84 373	13.9
美国	62 368	10.3
德国	42 703	7.0
澳大利亚	29 345	4.8
马来西亚	25 434	4.2
沙特阿拉伯	24 403	4.0
巴西	23 563	3.9
泰国	19 720	3.2
俄罗斯	19 528	3.2
安哥拉	18 732	3.1
印度	17 658	2.9
伊朗	16 904	2.8
菲律宾	16 400	2.7

资料来源：中华人民共和国商务部网站。

以2008年10月中国十五大贸易进口伙伴国（地区）的贸易额占中国进口总贸易额的比例为例，可以估计中国仅仅考虑对外贸易支付需求的币种组合。中国2008年的币种组合为：美元55%～65%；日元15%～20%；欧元5%～10%；其他货币5%～10%。分析如下，由于新台币不能自由兑换，但钉住美元，其所需比例可并入美元；另外，在世界进出口贸易中，美元是最主要的结算和计价货币，同韩国等其他发展中国家贸易一般以美元计价，因此要提高美元比例。这十五大贸易伙伴国（地区）在中国进口总额中比例约为62%，其余的贸易额中，英镑等国家货币伴随对华贸易额的变化而调整，其他国家贸易主要以美元计价。

二、优化储备资产组合

外汇储备资产一般分为三类：①一级储备，包括现金和准现金，如活期存款、短期国库券、商业票据等，这类储备的流动性最高，但收益最低，风险基本上等于零；②二级储备，主要是指中期债券，这类资产的收益高于一级储备，但流动性比一级储备资产差，风险也较其大；③三级储备，是指各种长期投资工具，这种投资的收益率最高，但流动性差，风险也最大。

投资组合过程是将资金分配到不同类别的资产上，来满足投资者的风险以及收益性偏好的过程。进行投资组合的程序包括以下三个步骤。

（一）确认投资者的收益以及风险偏好

被投资资产的风险和收益有着很大的相关性，高收益必定对应着高风险，低风险也相应对应着低收益。所以在将资金分配到不同类别的资产上时，首先要确认投资者的偏好，并据此确定在不同类别资产上的分配比例。

（二）确定投资组合的基准

此过程通常会考虑以下几个因素。①流动性。如果投资者需要在不久的将来出售投资资产来获取现金，那么就需要分配一部分资金在流动性较强的短期资产上，因为此类资产很容易在市场上以公平市价出售。②投资期限。如果投资者在未来的不同时点都需要资金，那么投资选择必须和此期限需求相匹配。③法律法规的限制。投资过程应该遵循合法合规的原则。④税收因素。考虑不同投资者的税率差异，以及不同资产的税率差异。⑤其他特殊需求。

（三）依据投资者的风险和收益偏好，制定投资策划书

投资策划书应该包括以下内容：资产分配状况，投资分散化的程度，风险水平，税率要求，收益状况。从组合投资的全过程可知，对投资者的收益和风险偏好的分析占据着首要位置。在将中国的外汇储备投资到国际金融产品上时，同样也需要考虑到中国外汇储备管理当局的风险和收益性偏好。拥有不同规模外汇储备的货币当局，其风险收益性偏好具有差异。在当前中国外汇储备超过适度规模水平的情况下，应该对中国中央银行的风险收益性偏好加以重新认识。不能针对全部外汇储备，照搬目前“安全第一、流动第二、盈利第三”的投资原则。需要将外汇储备依照适度规模进行分类投资，具体可分为适度规模内储备投资和适度规模外储备投资。

三、实行储备资产分类管理

外汇储备具有同一般金融资产性质相同的一面，因此中国应当把储备当作金融资产进行管理和运作，积极加强投资方面研究，研究储备资产的增值盈利方式。

结合外汇储备的分级管理，可将中国外汇储备按照流动性、安全性和收益性划分为流动性外汇储备、收益性外汇储备。其中，流动性外汇储备是用来满足调节国际收支、保证对外支付、干预外汇市场和稳定本币汇率等需要，一般投资在流动性最强的投资工具上，必须极力回避投资风险，可以选择风险最小的投资工具，如信用级别较高的短期债券，具有规避风险功能的衍生金融工具和国内外商业银行短期存款。收益性外汇储备是用来满足维护国际信誉、提高对外融资能力、增强综合国力和抵抗外部脆弱性的能力等需要，储备在当前使用的可能性不大，其投资组合可侧重于收益性，而相对地面临较大的风险，收益性资产组合的工具包括长期债券、股票、对国家或企业的贷款和直接投资。目前，中国外汇储备投资于后三者的比例很低，可适当增加其投资比例。

从收益性看，目前储备司采取的主要经营方式中，一方面要增加外汇储备中安全性高、流动性较强的外国政府债券的比例，如增加中期债券和长期债券的比例，以获取更大的收益。另一方面拓宽投资领域，不止局限于存款、债券，还可以选取一部分资产运用国际通行的资产组合管理、风险管理模式进入有较高收益但风险也较大的房地产与股票市场。也可通过向外汇指定银行提供选择性的外汇贷款，有利于增加外汇投资回报。

从国际经验看，在外汇储备投资经营机构的选择上，各国通常有两种做法，一是由中央银行指定专业银行代理，如日本就指定大和银行等几家银行经营其外汇储备；一是设立专门的投资机构，如新加坡就专门设立政府投资公司与金融管理局一起对外汇储备进行投资与管理，金融管理局侧重短期货币市场的营运，政府投资公司主要负责管理公共部门的剩余资金，包括官方储备超过“适度”用于投资的部分，在投资领域上，该公司注重稳定性

资产和高风险资产的组合，也注重与基金管理、集团产业投资集团的共同联手投资，以减少投资成本，分散投资风险。

对中国来说，从长远看，可考虑设立专门的外汇储备投资经营机构，由它们对外汇储备进行适当的投资，以获得外汇储备的最大收益化。例如，可考虑把储备司及其下属投资机构的一部分从国家外汇管理局分离出来，实行企业化管理，成立外汇储备资产金融管理公司，中央银行、国家外汇管理局以及其他金融监管职能部门作为监管方调控、监督外汇储备资产的经营。但从目前来看，现实选择是逐步减少外汇管理局储备司及下属投资机构投资，逐步转向委托境外投资机构、跨国银行或国内几家银行管理。例如，中国可以把部分外汇储备交国际上知名的投资基金代管。事实上，当前不少中央银行都把部分储备交给一家或几家基金代管。这些基金由专家把储备按不同比例进行资产组合，并根据市场变化调整结构。从实际情况看，这些基金获取的收益较高。另外，还可以委托中国银行代理一部分外汇储备的投资经营。中国银行在历史上曾经承担过外汇储备的经营运作，目前又已建立起全球化的业务网络，而且积累了丰富的国际金融经验，由其具体经营中国的部分外汇储备资产，应该是比较适宜的。

但在拓宽投资领域、选择更多投资方式时，要注意外汇储备资产管理是要寻求稳定的收益，不能以短期投机性交易为主要投资方式，而是以投资性交易为主要投资方式，以追求稳定、长期的回报为目的。

四、建立完善的风险管理框架

外汇储备资产管理中存在汇率风险、利率风险、操作风险、设备系统风险等众多风险。面对动荡不定的金融市场，以及日趋复杂的金融工具，中国货币当局要随着不断增加的外汇储备规模，注重不同外汇储备资产的风险程度，在外汇储备的管理过程中借鉴国际上风险管理的经验，提高风险控制水平，积极建立完善的风险管理框架。

完善的外汇储备风险管理制度应包括以下内容。

（1）确认和评估外汇储备管理可能面临的所有风险，并且定义在储备管理中可接受的风险水平和指标。储备管理机构可将部分储备分配至一个或几个信誉良好的外国机构来管理，风险管理框架应当对内部和外部管理的基金运用相同的原则和措施。风险管理框架也应当涉及与衍生金融工具和其他外汇操作相关的风险。如建立定期分析研究市场的例会制度，定期对整个资产进行市价重估，逐步运用先进技术手段对资产风险状况进行实时监控；对交易对手资信状况密切跟踪、及时报告，努力控制信用风险；明确各类交易人员的权限和超授权的处罚措施等。

（2）为了评估储备投资组合的风险和外部脆弱性，应当有规则地实施压力测试，以确定宏观经济或金融环境震荡的潜在影响。

（3）采取科学的风险控制手段。可以考虑建立储备管理的投资组合基准，以指导实际的储备投资。投资组合基准必须包括所选择持有的外汇的币种及其权重，具有适当信用特征的投资工具，以及反映期望利率风险水平的某些指标（如持续期）。储备管理机构可以采取保守的储备管理政策，即严格按照投资组合基准对外汇储备进行投资；储备管理机构也可采取积极的储备管理政策，即允许在一定的限定范围内偏离投资组合基准，这必须通过某些风险测量方法（如 VaR）来评估可能的最大风险损失并确认允许对投资组合基准的偏离程度。

国际比较表明，目前并不存在一种适用于全球各个国家和地区的最佳的外汇储备管理政策体系；甚至在同一类型的国家和地

区中，外汇储备政策的差异性也明显多于一致性。这说明，外汇储备管理政策显著依赖不同国家和地区的经济金融环境、金融市场发展状况、宏观经济政策、外汇储备管理目标等多种因素。

五、增强中国外汇储备管理的透明度

外汇储备管理的透明度及相应的问责制度，也是外汇管理战略的重要组成部分，并且会直接影响到市场的信心。中国应当增强外汇储备管理的透明度，透明度的提高有助于经济运行主体根据储备管理政策调整自身市场经济活动，并通过社会公众的监督进一步提高中国外汇储备管理的效率。一国的货币管理当局应当及时地披露外汇储备的投资损益状况，以便保持适当的透明度。目前，由于中国外汇储备的币种组合、资产构成等数据的不可获得性，许多国内学者在对外汇储备资产结构问题进行研究时，一个很大的局限就是相关数据的缺乏，从而很难在这一问题上进行较深入的研究。从长远考虑，国家外汇管理局可以适时推出面向公众的信息披露机制，增强储备资产营运的透明度，深化外汇储备资产营运的监管。例如，可以按年度在《金融时报》、《中国外汇管理》等国家金融刊物上定期公布中国外汇储备的总量、币种、储备持有形式及期限、增值盈利状况等重要数据，以及投资工具的选择及其流向和交易关联方的基本情况，让公众关注、监督储备资产的营运，促进中国外汇储备经济效益的提高。

第五章　中国汇率制度选择

由以上各章分析可知，中国外汇储备储备过多源于中国较为固定的汇率制度，要想真正解决外汇储备的问题，需要从根本上改革中国的汇率制度。只有采取较为灵活的汇率制度，中国的外汇储备存在的问题才能迎刃而解。因此，本章试图从汇率制度的视角探讨未来中国汇率制度的选择。

外汇管理体制、汇率形成机制以及外汇市场的有关制度与规范统称为汇率制度。汇率制度是各国普遍采用的确定本国货币与其他货币汇率的体系，是一国在经济开放中关于本国与他国之间的名义汇率决定和调整的制度安排。汇率制度是国际货币制度的核心，在汇率的确定、汇率的变动等方面都有具体规定。因此，汇率制度对各国汇率的决定有重大影响。在古典金本位制和布雷顿森林体系下，一国往往在汇率制度选择上有较少的自由。但布雷顿森林体系之后，一个国家有更多的自由根据本国经济特征和本国与世界经济的联系去选择适合该国的汇率制度，汇率制度安排也因此成为一个国家确定其对外经济关系的重要政策手段。本章在简要介绍汇率制度和汇率选择理论后，主要从工业化国家、拉美国家、东南亚国家、东亚国家和地区四个部分对世界主要国家和地区的汇率制度进行比较，分析汇率制度选择的条件，为中国汇率制度改革提供借鉴。

第一节 汇率制度与汇率选择理论

目前，世界上各国的外汇体制和管理形式各异，总体来说，都是以本国国情为基础。汇率制度的划分，理论上应根据一国政府或货币当局对外来冲击造成的名义汇率面临的变动趋势是否采取干预或者多大程度上干预来划分。而无论在理论还是现实中，汇率制度分类所依赖的都是名义汇率的灵活程度和政府或货币当局对名义汇率的干预程度。

一、汇率制度的分类

汇率制度从传统意义上可以划分为固定汇率和浮动汇率。实际上，汇率的完全固定和自由浮动是两种极端，现实分类就是在这两种极端情况下，对中间类型再细分类；而理论研究的抽象性使得理论中的汇率制度往往只考虑两极，或者将所有的中间类型统归于第三种汇率制度——中间汇率制度。划分汇率制度的代表性观点见表 5-1。

表 5-1 汇率制度分类❶

项 目	严格的固定汇率制度	中间汇率制度	浮动汇率制度
弗兰克尔 (Frankel，2003) (9 类)	1. 货币联盟 2. 美元化 3. 货币局	4. 可调整钉住 5. 钉住货币篮 6. 爬行钉住 7. 有波幅限制的钉住	8. 管理浮动 9. 自由浮动

❶ 丁一兵. 汇率制度的选择 [M]. 社会科学文献出版社，2005：12.

续表

项　目	严格的固定汇率制度	中间汇率制度	浮动汇率制度
波尔多（Bordo，2003）（9类）	1. 货币联盟 2. 货币局 3. 严格钉住	4. 可调整钉住 5. 爬行钉住 6. 钉住货币篮 7. 汇率目标区	8. 管理浮动 9. 自由浮动
戈什和沃尔夫（Ghosh and Wolf，2002）（6类）	1. 严格钉住（包括货币联盟、美元化与货币局） 2. 钉住单一货币 3. 钉住货币篮	4. 有规律干预的浮动 5. 干预无规则的浮动	6. 自由浮动
爱德华兹和撒瓦斯卡诺（Edwards and Savastano，1999）（8类）	1. 美元化 2. 货币局 3. 货币联盟	4. 传统的钉住汇率制 5. 爬行钉住 6. 有波幅限制的钉住 7. 相机干预的浮动汇率	8. 自由浮动
IMF（1999）（8类）	1. 无独立法定货币的汇率安排 2. 货币局	3. 传统的钉住汇率制 4. 有波幅限制的钉住 5. 爬行钉住 6. 有波幅限制的爬行钉住（BBC制度） 7. 管理浮动	8. 独立浮动

现在国际上通用的分类主要以IMF为参考标准。在布雷顿森林体系时代，IMF把汇率制度简单地划分为钉住和其他；而在布雷顿森林体系崩溃以后，IMF则不断地细化汇率制度分类。IMF原来对各成员国汇率制度的分类，主要依据的是各成员国所公开宣称的汇率制度；但纯粹依赖各成员国所宣称的汇率制度的分类，具有事实与宣称不相符的局限性。一些宣称自己是固定汇率的国家，往往为了加强出口竞争力而频繁贬值，使其名义汇

率的行为更像浮动汇率制度下的名义汇率行为。一些宣称自己是浮动汇率的国家，特别是新兴市场国家，往往由于国内金融市场不完善而害怕浮动（Fear of Floating），或者一些国家为其反通胀目标树立信誉而采取事实上钉住其他国家货币。

IMF 对汇率制度有 1999 年之前的名义（Deiure）分类和之后的实际（Defacto）分类。所谓名义分类，就是 IMF 根据成员国的官方通告进行的分类，汇总在 IMF 的“汇兑安排与汇兑限制年报”（Annual Report on Exchange Arrangements and Exchange Restrictions，AREAER）之中。它将汇率制度分成三大类，即钉住汇率制度（Pegged Regimes）、有限弹性汇率制度（Limited Flexibility Regimes）、弹性汇率制度（Flexible Arrangements）。

IMF 从 1999 年开始才用实际分类。实际分类主要是根据成员国实际的名义汇率灵活程度和当局干预程度来划分的，它可能与一国宣告的汇率制度不同。鉴于 IMF 的权威性，而且目前实行的也是实际分类，本书将主要根据 IMF 的实际分类给出各汇率制度类别的含义，目前 IMF 的实际分类主要有表 5-1 所示的 8 类。

目前中国经过调整后实行的是参考一篮子货币的管理浮动汇率制度，一篮子货币的币种向外界公布，但并不公布各币种所占的比重和中央银行的调整边界，其实 2005 年 7 月前中国对外宣布实行的是管理浮动汇率制，但是实际上中国一直采用的是钉住美元的固定汇率制度，而 IMF 也根据实际情况将中国的汇率制度归为第三类。目前中国所实施的汇率制度，按照 IMF 的分类方法应该归为第七类，这种汇率制度比较适合当前中国经济快速发展的态势，首先可以放松对市场的管制，加强市场自身的调节功能。其次中央银行也可以利用隐蔽的调控边界给国际游资一定的威慑，从而保证中国外汇市场的平稳建设。

二、汇率制度选择理论概述

国际货币制度和汇率制度一直处于发展变化中，而且随着各国经济市场化和开放程度的不断加大，决定汇率制度选择的多因素差异性在不断地冲撞和融合，这样，汇率制度的变迁与选择也就在所难免。相应地，汇率制度选择理论就成为经济学家们关注的焦点，概括起来说，从20世纪50年代至今，关于汇率制度选择理论主要可归纳为以下几种。

（一）汇率制度选择与政府政策协调

一国政府的经济政策目标通常包括国内平衡和国际收支平衡。为了实现国际收支平衡，需要采用财政政策和货币政策进行国际收支调节。弗莱明（Fleming，1962）发表的《固定与浮动汇率下国内财政政策》和蒙代尔（Mundell）发表的《固定与浮动汇率下国际调整的货币动态分析》（1960）、《固定与浮动汇率下资本流动与稳定政策》（1963）和专著《国际经济学》（1968），共同形成了M—F模型，即蒙代尔—弗莱明模型，其对不同汇率制度下政府经济政策的作用进行了详细的分析，对汇率制度选择提供了极好的参考。该模型研究结果表明，固定汇率制度下财政政策有效，货币政策无效；而浮动汇率制度下货币政策有效，财政政策无效。这样，M—F模型实际上已蕴涵着“三元悖论”（Trilemma），即资本自由流动、固定汇率与货币政策独立性三者之间存在着“不可能三角”（Impossible Triangle）。因此，一国在进行汇率制度选择时就要权衡一下三者目标权重：要想实现其中两个就不可能同时实现第三个目标。比如，如果选择了资本自由流动和货币政策独立性，那么浮动汇率制就是合意的；如果选择了资本管制和货币政策独立性，那么固定汇率制就是合意的。而且，Frankel（1999）还提出了“半独立、半稳定”的组合。

（二）汇率制度选择与货币危机理论

第一代货币危机理论的产生源于墨西哥（1973～1982）和阿根廷（1978～1981）等国家所发生的货币危机。克鲁格曼认为，在固定汇率制下，危机的主要原因是国内信贷超过货币需求的过度增长，将导致中央银行外汇储备的损失。而中央银行的外汇储备是有限的。在投机的冲击下，固定汇率制度最终将崩溃。其结论是：当经济的内部均衡与外部均衡发生冲突时，政府为维持内部均衡而采取的特定政策必然会导致外部均衡丧失，这一丧失的累积将持续消耗政府外汇，在临界点时，投机者的冲击将导致货币危机。

第二代货币危机理论的产生源于 1992～1993 年的欧洲货币危机。奥斯特菲尔德等人提出了货币危机的第二代模型。它强调了投机资本在危机中的作用。其基本思路是：一国国内利率高于外国利率会形成远期外汇升水即本币贬值预期，持有此预期的投机者将会密切关注政府的行动。当他们认为政府出于成本收益考虑不会死守固定汇率制时，攻击行为就会发生。而固定汇率制一旦出现缺口，受市场跟风的影响，就会出现越跌越抛、越抛越跌的恶性循环，导致货币危机的自我实现。

（三）两极论、原罪论、害怕浮动论

20 世纪 90 年代在新兴市场国家广泛爆发的金融危机，引发了一场关于新兴经济体金融危机起因的激烈讨论。尽管在众多的讨论中，各方列出的原因各不相同，但公认的是，在国际资本流动高度发达的情况下，这些国家实行的钉住汇率制度有问题，这一现象再次燃起了人们对汇率制度研究的热情。这一时期产生的汇率制度选择理论主要有两极论、原罪论、害怕浮动论等。与以往研究相比，这一时期汇率制度选择理论研究具有如下特点：

①危机使得汇率问题的研究更加注重外部经济环境，尤其是国际资本流动的影响；②危机使得中间汇率制度遭受广泛的质疑和批评，也使争论从主要围绕固定汇率制度和浮动汇率制度转向中间汇率制度和两极汇率制度之间；③中间汇率制度和两极汇率制度之间的理论争论更加重视汇率的决定模式对汇率选择的影响，人们试图清楚地界定和区分严格的固定汇率制度、自由浮动汇率制度和中间汇率制度，而且要对一国的名义汇率制度和实际实行的汇率制度进行界定和区分（文轩，2004）。

（四）中间制度消失论

在目前关于汇率制度的新理论中，“中间制度消失论”（The Hypothesis of the Vanishing Intermediate Regime）争议最大，最富挑战性。“中间制度消失论”认为，日益增长的资本流动性，使政府对汇率的承诺变得十分脆弱。由于资本自由流动下的“三难问题”，中间制度应让位于自由浮动汇率制，或者真正的固定汇率制。在资本自由流动的情况下，政府不可能同时实现汇率稳定、货币政策独立性和金融市场国际一体化这三个目标，而必须放弃其中一个。由于金融市场一体化由国际和国内因素同时造成，一国难以阻挡其发展（除非实行资本管制），因此，一国政府实际所能做的，要么是选择汇率稳定而放弃货币主权（“硬”的钉住汇率制），要么放弃汇率稳定而坚持货币独立（自由浮动汇率制）。

第二节　世界主要国家外汇体制与汇率管理

一、主要发达国家的汇率制度比较

1973 年 3 月以后，国际汇率体系趋向复杂化、市场化。实

行浮动汇率制度的国家大都是世界主要工业国，如美国、英国、德国、法国、日本等，在浮动汇率制下，各国不再规定汇率上下波动的幅度，中央银行也不再承担维持波动上下限的义务，各国汇率是根据外汇市场中的外汇供求状况，自行浮动和调整的结果。同时，一国国际收支状况所引起的外汇供求变化是影响汇率变化的主要因素。国际收支顺差的国家，外汇供给增加，外国货币价格下跌、汇率下浮；国际收支逆差的国家，对外汇的需求增加，外国货币价格上涨、汇率上浮。汇率上下波动是外汇市场的正常现象，一国货币汇率上浮就是货币升值，下浮就是货币贬值。

（一）美国汇率制度的演进

美国的汇率制度是“二战”后由固定汇率制度逐渐演变成浮动汇率制度的。美国凭借其经济实力，建立了黄金—美元本位的布雷顿森林体系，不仅使美元成为世界货币，每年获得大量的铸币税，而且也通过高估美元（35USD=1盎司黄金，而市场价则高达39USD）无偿占用了其他国家的资源。

1971年8月15日美元停止兑换黄金后，国际货币本位就变为纯粹的美元本位，各国对维持美元的国际货币地位采取了积极的合作态度，这是因为：没有其他替代办法；美元仍能兑换其他通货，即它具有“市场可兑换性”；由于在有N个国家通货的世界里，只有N－1种汇率，而美国一直愿意承担第N个国家的被动角色，其他国家则倾向将其货币低估。

布雷顿森林体系崩溃后，临时委员会1976年1月在牙买加召开会议，通过了以美国和其他一些国家主张的自由选择汇率制度的《牙买加协定》。实际上，该体系是当时的一种权宜之计，但浮动汇率使美元有贬值权利；通过黄金非货币化，使美国赖掉了其所欠外债；而SDR一直不能成为主要储备资产，国际货币制度出现事实上的美元本位。

随着美国经济实力的相对下降和美元的贬值，1995 年美国开始实行强势美元政策，美国联合日本、法国等七国集团成员国中央银行，联手干预外汇市场，拉抬美元，奠定了强势美元的基础。在追求强势美元的 7 年里，美国获得了极大的益处，外国人大量持有美元或以美元计价的资产，致使美国的资本市场实力雄厚，流动性更强。

美国实行浮动的汇率制度，美元汇率由外汇市场供求决定。根据美国相关法律规定，必要时美国政府可以对外汇市场进行干预。

英国、法国、德国等主要工业化国家大致经历了从布雷顿森林体系的固定汇率制到浮动汇率制的转变，在此不再赘述。

（二）日本汇率制度的演进

从 1949～1971 年间，日本一直采取美元兑日元 1∶360 的固定汇率制。1971 年 12 月日本调整汇率，从 1 美元兑 360 日元升值为 308 日元，并以此作为标准汇率，上下浮动 2.25%，这是日元持续升值前的最初一次较大幅度的调升币值。

1973 年 2 月 13 日，日本从固定汇率制向浮动汇率制转变，开始推行有管理的浮动汇率制。日元从 1973 年 2 月到 1985 年 9 月逐步升值为 1 美元兑 240～250 日元。

1985～1987 年的两年半，是日元升值的主升浪期间。1985 年《广岛协议》签订之后，日元大幅升值，日元汇率从 1∶250 升至 1∶120，升幅高达两倍多。

经过“二战”后 20 多年的发展，到 20 世纪 70 年代初，日本已成为仅次于美国的世界第二大经济强国，汽车、钢铁、家电、造船等诸多行业在国际上具有相当强的竞争力。经济实力的增强对日元提出了强烈的升值要求，加上以美国为首的国际经济

力量的推动，于是日本政府开始进行外汇体制改革。从1972～1985年间，日本汇率制度从固定汇率制转为有管理的浮动汇率制再到自由浮动汇率制。汇率制度的改革推动日元进入长期升值的周期中。1972～1990年的19年间，是日元的升值周期。因为当时全球经济总体上呈上升趋势，在日元大幅升值期间，诸多西欧国家及亚洲其他国家和地区的货币也在升值，货币升值成了当时比较普遍的经济现象。

（三）俄罗斯汇率制度的演进

苏联解体以前在高度集中的计划经济体制下货币汇率虽经多次调整，但始终是国家集中管理，货币完全不可兑换。长期以来卢布汇率存在高估现象，官方汇率与黑市汇率相差悬殊，致使黑市交易泛滥。随着经济体制改革的深入、国家对外经济联系的扩大，汇率问题成为直接影响外贸企业盈亏得失的关键。戈尔巴乔夫时期曾进行过汇率制度的改革，将单一的官方汇率分成贸易结算汇率和非贸易汇率两种，实行不同的兑换比率，卢布高估问题得到部分解决，但汇率不统一的问题依然存在。苏联解体以后，俄罗斯走上激进的经济改革之路，随着对外经济活动的自由化，卢布汇率形成机制也发生了彻底的转变。

转轨以来俄罗斯汇率制度的演变可以分为三个阶段。

1.1992～1994年，卢布实行国家内部可兑换制度，即卢布汇率自由浮动阶段

1992年1月9日俄罗斯第一家外汇交易所莫斯科银行间外汇交易所（MMBB）成立时使用的仍然是多重汇率体系，从当年7月起，在IMF的推动下，俄罗斯实行由交易所市场形成卢布与美元的统一汇率，并可自由浮动。到1996年中期，俄罗斯履行IMF章程第8条的要求，实行了卢布经常项目的可兑换。

俄罗斯实行卢布内部可兑换是在急进改革引发的严重的经济

衰退和恶性通货膨胀情况下实施的，因此大大刺激了本国企业和居民货币的美元化过程，也引发了外汇市场上严重的投机性操作，导致卢布汇率大幅度下跌和严重的资本外逃。实施自由化和卢布内部可兑换几年中，卢布汇率倾泻式下滑，仅从 1994 年 7 月到 1995 年 7 月实施“外汇走廊”之前的一年间，卢布汇率从 1989∶1 跌到 4553∶1（见表 5-2）。

表 5-2　转轨以来俄罗斯汇率变化动态

时　间	1992.7.1	1993.7.2	1994.7.1	1995.7.5	1996.7.2	1997.7.1	1998.7.1
1 美元：卢布	125.26	1 059.00	1 989.00	4 553.00	5 119.00	5 782.00	6.20 *

* 1998 年以后是新卢布，1 个新卢布＝1000 个旧卢布。

资料来源：俄罗斯中央银行网站。

2. 1995～1998 年 8 月，实行管理浮动汇率制度，即“外汇走廊”时期

严重的汇率危机之后，从 1995 年年初开始俄联邦政府和中央银行加强了对货币发行和卢布汇率的遏制和调控，1995 年 4 月以后美元汇率开始下降，直至实施“外汇走廊”政策才止住跌势。1995 年 7 月 6 日，中央银行和联邦政府共同确定了“外汇走廊”，卢布汇率不再完全由市场供求决定，而是中央银行对外汇交易所和银行间外汇市场上卢布对美元的比价预先规定一个上下浮动的范围。最初，俄罗斯中央银行把卢布与美元的汇率限制在 4 300～4 900∶1 之间，1996 年 1 月 1 日起外汇走廊放宽至 4 550～5 150∶1。从浮动汇率制过渡到外汇走廊制以后的 3 年，卢布汇率走过了一段相对平稳的时期，这有助于通货膨胀的降低和遏制外汇市场的投机，增强了俄罗斯金融工具对外国投资者的吸引力。

3.1998年金融危机后至今，实行抑制外币需求基础上的浮动汇率制阶段

在1998年的金融危机中，俄罗斯中央银行和政府再也无力对外汇市场进行干预，被迫放弃“外汇走廊”制，宣布卢布贬值，卢布汇率制度恢复到主要由外汇市场供求来决定的自由浮动汇率制。

1998年8月17日俄罗斯联邦政府和中央银行发表联合声明，宣布放宽“外汇走廊”，允许卢布对美元汇率在6～9.5∶1之间浮动，这等于是宣布卢布贬值35%。联合声明一发布，俄金融市场一片混乱，新放宽的“外汇走廊”也不再起作用，到9月9日，官方美元汇率已达1∶20.825，银行间外汇市场的外汇业务暂时停止，银行与银行之间不再互相信任，市场外汇供应量急剧缩减，莫斯科银行间外汇交易所的日交易量跌至3 000万美元。在平衡外汇供求过程中央银行的黄金外汇储备损失了60多亿美元，从1998年8月1日的184亿美元降到1999年1月1日的122.2亿美元。

俄罗斯实施激进经济改革以来，汇率制度几经演变，从多重汇率到自由浮动汇率再到“外汇走廊”，最后又回到自由浮动汇率，汇率波动幅度巨大，市场动荡不定，甚至几次遭遇严重的汇率危机。但不可否认的是，汇率制度的改革和卢布的内部可兑换为俄罗斯外贸体制的自由化和外汇市场的发展创造了前提和条件。

二、拉美主要国家的汇率制度比较

布雷顿森林体系崩溃以前，拉美国家采用的是固定汇率制。当时，为推动进口替代工业化，拉美国家采用了高估币值的做法。布雷顿森林体系崩溃后，拉美国家普遍实行浮动汇率制或其他较为灵活的汇率制度，如管理浮动和爬行钉住等。

（一）巴西汇率制度的演进

巴西的汇率制度变迁大致经历了三个阶段。

1. 1945～1994 年多种汇率制度阶段

第二次世界大战后巴西经济发展迅速，巴西政府实施了“进口替代”发展战略，“进口替代”战略的主要特点是保护本国市场，保护本国幼稚工业；主要手段是关税壁垒和非关税壁垒的贸易保护措施。为此，巴西曾长期实行多重汇率制度，即政府制定了两大类 12 种不同的汇率安排：一类是出口商品，出口商品共使用 4 种不同的固定汇率，其中制成品的汇率最为优惠，消费的汇率最少优惠；另一类是进口商品，一般进口商品使用 5 种不同汇率，政府允许进口的商品使用固定汇率，金融交易使用浮动汇率。这种多重汇率制度，造成外汇市场价格的严重混乱，增加了企业出口成本，破坏了出口企业之间公平竞争的市场环境和秩序。最终巴西陷入了严重的经济结构失衡、沉重的债务负担和恶性通货膨胀的状态。从 20 世纪 90 年代起，与其他拉美国家一样，巴西开始了经济改革和结构调整，逐步从进口替代的发展战略，转向促进出口和进口替代相结合的发展战略。

2. 1994～1999 年“爬行钉住美元”的汇率制度阶段

1994 年 7 月巴西实行了“雷亚尔计划”，“雷亚尔计划”的核心是抑制通货膨胀，为了达到稳定物价的目的，“雷亚尔计划”把美元作为一个名义锚，宣布实行“爬行钉住美元”的汇率制度。当时巴西中央银行把巴西新货币雷亚尔与美元的兑换比率定为 1∶1。从本质上讲，巴西政府是希望通过“雷亚尔计划”，在固定雷亚尔与美元汇率的条件下，利用货币政策（利率政策）来实现宏观经济目标。一般来讲，一个国家的宏观经济目标包括经济增长、物价稳定、充分就业和国际收支平衡。“雷亚尔计划”的实施果然成功地遏制了通货膨胀，使巴西常年居高不下的通货

膨胀率从1994年的2 100%下降到1998年的4%左右，但与此同时，“雷亚尔计划”的实施也造成了巴西经常账户的巨额逆差。其原因在于，爬行钉住制度造成了雷亚尔高估，根据IMF测算，1994～1995年雷亚尔与美元1∶1的兑换比率高估了雷亚尔币值20%左右。1997年亚洲金融危机之后，由于美元升值，雷亚尔高估达30%。雷亚尔高估增加了巴西出口成本，削弱了企业的出口竞争力。

在钉住制度下，由于无法通过汇率政策工具调整进出口贸易账户，所以，面对经常项目的巨额逆差，巴西政府不得不持续、大幅提高利率水平，吸引外国资本流入，以此来维持国际收支平衡。在这种情况下，一旦国外资本流入发生逆转，雷亚尔汇率就有可能出现大幅度贬值。

亚洲金融危机和俄罗斯金融危机相继爆发以后，美元汇率出现了大幅度升值，加剧了雷亚尔的高估程度，造成巴西经常项目逆差进一步扩大。在经常账户出现巨额逆差的情况下，巴西不得不通过大量吸引外资流入、扩大资本账户顺差的办法来维持国际收支平衡。由于巨额外债使政府不断地从国内外市场借入新债还旧债。这一方面加大了国内货币市场的压力；另一方面也给外汇市场造成相当大的冲击。从1998年年初开始，国外资本大量逃离巴西市场，许多外国银行不再为巴西提供贷款展期，国内公司为了防止汇率大幅贬值提前赎回发行的债券，这些因素导致巴西资本金融项目恶化，外汇储备大量流失。巴西政府试图利用高利率政策来保持雷亚尔汇率稳定，阻止资本外逃。在很短时间内，巴西中央银行将其基准利率从34%提高到37%，再提高到41%，但是，在钉住美元的汇率制度安排下，由于巴西的汇率政策无法发挥其通过调整汇率水平平衡国际收支的作用，高利率政策无法改变雷亚尔贬值的趋势。

3.1999年后，退出钉住汇率，实行浮动汇率制度

1999年巴西正式宣布改革爬行钉住美元的汇率制度，扩大雷亚尔兑换美元的汇率浮动区间，雷亚尔兑换美元和其他主要货币的汇率实行自由浮动的汇率制度，即雷亚尔的汇率水平完全由市场来决定，只有在市场出现雷亚尔兑换美元汇率波动幅度过大的情况下，巴西中央银行才会进入外汇市场进行有限、暂时的干预。至此，雷亚尔完成了从爬行钉住美元到完全自由浮动的转变。

（二）墨西哥汇率制度的演进

在布雷顿森林体系崩溃以前，墨西哥采用的是固定汇率制。当时，为推动进口替代工业化，墨西哥采用了长期高估币值的做法。币值高估不仅打击了墨西哥的出口能力，而且还导致资本外逃。例如，在1982年拉美债务危机爆发前的近10年时间中，墨西哥的资本外逃数额高达350亿美元，墨西哥人在国外拥有的资产相当于墨西哥外债总额的2/5。

1994年金融危机爆发后，墨西哥政府认识到，要顺利渡过危机，就必须重建国内外投资者对墨西哥经济的信心。首先要解决的问题，就是如何化解危机之后墨西哥货币当局面临的三个方面的挑战：①如何消除和缓解危机后短期外资流入的迅速下降，以及由此对墨西哥宏观经济造成的严重负面影响；②必须偿还到期的300亿美元的短期债务，以维持国际投资者对墨西哥经济的信心；③危机前借款风潮给国内银行系统遗留的大量坏账。

由于墨西哥外汇储备少，加上货币市场频繁波动，浮动汇率制被认为是危机期墨西哥汇率制度的唯一选择，中央银行也审时度势地采取了这一政策。在浮动汇率制的框架下，中央银行能做的只是如何实现对货币和外汇市场的有效干预，迅速稳定比索的币值，为经济发展创造更加有利的环境。

三、东南亚和南亚主要国家的汇率制度

亚洲金融危机的爆发在一定程度上证明了东南亚钉住美元的汇率制度是失败的。在亚洲金融危机之后，东南亚各国和地区又回到了正式的和非正式的钉住美元制。因为东南亚国家害怕本币升值，不利于资本流入和出口；同时也害怕贬值，这会增加其美元债务。所以在实际运用层面上，几乎所有的东南亚经济体事实上都将自己的货币与美元挂钩，正式或非正式地钉住美元，长期与美元保持相对固定的汇率，从而使亚洲国家货币的双边汇率保持相对的稳定性，不管这些亚洲国家的官方汇率安排如何，它们的货币实际上都钉住美元。

东南亚国家和地区采用与美元高度联动的汇率制度，其原因在于战后很长时期内，美国一直在整个东南亚对外贸易和金融交易中占据举足轻重的地位，东南亚各国保持本币与美元汇率稳定对本国经济的运行和发展至关重要。但是，在资本自由流动的情况下，采用钉住美元汇率制意味着放弃货币政策的独立性。为了维持本币与美元之间的汇率稳定，一国政府就必须保持国内利率与美国利率的一致。而在经济发生危机时，政府针对经济情况运用货币政策使经济复苏的空间将会减少。对于那些经济周期与美国同步的国家来说，放弃货币自主权的代价相对较小，而对那些与美国经济发展差异较大的亚洲发展中国家来说，国内利率受制于美国就成为一个很重要的不稳定因素。

（一）泰国汇率制度的演进

从1984年开始，泰国实行钉住“一篮子货币”的汇率制度。由于货币篮子中美元权重高达90%，汇率浮动区间仅为0.2%，所以，泰国实际实行的是“钉住美元”制度，官定汇价为1美元兑换25泰铢。

1977年后，泰国一直存在着巨大的贸易逆差和经常账户赤字。1995年，美元大幅升值，由于泰铢钉住美元，进一步削弱了泰国的出口能力。1996年泰国出口锐减，国际收支迅速恶化，到1996年年底，经常项目赤字达到126亿美元，占GDP的8%。

为了解决经常项目逆差问题，保持国际收支平衡，一般有两种选择：一是增加汇率灵活性，通过汇率的自由浮动（或在一定区间内的浮动），自行解决本币高估问题；二是在坚持“钉住美元制度”的前提下，通过开放资本金融项目，吸引外资流入，用资本金融项目盈余弥补经常项目逆差。泰国政府选择了第二种，即在“钉住美元制度”下，实行资本账户自由化，吸引外资流入，并通过高利率政策防止流入的资本流出。

在超稳定汇率、高利率以及资本账户自由化政策的吸引下，国外投机资本，尤其是国外短期资本大量涌入泰国，1995年，泰国对外债务已经占出口总额的114.2%、GDP的49.3%，1996年，外债总额达到867亿美元，人均负债1 562美元。过多的短期资本流入和过高的对外负债为泰国金融危机埋下了伏笔。

在经常项目赤字不断扩大的情况下，泰铢面临越来越大的贬值压力，但泰国政府依然坚持“钉住美元制度”和1∶25的官定汇率，并加大了对外汇市场的干预。这为国际投机资本提供了可乘之机，从1997年年初开始，他们对泰铢发起了连续攻击。

1997年2月，泰国中央银行干预外汇市场，以20亿美元的外汇储备平息了泰铢贬值风波。同年5月，泰国联合东亚其他国家再次干预外汇市场，稳定泰铢汇率。但是，泰铢贬值的压力继续增加，市场出现了恐慌性抛售，泰国中央银行在外汇储备不断下降的情况下已无力维持泰铢汇价。1997年7月2日，泰国政府宣布放弃钉住汇率制度，实行有管理的浮动汇率制度。

（二）马来西亚汇率制度的演进

马来西亚在布雷顿森林体系期间将其货币林吉特与英镑挂钩。布雷顿森林体系解体后，马来西亚宣布实行管理浮动汇率制（Managed Floating），即其汇率以自由浮动为主，只是在必要的时候由政府加以适当的干预。20 世纪 80 年代以后马来西亚的汇率政策实际上推行的是钉住美元的政策，并通过干预使本币与美元的双边汇率保持稳定。进入 20 世纪 90 年代后，马来西亚的林吉特基本上保持略有升值的态势。金融危机后马来西亚宣布继续实行钉住汇率制，泰国等其余的危机四国则宣布推行独立的浮动汇率制。1998 年中期以后危机各国汇率趋于稳定，泰国、马来西亚两国经济遂在新的汇率制度下运行。从 1998 年年底到 2000 年，马来西亚的月汇率几乎没有任何波动，呈一水平线，林吉特与美元的比价一直保持在 3.8∶1 的水平；泰国的汇率弹性有了明显加大，但仍存在对汇率的干预，莱昂纳多·荷纳德兹（Leonard Henandez）称之为“肮脏浮动汇率制”（Dirty Floating），因相对于公认的浮动汇率制国家和地区如美国、日本、欧盟而言，其汇率波幅要小于美元、欧元及日元间的双边汇率，国内利率变动幅度也较危机前减少，外汇储备变化却大于美国等国，表明亚洲的浮动汇率制存在明显的政府频繁干预的痕迹。

（三）印度汇率制度的演进

印度卢比最早一直钉住英镑。在布雷顿森林体系 1971 年 8 月崩溃以后，卢比开始钉住美元，但在同年 12 月份，卢比又回归转而钉住英镑。在 20 世纪 70 年代早期第一次石油危机冲击下，钉住英镑的政策导致卢比汇率贬值。1983 年，印度汇率管理的方向发生改变，实行爬行钉住一篮子货币。20 世纪 70 年代末，卢比开始围绕美元实行准区间爬行。1992～1993 年，印度开始实行新的汇率管理制度，即自由化的汇率管理制度（Liberalised Exchange Rate Management System），实现了卢比在经常账户下的部分自由兑换。在最开始阶段，印度采用了双轨制的汇率制度作为过渡。1993年，两年双轨汇率制度过渡阶段完成后，印度转向浮动汇率制度。印度在实行浮动汇率制度后的一个显著特点就是，汇率保持相对稳定。印度实行的是一种中间型的汇率制度，并非任由汇率根据货币供求自由浮动。但是，印度储备银行并不对汇率设定一个需要捍卫和追求的"固定"目标，只是随时准备干预外汇市场，防止汇率异常波动。印度储备银行通过购买和出售外汇，干预外汇市场，借此实现对汇率的谨慎控制。市场操作和汇率变动的操作指导是交易导向而非投机导向。

四、东亚主要国家和地区的汇率制度比较

新兴工业化国家和地区的汇率制度改革在发生金融危机前，其普遍有以下特点：高利率、大量短期资本流入、资本账户开放、经常项目赤字，等等。这些国家的汇率都同美元完全固定或基本固定。在1996年年中美元开始相对日元走强时，这些国家和地区的货币就不得不随同美元一起升值，经济受到很大冲击。同时，由于高利率吸引了大量短期投机资本，一旦固定汇率制度遭到国际游资的冲击，资本就会发生大规模恐慌性外逃，而这些国家和地区的外汇储备又不足以抵御这种冲击，固定汇率制度随之崩溃。这样，这些国家和地区不得不对汇率制度进行重大调整。东亚金融危机以后，一些国家采取了比较灵活的汇率体制，但仅仅持续了很短一段时间，即回到了事实上钉住美元的汇率制度，与危机前一样。之所以出现这种情况，原因是很多亚洲国家存在所谓的"浮动恐惧"（Fear of Floating），即认为汇率的极端波动不利于贸易和投资，而且这种观点也得到了一部分经验证据

的支持。一些学者因此提出东亚应该实行严格的固定汇率制，即“两极论”中的一极：货币局制（以美元为锚货币）或美元化（Eichengreen，2001）。

（一）韩国汇率制度的演进

韩国汇率制度经历了几个阶段，1980 年以前，政府严格管理外汇交易，韩元钉住美元；1980 年以后，韩国引入钉住一篮子货币汇率制度，尽管政府仍然严格管理，韩元开始根据国际外汇市场的变化趋势浮动；1990 年 3 月，韩国开始实行的市场平均汇率制度是一种管理浮动汇率制度。此后，汇率开始由银行间外汇供求决定，每天的波动限制在一定范围内。由于韩国银行频繁地入市干预，汇率实际上不是完全由市场决定；1997 年，韩国经济危机爆发，接受 IMF 援助并答应加快开放资本账户的条件，12 月韩国汇率制度转向浮动汇率制度。1998 年 5 月取消外资的股权限制，证券市场和货币市场完全对外资开放。1998 年 6 月，韩国政府宣布了两阶段的外汇交易自由化计划，第一阶段于 1999 年 4 月 1 日引入新的外汇交易法案，第二阶段于 2001 年 1 月取消个人经常账户交易的上限规定。

韩国选择了浮动汇率制，但并非允许汇率随意波动，而是在必要的情况下对汇率进行干预。政府何时进行干预的标准对外不能是明确的，因为一旦明确就成为一种汇率目标区机制了。就货币冲击角度而言，任何规定了政府明确干预边界的汇率制度与钉住汇率制在本质上都是一致的，同样具备货币冲击能够成功的两个条件，也再次走向了钉住汇率制与资本自由流动的政策组合，从而货币冲击又会威胁经济。不对外明确干预的边界正是韩国现行汇率制度的优势所在，一旦公众了解了政府干预的边界，此时的汇率制度与钉住汇率制无异，货币危机同样会发生，钉住汇率制和资本自由流动那样的两难选择同样会发生。

（二）新加坡汇率制度的演进

自1981年以来，新加坡实行参照一篮子货币进行调节的有管理的浮动汇率制。新加坡元汇率参照主要贸易伙伴和竞争者的货币进行管理，篮子货币权重不对外公布；贸易加权的汇率可在一定区间内波动，汇率水平和爬行浮动每半年公布一次。新加坡定期对汇率区间进行评估和调整，使汇率能够爬行变动，防止出现对均衡汇率的较大偏离。从1980年年底到2004年上半年更长的时间段来看，新加坡元名义有效汇率升值了73%。由于国内通胀率比其贸易伙伴低，新加坡元实际有效汇率升值了12%。实证研究表明，新加坡元实际有效汇率与其均衡汇率基本上是贴近的（MacDonald，2004），不存在明显的汇率失调（Misalignment）。这说明，新加坡元汇率具有一定的弹性，反映了新加坡国民经济和劳动生产率增长较快、国民储蓄率高等经济基本面因素。

新加坡的汇率制度主要包括以下几个方面。

（1）新加坡金管局会预先确定一个汇率区间（称为政策带），但是并不对外公开。根据新加坡金管局的汇率政策，汇率可以在这一浮动区间内波动，从而使汇率制度具有承受外汇市场短期汇率波动的灵活性，同时也为新加坡元均衡汇率水平提供一定的评估缓冲区间。为了使汇率保持在合理的区间内，新加坡货币当局通常会进行“逆风干预”。当汇率超出政策区间，货币当局即买卖外汇，使汇率重新回到政策带的范围之内。为了避免币值的偏差，新加坡金管局也会周期性地调整汇率浮动区间，一般来说，调整周期在3个月左右。

（2）新加坡金管局对货币篮子进行选择，也就是选择一组能够在一定范围内维持新加坡元稳定的国际货币。这种与一篮子货币挂钩的政策保证了新加坡的出口产品在国际市场上的竞争力。根据主要的贸易伙伴和竞争对手的情况，新加坡选择一组货币作

为其汇率的参照，而货币篮子里各种货币所占权重并不对外公布，这取决于新加坡与该国的贸易依赖程度，同时，根据新加坡贸易模式的变化，其具体组成会被周期性调整。

（3）即所谓的爬行汇率，如果有必要调整汇率，则是循序渐进地进行，从而避免突然大幅调整的风险。新加坡的汇率制度减轻了金融市场和宏观经济短期过度波动所带来的负面影响。

这种汇率安排在亚洲金融危机中发挥了效用，新加坡在一个非公开浮动区域中管理汇率的政策，不仅提供了足够的弹性，帮助其克服外汇市场及不确定经济条件下的预期波动；此外，有管理的浮动提供了充分的弹性来适应新加坡元均衡价值的变化，同时也避免了货币估计的严重偏离。

这种汇率机制的另一个妙用在于，能够降低通货膨胀。通常情况下，为了保证一国的对外竞争力，货币当局总是希望稳定实际有效汇率，在这种机制下，货币当局就可以通过控制名义有效汇率的贬值率，达到控制通货膨胀的目的。

概括来说，“既不自由浮动，也不长期固定”是新加坡汇率制度的主要特点。亚洲金融危机以来，亚洲国家是钉住美元（或一篮子货币）还是自由浮动一直存在争论，而新加坡模式则与传统的看法完全背离。这种制度安排能帮助新加坡货币当局在保持新加坡元购买力的同时，在股票市场更富有弹性。

（三）中国香港汇率制度的演进

港元与其他货币挂钩的制度由来已久。港元于1935年12月至1972年6月期间，曾经与英镑挂钩，1972年7月至1974年11月则与美元挂钩，之后曾自由浮动。

20世纪80年代初，香港面临回归谈判问题，加上香港股市出现股灾，市民对港元信心出现动摇，港元不断贬值。1983年9月，出现港元危机，港元兑美元跌至9.6港元兑1美元的历史低点。为挽救香港金融体系，香港政府于 1983 年 10 月 15 日公布联系汇率制度，港元再与美元挂钩，汇率定为 7.8 港元兑 1 美元。此后稳定下来，联系汇率制度一直实行至今。联系汇率制度主要依赖香港庞大的外汇储备支持。

1998 年亚洲金融风暴期间，港元曾受到以索罗斯为首的国际投资者大手买卖而造成汇价大幅波动，其后香港金融管理局决定投放资金稳定汇价，才使得 7.8 港元兑 1 美元的汇率得以维持。

从 1974～1983 年实施浮动汇率期间，香港外贸出现大幅度逆差，物价飞涨、汇率波动巨大。从 1983 年起实行与美元挂钩的联系汇率安排到 1994 年汇率浮动仅在 7.72 和 7.93 之间以 0.17 个基本点位波动；人均收入比 1984 年增长 3 倍多。通胀方面 1984～1993 年平均为 6.4%，且联系汇率制度成功地经受了香港 1997 年回归的考验。但自从 1997 年香港的经济达到顶峰并且经历了金融冲击之后，通货紧缩、经济增长缓慢甚至出现负增长。制造业只占 GDP 8%以下，出现空心化；2002 年失业率与破产个案有所增长；国际收支顺差大幅收窄，有些年份出现赤字；财政赤字增长，2001 年为 700 多亿港元。香港的经济面临一定困难，有人认为是因为联系汇率制度缺乏灵活性而招致了投机攻击，也有人认为要改革联系汇率，还有人认为要完善联系汇率。

（四）中国台湾地区汇率制度的演进

中国台湾地区汇率制度的演进大体经历了三个阶段。

1. 法定汇率制度时期（1949～1978）

1949 年 6 月新台币发行初期，采用了 1 美元＝5 元新台币的单一汇率制度，并规定波动范围为±1%，超过波动范围时，中央银行有义务入市干预，并实施结汇证制度。此制度一直实施到

1978年7月，中途虽有调整，但都是在基本汇率制度不变的基础上所作的局部调整。

2. 有管理的浮动汇率时期

1978年12月台湾当局以推动浮动汇率制度促进外汇市场发展为目的，通过了“外汇管理条例修正案”，废除了由台湾银行统一管理外汇的制度，允许民间持有外汇，开始实施有管理的浮动汇率制度。同期成立外汇交易中心，由其负责外汇市场定价和中介外汇业务。

3. 自由浮动时期

1989年4月，台湾地区撤销外汇交易中心，成立具有公司法人资格的外汇经纪商，媒介银行间的外汇交易。废除原来新台币对美元的加权平均中心汇率制度。银行间外汇买卖的价格完全由商业银行自主决定。商业银行对企业和居民的大额交易的汇率，由银行与企业、居民自行议价。取消小额议定汇率的制度安排，由各商业银行自行挂牌交易，汇率完全自由化。“中央银行”只能通过在银行间外汇市场买卖外汇的方式来影响汇率走势。

第三节　各国汇率制度分析

一、国际汇率制度变迁的一般规律

（一）国际汇率制度的发展趋势是浮动汇率制度

固定汇率制度与浮动汇率制度在历史上是交替实施的，在国际汇率制度演变过程中的各个历史时期，人们在如何安排汇率制度问题上的争论就一直没有间断过。从各个历史时期汇率制度的运行情况来看，在当时特定的经济和政治环境下，采用固定或浮动汇率制度，对一国经济乃至世界经济都起到了一定的促进作用。但随着经济政治条件的改变，原有的汇率制度暴露出其无法解决的各种矛盾，由此便引发了从国际汇率制度形成至今不断出现的有关如何选择固定汇率制度与浮动汇率制度的争论。布雷顿森林体系建立以来，围绕着支持还是反对布雷顿森林体系这个问题，形成了“二战”后两个独立的派别：支持布雷顿森体系的固定汇率论和主张实行可变汇率体制的浮动汇率论。起初，双方论战的主题是汇率制度同国际收支、贸易流量的相互效应问题。到了20世纪60年代末和70年代初，由于西方国家陷入“滞胀”困境，论战的焦点开始转入汇率制度同国内充分就业、价格稳定以及经济增长的相互关系上。另外，财政政策和货币政策在什么样的货币体制下效应更大的问题也受到了普遍的重视。20世纪80年代以后，全球范围内爆发的一系列金融危机，如80年代拉美债务危机，90年代英国、墨西哥和俄罗斯的货币危机、东南亚金融危机都与汇率制度的安排密切相关，进而人们对于汇率制度的讨论重点过渡到汇率制度的选择与防范国际投机力量的攻击，避免发生货币危机，保持该国经济、金融稳定，以及世界经济、金融的稳定关系上来。

国际汇率制度从发展趋势上看，最终将走向浮动汇率制度。在布雷顿森林体系之后，汇率稳定的基础——金平价及人为规定的管理标准不复存在，主要国家均采用了浮动汇率制度。在纸币制度下，由于纸币的价值无所依附，主要由纸币的供求状况决定，因而其价值总是处于频繁波动之中，由此所决定的国际汇率制度只能是浮动汇率制度，因此，在布雷顿森林体系实施不长时间后的1973年，国际汇率制度的安排终于倾向于浮动汇率制。由此可见，浮动汇率制是纸币制度下的最终的必然选择。

（二）汇率制度选择存在差异

上述各国家汇率制度的演进说明，由于发达国家和发展中国家所处经济金融阶段的不同，各国现行汇率制度的选择和继续改进的预期存在很大差异。西方发达国家的经济金融发展处于基本模式形成、完善之后的进一步创新阶段，而发展中国家的经济金融则是处于模仿西方模式，结合国情进行改革的初级试点或中级摸索阶段。两者对汇率制度的选择需求和汇率模式的演进发展自然也就有差别。西方发达国家经过充实和积累，达到财富富裕之后，金融市场的模式、规则和产品都处于进一步改革和升级之中，而发展中国家依然处于积累完善、健全中，从两者相联系博弈的格局分析是，发达国家处于主动调整，发展中国家处于被动应对状态，并需要不断更新认识理念和制度安排。一个是扩张型，一个是需求型，各自对于汇率波动的承受能力与汇率形成机制调整的要求截然不同。西方发达国家现在注重进一步充实或提高调控监管标准，以防范新的日益复杂的风险，它们处于高层次、高规格、高水平的发展扩张阶段；发展中国家则处于借鉴和吸取外国经验和与本国国情相结合的实践过程。更为重要的是，发展中国家不仅在借鉴西方发达国家的传统经济金融模式时，有适应国情改革和创新的需要，而且在本国经济开放与国际金融的市场衔接融合中又会不断出现新的风险隐患，也有政策应对和创新防范之需。这使得发展中国家，特别是新兴市场经济的汇率制度演进面临比西方早期发展所面对的更多艰巨性和复杂性，其中既有化解传统经济模式和汇率制度固有矛盾，使之顺利向本土延伸的问题，同时又要依据发展和改革的实际需要引入新理念，扩展新机制和运用新工具。而发达国家产业主动调整与外移调整，以及金融资本流动和市场规模效应，是推动发展中国家汇率机制改革的一个重要因素。

二、新兴市场经济体选择汇率制度的困境及特点

上述各发展中国家汇率制度的演进说明，相对于已经发展到较高层次的发达国家和仍然十分封闭的其他发展中国家，新兴市场经济体是受经济和金融全球化影响最为突出的一个群体。在汇率制度选择上，该群体的汇率制度调整频繁，表现出明显的不稳定性。目前该群体的汇率制度选择仍以“中间汇率制度”为主，但其发展趋势是逐渐增加弹性的过程。

（一）外汇风险的加大要求新兴市场经济体采取较为固定的汇率制度

新兴市场经济体的一个突出特点就是在国际经济交往中必须广泛接触和使用发达国家的货币。在金融全球化的背景下，随着资本跨国流动规模的加大及对外开放度的提高，外汇风险变得越发突出。由于缺乏充分有效的规避手段，如何稳定本币与关键货币之间的汇率成为新兴市场经济体最关注的问题。而采取钉住汇率制度是比较容易的选择。因此在 20 世纪 90 年代金融危机普遍爆发之前，新兴市场经济体的汇率制度以各种中间制度为主（包括传统的可调整钉住、钉住一篮子货币、钉住单一货币、区间钉住、爬行钉住、爬行区间、管理浮动等）。

（二）开放条件下固定汇率制度难以维持

进入 20 世纪 90 年代以后，尤其是货币危机发生后，新兴市场经济体原有的以钉住制度为代表的各种中间汇率制度难以维持，新兴市场经济体加快了金融开放的步伐。东亚一些经济发展较快的经济体如韩国、印度尼西亚、泰国等更是逐渐开始了资本金融项目的自由化进程。根据“不可能三角”理论，在资本流动自由化的趋势下，如果仍要保持本国的货币政策自主权，在汇率

制度上就应采取更富有弹性的安排。虽然“不可能三角”并不绝对，一国可以通过适当的监管措施控制资本流动，同时保持较为固定的汇率制度。但是新兴市场经济体金融市场的发育程度相对于发达国家来说普遍较低，而且金融体系不成熟，相关的法律体系不完善，金融监管相对薄弱，因此无法做到资本流动的有效监控。在这样的背景下，以维持汇率水平为目标的干预的难度加大，原有的固定汇率制度必然难以维持，而增加汇率弹性可以适当缓解资本流动冲击。

根据 IMF 的统计，在各种类型的国家和地区中，新兴市场经济体的汇率制度在 20 世纪 90 年代变动最大，总体变化趋势是转向了更为灵活的汇率制度。实行传统钉住的国家（地区）明显减少，实施中间制度的国家（地区）明显增加，而选择最灵活的汇率制度——独立浮动的国家（地区）数量增加最多。

（三）新兴市场经济体的汇率制度调整频繁，表现出明显的不稳定性

在实践中，20 世纪 90 年代新兴市场经济体中的大部分都调整过自身的汇率制度，汇率制度选择的不稳定性十分明显。在这些调整中，只有个别的转向了更为固定的汇率制度，其余大部分都转向了更为灵活的汇率制度。目前，新兴市场经济体在汇率制度选择问题上尚处在摸索阶段，究竟何种汇率制度更符合自身发展，没有一个统一的答案。即便是目前的汇率制度，也不能断言其已经相对稳定，未来仍可能面临新的调整。

三、开放经济体的规模是影响汇率制度选择的重要因素

对于任何开放型经济体来说，宏观调控的任务均可概括为同时追求对内均衡和对外均衡。但是，因经济规模的不同，从而对

内部均衡重要性强调程度也不同，大国和小国汇率制度也就有着截然不同的选择。

对于开放型大国经济来说，由于客观上本国经济的独立性较强，宏观调控的基本任务就是要同时实现内外均衡。然而，经济政策理论（如“丁伯根法则”）和各国实践均说明：由于一种政策工具只能实现一项政策目标，要实现内部均衡和外部均衡两个经常不相容的宏观调控目标，至少需要两种以上的政策工具。同样按照M—F模型，在浮动汇率制下，货币政策比封闭条件下更有效。由此可知，像美国、英国、日本等大国都采取了浮动汇率制。

小型开放经济体的情况则不同。由于它们几乎不存在可以自我支撑的国内经济体系，其经济运行高度依赖全球市场。这意味着，小型开放经济的内外均衡具有一致性，基本上不存在所谓的内外均衡冲突问题，也就无所谓内外均衡的职能分工问题。同样由于小型经济体的经济发展高度依赖外部环境，保持汇率稳定，实现外部均衡，在多数情况下会成为压倒一切的目标。新加坡以及中国香港地区便是最适合的例子。这两个经济体事实上都不拥有真正意义的中央银行，也不存在真正意义的货币政策。其对外经济部门在整个GDP中的比重相当大。汇率的异常变动所带来的不利影响非常大，所以它们都把政策的重点放在汇率的稳定上，基本上放弃了货币政策对国内经济的调节，它们的货币政策的唯一目标就是保持汇率稳定。在这种情况下，确保本国基础货币供给与外汇储备的变动保持同步变动关系，是实现汇率稳定和整体经济正常运行的必要条件。

第四节　对人民币汇率制度改革的启示

汇率问题非常复杂，固定汇率和浮动汇率各有优缺点，即便

是对于浮动汇率的波动幅度，各个国家的承受能力也各不相同。有一点可以肯定，那就是汇率的大幅波动往往会带来各种问题，尤其是对发展中国家而言。可以说，世界上不存在最好的汇率制度，只有最适合的汇率制度。适合一国经济发展的汇率制度就是最好的汇率制度。中国是一个发展中大国，兼具发展中和大国两个重要特征，在研究汇率制度改革问题时，应该从自身实际出发，学习借鉴发达国家和发展中国家的经验，选择适合自身经济发展的汇率制度。

一、实行浮动汇率制度是中国的现实选择

由于中国在汇率制度方面缺乏经验，所以最好通过固定汇率制将本国经济与另一个成熟的市场经济，如美国经济相联系。关于中国的汇率制度，诺贝尔经济学奖获得者麦金农（Mckinnon，2000）及蒙代尔（2005）等人都不赞成人民币实行浮动汇率制度。其主要依据是中国的市场机制还不完善，中国的金融体系还存在着相当的脆弱性，中国在这种情况下实行浮动汇率制度会有很大的风险。值得肯定的是，这些研究的意义说明：中国要实行浮动汇率制度，首先就必须建立健全的市场机制及完善的金融体系。而从这一角度来看，实行浮动汇率制度恰恰会迫使中国政府为应对国外的冲击不得不加快国内的改革。因此，换一个角度看这个问题就会发现：实行浮动汇率制度恰恰是促使中国加快建立健全的市场机制及完善的金融体系，并实现经济增长方式转型的重大制度举措。而且，开放资本账户以实现资本的自由流动及人民币的自由兑换既是中国经济改革的目标，又是中国分享经济全球化的利益以成为世界经济强国的必要条件，同时，中国作为一个世界经济大国完全丧失货币政策的独立性而依赖于别国经济显然是很不现实的选择，因为两国的经济不一定处于同一周期。因

此，从长期看，中国还应选择实行浮动汇率制。这是因为，一个国家在安排汇率制度、管理资本市场和实施货币政策时会面临“三难选择”，即不可能同时实现货币政策的自主权、固定汇率制和资本的自由流动。固定汇率制和货币政策的自主权只有在资本管制的情形下才能实现；在资本自由流动和固定汇率的情况下，货币政策会完全失效；货币政策只有在浮动汇率制下才能生效。

2005年汇率改革以前，中国实际上执行的是钉住美元的固定汇率制。在货币政策独立、汇率稳定和资本完全流动这三个目标中，中国选择的是固定汇率与货币政策独立性，对国际资本流动实施较为严格的管制。但是，随着中国加入WTO，在开放经济的大趋势下，伴随着金融全球化、一体化程度的逐步提高，国内金融市场对外开放程度的逐渐加强，合法和违规的资本大量涌入，使得中央银行进行主动的货币政策操作的回旋余地下降。要稳定汇率，如果外汇市场没有出清，中央银行必须被动买进，被动投放基础货币，导致货币政策的独立性在中国无法实现。

汇率改革以后，中国开始实行以市场供求为基础、参考一篮子货币进行调节、有管理的浮动汇率制度，这意味着中央银行对汇率市场的干预减少，汇率机制更富弹性。实际上中国是在货币政策独立性、汇率浮动、资本自由流动三者之间选择了将货币政策独立性、汇率弹性和适度放松资本金融项目可兑换有机结合起来，实现了以汇率改革为标志的货币政策组合框架的重大改变，形成新的“三角组合”。人民币汇率可以根据市场供求状况，不断地进行微幅调整以平衡国际收支，使中央银行的外汇干预有一定的调控空间，摆脱了为稳定汇率而在外汇市场上买入（卖出）外汇，从而被动地增加（减少）基础货币投放的困境，提高了中国货币政策的主动性。

近年来，随着中国贸易与资本金融项目“双顺差”持续快速

增长，大量外汇资金涌入境内，外汇储备不断积累，外汇占款大幅增加。在人民币升值预期的影响下，企业和个人纷纷选择卖出外汇，持有人民币。而为保持汇率稳定，中央银行只能被动购汇，由此投放的基础货币大幅增加，从而导致资金过于宽松。这不仅给银行扩充信贷提供了前提条件，也给固定资产投资快速增长提供了温床。贸易持续顺差格局短时间内难以发生巨大变化，人民币将继续面临升值压力，中央银行货币政策的主动性和有效性仍然面临严峻挑战。

中央银行一直以来采取牺牲利率政策保持汇率稳定的被动对策，造成了金融体系的流动性过剩，过多的流动性流向货币市场导致货币市场利率走低，流动资产收益率持续下降，长短期利率倒挂，银行经营收益水平下降、利润受到侵蚀。同时，流动性过多将增大潜在通货膨胀压力，推升房地产价格，导致经济过热和投资效率下降，潜在金融风险增加。超低利率扭曲了利率体系，资金供求情况不能很好地反映到利率上，加大了金融机构的风险。低利率策略同时还使中央银行在执行货币政策时，目标不得不游移于货币量（数量）与利率（价格）之间，两个目标不时产生冲突，一定程度上损害了中国货币政策的自主性。因此，加大汇率弹性，最终实行浮动汇率是保证中国货币政策独立性的必要条件。除此之外，还能自动调节国际收支，减少不必要的外汇储备，并由此减少因外汇占款不断增长所导致的流动性过剩及超额货币问题，同时也有利于隔绝外部冲击对国内经济的干扰。

实行浮动汇率制度有利于产业结构调整，实现资源优化配置。通过传递真实的国内外价格信号，使中国的国内市场主体准确地了解国外产品与本国产品的相对价格与成本差异，并能正确地进行成本和盈利的国际比较及正确的经济计算，以淘汰那些比较成本高于国外的产品出口及成本高于国外的低效率企业，促使国内将资源用于生产成本真正低于国外的产品，以及进口成本真正低于国内的产品，这就能使中国的对外贸易真正建立在比较利益的基础之上，从而改变中国过于依赖加工贸易型的“出口扩张”来推动经济增长的外向型经济增长模式，而转向通过充分发挥中国的比较优势以实现资源合理配置的效率型经济增长模式。

大大减少进行外汇管制及经济管制的政府机构，并让市场价格机制真正充分地在中国的内外经济活动及资源配置中起主导作用，以实现经济的完全市场化，从而改变主要由政府配置资源的传统增长模式。这不仅可以大大降低社会成本（包括政府干预本身所需要的成本，由政府干预所造成的经济扭曲所引起的成本以及纠正干预错误所产生的成本），而且让市场价格机制配置资源能使资源根据由市场供求关系决定的价格信号，自由地从收益较低的用途流动到收益较高的用途上，从而实现资源的合理配置，因此，这就解决了中国目前由政府配置资源所造成的产能过剩及结构刚性问题，从而实现经济效率的最大化。此外，实行浮动汇率制度还将迫使中国的经济主体必须时刻关注汇率及国内外市场价格的变化，从而有利于培育中国经济主体的市场意识及风险意识，这就有利于加快经济转型，有利于形成真正的市场经济体制。这也是中国实行浮动汇率制度的根本目的及真正意义所在。

如果人民币实行浮动汇率制度，而港币再采取与人民币（而不是美元）挂钩的联系汇率制，则会使中国内地与香港自然形成统一的中华自由大市场，这会成为推动中国经济进一步增长的一个不容忽视的因素，并有利于使中国最终成为世界经济强国。

二、加速汇率改革，实行真正有管理的浮动汇率制度

目前中国实施的有管理的浮动汇率其实质并不是浮动汇率。因为人民币的汇率并非完全由货币市场的供求关系所决定，更多

的是反映了中国中央银行的意志。而一国货币的汇率能否真正反映货币市场的供求关系，从而达到调整该国经济外部均衡的目的，是判断该汇率制度是否为浮动汇率最根本的条件。所以，从根本上说，人民币汇率仍然是一种固定汇率，只是中央银行将这种固定汇率值每日小幅调整。

其他新兴市场经济体遭受金融危机的教训表明，在需要汇率制度变革时，政府应该有勇气来推动这一进程的实现。中国也应坚定实现真正意义的有管理浮动的决心，主动、有序地改革现行的汇率制度。

改革能否成功最为重要的因素就是时机的选择。美元在经历了持续大幅下跌以后，开始在市场上有走强的迹象，市场也因此调低了人民币对美元的升值幅度，这正是调整汇率的好时机。在当前形势下，通过暂时尝试人民币汇率完全自由浮动，可以改变市场上对人民币升值的单边预期，改变人民币多空力量对比，从而解放货币政策，缓解通胀压力。具体放开的步骤如下。

（1）应逐步扩大汇率浮动区间，适当放宽人民币汇率的波动幅度，使市场交易主体能够比较自由地根据汇率信号作出反应，使汇率能够比较真实地反映外汇市场供求关系的变化，从而进一步完善人民币汇率形成机制与调节机制。除每天波动幅度外，还应规定每年波动的幅度。这将向市场传递中央银行减少干预的重要信号，为中央银行减少市场干预频度创造条件。

（2）注意汇率机制调整同其他宏观经济政策的配合。逐渐减少中央银行干预外汇市场的频率，运用其他经济方式和手段调整汇率水平。除直接干预外，还应包括结合当时的宏观经济环境，通过调节本外币的供求量、利率水平的调整等手段进行综合调节。

（3）协调好资本金融项目开放与人民币汇率制度改革的关

系。从汇率政策与资本管制政策的配合来讲，两者之间应当协调互动。资本金融项目交易放开，要求货币体现真实价值，而反映真实价值的汇率也能约束资本金融项目交易及汇兑行为。资本管制的放松将为人民币汇率生成机制的市场化和均衡汇率的形成创造条件，从而可以采取更灵活的汇率制度。而汇率灵活性的增加可以减轻资本管制的压力，缓解外来冲击的不利影响，并为国内货币政策提供一种方便的工具。

结论及今后研究的方向

外汇储备管理体系创新是今后中国经济体制改革的重要任务之一。本书从建立新型外汇储备管理体制、加强规模管理、改进结构管理及汇率制度选择方面提出了解决问题的基本思路和政策建议。但外汇储备管理是一项复杂的系统工程，除了以上分析的四个方面外，健全的外汇储备管理体系还需要其他相关方面的配合。即在以上四个方面分析的基础上还有许多问题需要进一步深入研究，具体包括以下内容。

1. 制定、完善相关法律法规，使外汇储备管理逐步法制化、规范化

多数国家和地区都针对外汇储备管理制定了专门法律法规，有专门机构负责具体操作，责权利相对分明。中国庞大的外汇储备也需要一部相应的法律，来规定和规范外汇储备使用的基本原则、决策程序、操作管理、投资方向、收益支配等。

2. 深化外汇管理体制改革

中国外汇储备迅速增长的根本原因是中国采取的缺乏弹性的汇率制度和对外汇投资的限制。中国连续多年的“双顺差”是外汇储备迅速增长的来源，但却不是使外汇储备迅速增长的根本原因。从国际收支平衡表上看，经常项目顺差主要是中国外贸企业出售产品和服务所获取的外汇资产，资本金融项目顺差主要是外商直接投资。如果中国实行充分弹性的汇率制度且对外汇投资没有严格限制，这些外汇资产自然会在经济主体之间进行交易和对外投资，最终形成市场均衡。除非中央银行对外汇资产有特殊需

求，否则中央银行无须购买外汇资产。因此深化外汇管理体制改革，尽快实现汇率决定真正市场化，放宽对外投资限制，才是缓解外汇储备迅速增长的根本途径。

3. 加快外汇储备管理人才的培养

储备投资不同于其他投资，在中国可以说是一个新的投资领域，特别是在中国目前投资人才较为短缺。目前整个外汇管理局储备司人数较少，平均每人管理储备资产达几十亿美元左右，需要更多高素质、高水平的外汇储备营运管理人员，根据国际外汇市场行情的变化，经营和管理外汇储备。可以选拔一批优秀人才到国内外大专院校和有关国家外汇储备营运管理部门包括国际著名大银行深造、培训。学习他们先进的外汇储备营运管理理论和具体操作方法、技能，以提高中国外汇储备的营运管理水平。

4. 加强对外汇储备管理体制框架的细化研究

本书在对外汇储备管理体制框架分析时，提出了改革的主要方面，但具体的细节还需要深入研究，如外汇储备管理部门发行债券时与国家财政的成本分摊问题；各层次授权后具体的责任义务条款；等等。

5. 加强对外汇储备结构管理的细化研究

本书从宏观角度分析了外汇储备的结构管理，实际上，外汇储备资产经营要建立在资产组合理论上，金融投资是技术性很强的投资活动，如何设立投资基准、如何进行风险管理都需专门知识，而加强这方面的研究具有迫切性。

参考文献

英文文献

[1] A. Greenspan. Currency Reserves and Debt[R]. Remarks at the World Bank Conference on Trends in Reserve Management, Washington D. C, 1999-04-29.

[2] Agwarl J. P. Optimal Monetary Reserves for Developing Countries[J]. Weltwirts-chaftliches Archiv, 1971(CVII).

[3] Aizenman, Joshua and Jaewoo Lee. International Reserves: Precautionary Vs. Mercantilist Views, Theory, and Evidence[N]. IMF Working Paper, 2005-05-19.

[4] Barry Eichengreen. Sterling's Past, Dollar's Future: Historical Perspectives on Reserve Currency Competition [N]. NBER Working Paper (Cambridge, Massachusetts: National Bureau of Economic Research) 11336, http://www. nber. org/papers/w11336.

[5] Ben-Bassat, A. and D. Gottlieb. Optimal International Reserves and Sovereign Risk[J]. Journal of international Economics, 1992(3):345-362.

[6] Charan Singh. Should India Use Foreign Exchange Reserves for Financing Infrastructure? [N]. Stanford Center for International Development, Working Paper, 2005(256).

[7] Claassen, E. M. Demand for International Reserves and Optimum Mix and Speed of Adjustment Policies[J]. American Economic Review, 1975 (65):446-453.

[8] Clark P. B. Optimum International Reserves and the Speed of Adjustment [J]. Journal of Political Economy, 1970(78):356-376.

[9] Dooley, Michael P. David Folkerts-Landau, and Peter Garber. The Re-

vived Bretton Woods System: The Effects of Periphery Intervention and Reserve Management on Interest Rates and Exchange Rates in Center Countries[N]. NBER Working Paper, 2004(10332).

[10] Edwards. S. The Demand for International Reserves and Monetary Equilibrium: Some Evidence from Developing Countries[J]. Review of Economics and Statistics, 1984(66): 495-500.

[11] Frenkel, J. A. and B. Jovanovic. Optimal International Reserves: A stochastic framework[J]. Ecomomic Journal. 1981(91): 507-514.

[12] Frenkel, J. A. International Reserves: Pegged Exchange Rates and Managed Float [J]. Carnegie-Rochester Conference series, 1978 (9): 111-140.

[13] Frenkel, J. A. The Demand for International Reserves by Developed and Less-developed Countries[J]. Economica, 1974(41): 14-24.

[14] García and Pablo. Demand for Reserves under International Capital Mobility[N]. Central Bank of Chile Working Paper, 1999(58).

[15] Hamada, K. and K. Ueda. Random Walks and the Theory of Optimal International Reserves[J]. Economic Journal, 1977(87): 722-742.

[16] Heller, H. R. The Transaction Demand for International Means of Payment[J]. Journal of Political Economy, 1968(1): 76.

[17] Heller, H. R. and M. S. Khan. The Demand for International Reserves Under Fixed and Floating Exchange Rates[N]. IMF staff Papers, 1978 (25).

[18] Heller, H. R. Optimal International Reserves[J]. Economic Jounal, 1966(76).

[19] IMF. Guidelines for Foreign Exchange Reserves Management: Accompanying Document and Case Studies[J]. IMF, 2003.

[20] Jack Boorman, Stefan Ingves. Issues in Reserves adequacy and Management[J]. IMF, 2001(10): 15.

[21] Joshua Aizenman, Nancy Marion. Foreign Exchange Reserves in East Asia: Why the High Demand? [N]. FRBSF Economic Letter, 2003-04-25.

[22] Mansoor Mohi-uddin. How Far Can Foreign Reserve Diversification Go? [J]. UBS,2005(10):26.

[23] Michael P. Dooley, David Folkerts-Landau, Peter Garber. The Revived Bretton Woods System: the Effects of Periphery Intervention and Reserve Management on Interest Rates and Exchange Rates in Center Countries[N]. NBER Working Paper,2004(10332).

[24] Neil Humphries,Lin Wang. Foreign Reserves and the Management of Risk[J]. Reserve Bank Bulletin,1990(3).

[25] Olivier Jeanne and Romain Rancière. The Optimal Level of International Reserves for Emerging Market Counties: Formulas and Applications [N]. IMF Working Paper, 2006-06.

[26] Peter Kjær Jensen. Management of the Interest-Rate Risk on the Foreign-Exchange Reserve, Financial Markets[J]. Policy Development and Review Department of IMF, 2000.

[27] Rancière, Romain, Aaron Tornell, and Frank Westermann. Crises and Growth: A Re-evaluation[N]. NBER Working Paper, 2003(10073).

[28] Reza Siregar,Ramkishen Rajan. Exchange Rate Policy and Foreign Exchange Reserves: Evaluting the Benefits of East Asian Reserve Pooling for Indonesia, 2003.

[29] Steven Dunaway,Xiangming Li. Estimating China's 'Equilibrium' Real Exchange Rate[N]. IMF Working Paper. 2005.

中文文献

[30] 巴曙松. 外汇储备与宏观金融调控效率 [J]. 国际经济评论，1999 (3～4).

[31] 巴曙松. 中国货币政策有效性的经济学分析 [M]. 经济科学出版社，2000.

[32] 白晓燕. 东亚外汇储备问题 [J]. 当代亚太，2004 (2).

[33] [美] 保罗·克鲁格曼、茅瑞斯·奥伯斯法尔德. 国际经济学 [M].

中国人民大学出版社，2002.

[34] 北京师范大学金融研究中心课题组. 如何界定和保持中国外汇储备的适度规模 [J]. 国际经济评论，2007（3).

[35] 曹家和. 铸币税在中国中央银行资产结构改善中的作用 [J]. 财经论丛，2003（3).

[36] 常健，汪灏. 论外汇储备经营的法律规制——以外汇储备注资国有商业银行为视角 [J]. 上海金融，2005（10).

[37] 陈金贤，梁莉. 我国外汇超规模储备的制度性因素分析 [J]. 广东培正学院学报，2008（4).

[38] 陈立梅，刘伟. 外汇储备增长对中国经济影响的分析 [J]. 改革，2000（3).

[39] 陈燕. 中国适度外汇储备规模的实证分析 [J]. 中南财经政法大学学报，2006（4).

[40] 关晓红，邵学言. 发展中国家外汇储备的增加原因及管理现状 [J]. 南方金融，2005（9).

[41] 管于华. 论中国外汇储备的适度规模——兼谈中国外汇储备资料的统计口径错位 [J]. 统计研究，2001（1).

[42] 国务院发展研究中心宏观经济研究部. 中国外汇储备的剧增加大管理难度 [J]. 国研网《宏观经济》月度分析报告，2005（10).

[43] 何帆，陈平. 外汇储备的积极管理：新加坡、挪威的经验与启示 [J]. 国际金融研究，2006（6).

[44] 胡援成. 中国外汇储备适度规模的再探讨 [J]. 当代财经，1997（4).

[45] 黄涛，黄海南. 中国外汇储备适度规模测算——基于外汇需求法的实证研究 [J]. 经济体制改革，2007（5).

[46] 黄泽民. 中国外汇储备的性质与适度性问题思考 [J]. 华东师范大学学报：哲学社会科学版，2003（6).

[47] 姜旭朝，刘德军，孟艳. 中国外汇储备规模分析 [J]. 宏观经济研究，2002（6).

[48] 康立. 中国外汇储备对货币政策的影响 [J]. 中南财经政法大学学报，2006 (1).

[49] 孔立平. 外汇储备管理体系的国际比较及对中国的借鉴 [J]. 济南金融，2006 (10).

[50] 孔立平. 外汇储备币种结构理论的研究评述及展望 [J]. 山西财政税务专科学校学报，2008 (6).

[51] 李稻葵. 中国可用外汇储备建原材料稳定基金 [J]. 新财富，2005 (50).

[52] 李恩侠. 论中国巨额外汇储备的利弊及有效利用 [J]. 中共四川省委党校学报，2005 (9).

[53] 李江华，杨能良. IMF外汇储备管理指南对中国的启示 [J]. 上海金融，2003 (8)

[54] 李庆云，宋芳秀. 中国外汇储备的来源结构与政策启示 [J]. 中国货币市场，2004 (4).

[55] 李石凯. 外汇储备 VS 外债：其实我们“脱贫”没多久 [J]. 经济导刊，2006 (10).

[56] 李扬，余维彬，曾刚. 经济全球化背景下的中国外汇储备管理体制改革 [J]. 国际金融研究，2007 (4).

[57] 李扬，余维彬，曾刚. 循序渐进实现藏汇于民 [N]. 中国证券报，2007-01-18.

[58] 李扬，余维彬，刘煜辉. 应对流动性过剩的两个基本战略 [J]. 新金融，2007 (3).

[59] 李扬，余维彬. 经济全球化与发展中国家的国际储备管理 [J]. 经济学动态，2005 (8).

[60] 李扬，余维彬. 切断外汇储备与货币供应之间直接联系 [N]. 中国证券报，2007-02-05.

[61] 刘斌. 人民币自由兑换的外汇储备需求 [J]. 财经研究，2000 (11).

[62] 刘昌黎. 全球外汇储备迅速增加和东亚外汇储备过剩与运用的问题 [J]. 世界经济研究，2006 (3).

[63] 刘莉亚，任若恩. 中国外汇储备适度规模的测算与分析 [J]. 财贸经济，2004 (5).

[64] 刘艺欣. 论中国外汇储备规模的适度性 [J]. 当代经济研究，2006 (4).

[65] [美] 罗伯特·特里芬. 黄金与美元危机自由兑换的未来 [M]. 商务印书馆，1997.

[66] [美] 罗纳德·I·麦金农. 美元本位下的汇率——东亚高储蓄两难 [M]. 中国金融出版社，2005.

[67] [美] 莫里斯·戈登斯坦，菲利浦·特纳. 货币错配——新兴市场国家的困境与对策 [M]. 社会科学文献出版社，2005.

[68] 农淑贞. 台湾八十年代的外汇储备策略可资借鉴 [J]. 上海投资，1998 (4).

[69] 彭俊明. 世界外汇储备格局的结构性变化 [J]. 中国外汇，2006 (1~2).

[70] 饶华春. 中国外汇储备规模、需求及其动态 [J]. 华东经济管理，2007 (3).

[71] 邵学言，郝雁. 对中国外汇储备与物价指数之间数量关系的研究——基于货币供求角度的实证分析 [J]. 经济学动态，2004 (6).

[72] 苏涛. 解决外汇储备增幅偏高的相关政策取向 [J]. 济南金融，2005 (5).

[73] 唐欣，纬恩. 东亚外汇储备管理体制的国际比较及借鉴 [J]. 中国外汇管理，2005 (6).

[74] 陶士贵. 外汇储备对通货膨胀引起的新思考 [J]. 经济学动态，1996 (2).

[75] 天一. 如何看待 450 亿美元外汇储备同国有银行注资 [J]. 中国外汇管理，2004 (1~2).

[76] 王国林. 中国外汇储备适度状况分析 [J]. 中国外汇管理，2001 (7).

[77] 王曦，舒元. 有关外汇储备注资的学理与法理问题辨析 [J]. 上海金融，2005 (5).

[78] 王元龙. 中国外汇储备合理规模的政策选择 [J]. 财贸经济，2003 (7).

[79] 翁雪琴. 中日巨额外汇储备的成因及运作比较 [J]. 新金融，2006 (9).

[80] 吴丽华. 中国适度外汇储备量的模型与外汇储备管理 [J]. 厦门大学学报. 哲学社会科学版，1997 (4).

[81] 吴晓灵. 中国外汇管理 [M]. 中国金融出版社，2001.

[82] 吴志明. 东亚金融危机以来中国外汇储备高增长解读 [J]. 世界经济与政治论坛，2005 (1).

[83] 武剑. 中国外汇储备规模的分析与界定 [J]. 经济研究，1998 (6).

[84] 奚君羊. 国际储备研究 [M]. 中国金融出版社，2000.

[85] 夏斌. 小步改革外汇储备管理体制 [N]. 中国证券报，2006-12-20.

[86] 谢平，张晓朴. 货币资产与汇率的三次冲突 [J]. 金融与保险，2002 (10).

[87] 谢太峰. 关于中国外汇储备多与少的思考 [J]. 国际金融研究，2006 (7).

[88] 邢毓静. 论外汇储备管理政策的国际比较及其借鉴 [J]. 当代财经，2003 (3).

[89] 徐明东. 全球外汇储备激增与管理策略的国际比较 [J]. 新金融，2006 (11).

[90] 许承明. 对中国外汇储备的比例分析及其国际比较 [J]. 数量经济技术经济研究，2002 (12).

[91] 许承明. 中国的外汇储备问题 [M]. 中国统计出版社，2003.

[92] 杨万东. 中国外汇储备问题讨论综述 [J]. 经济理论与经济管理，2005 (10).

[93] 姚淑梅，姚爱国. 韩国外汇储备管理情况及对中国的启示 [J]. 经济研究参考，2006 (60).

[94] 叶永刚，熊志刚，张培，等. 基于抵补风险的外汇储备适度规模研究 [J]. 经济管理，2008 (6).

[95] 游碧蓉，周丽萍. 中国外汇储备规模适度性分析 [J]. 亚太经济，2007 (5).

[96] 余维彬. 发展中国家国际储备管理的新变化 [J]. 武汉大学学报·哲学社会科学版. 2004 (3).

[97] 余永定，覃东海. 中国的双顺差：性质、根源和解决办法 [J]. 世界经济，2006 (3).

[98] 余永定. 关于外汇储备和国际收支结构的几个问题 [J]. 世界经济与政治，1997 (10).

[99] 余永定. 关于资本流入宏观管理的几个问题 [J]. 世界经济与政治，1996 (10).

[100] 余永定. 世界经济与中国：促进共同繁荣（上）——全球经济不平衡、中国汇率政策和双顺差 [J]. 国际金融研究，2006 (1).

[101] 余永定. 中国经济面临五大难题 [J]. 环球，2005 (19).

[102] 于泽雨，王益. 官方外汇市场操作制度安排比较分析——以美国、欧盟、英国和日本为例 [J]. 国际金融研究，2006 (12).

[103] 曾康霖. 外汇储备与通货膨胀 [J]. 金融研究，1995 (9).

[104] 张克中. 中国外汇储备规模判定 [J]. 统计与决策，2005 (9).

[105] 张明，何帆. 美元贬值背景下外汇储备的结构调整 [J]. 中国金融，2006 (20).

[106] 张曙光，张弛. 应全面动态地看待外汇储备问题 [J]. 金融与保险，2006 (10).

[107] 张宇燕，张静春. 汇率的政治经济学——基于中美关于人民币汇率争论的研究 [J]. 当代亚太，2005 (9).

[108] 赵勇. 五问外汇储备注资国有商业银行 [J]. 经济与管理论丛，2004 (6).

[109] 者贵昌. 中国国际储备的分析与研究 [J]. 国际金融研究，2005 (5).

[110] 钟伟. 论中国国际储备的适度规模 [J]. 财经研究，1995 (7).

[111] 钟伟. 人民币平稳升值成本加大国家外汇投资公司应予创立 [N]. 南方周末，2007-02-15.

[112] 钟伟. 中国万亿外汇储备往何处去 [N]. 南方周末，2006-10-18.
[113] 周木生，张永鹏. 中国外汇储备合理规模的分析与界定 [J]. 重庆师范学院学报：自然科学版，2002 (1).
[114] 朱淑珍. 中国外汇储备的投资组合风险与收益分析 [J]. 上海金融，2002 (7).
[115] 祝丹涛. 合理使用中国外汇储备的理论分析和政策建议 [N]. 中国经济时报，2007-01-16.
[116] 邹全胜. 国际货币兑换模型与中国外汇储备结构 [J]. 国际贸易问题，2005 (10).

网址

[117] http://www.pbc.gov.cn
[118] http://www.mofcom.gov.cn
[119] http://www.safe.gov.cn
[120] http://www.stats.gov.cn

后记

在本书完成之际，首先，我要感谢我的导师，原中国人民银行货币政策委员会委员、原中国社会科学院世界经济与政治研究所所长余永定。本书是在我博士论文的基础上修改、补充完成的。我的博士论文从选题、结构梳理、文笔推敲直至最终成文都是在导师的悉心指导下完成的，只因我研究能力的局限，论文本身还存在诸多不足。余老师学识渊博，治学严谨，为人坦诚率真，待人宽容有加。在我 3 年的博士生学习期间，他传授的宝贵学术研究方法和思维方式使我受益匪浅，而他独具魅力的人格更是为我的工作生活树立了榜样。在此，谨向老师致以最衷心的感谢。

感谢中国社会科学院世界经济与政治研究所所长助理何帆博士。在我眼里，他不仅是思维活跃、睿智幽默、年轻有为的学者，更是一个出色的组织者、帅才。感谢何老师对我论文思路提出的宝贵建议，正是他的几篇关于外汇储备研究的开创性文章给了我启迪。感谢他不计名利为我们所做的一切。感谢张斌老师、姚枝仲老师对我论文写作提出的宝贵建议。感谢娄慧荣老师为我们顺利完成学业付出的辛苦。

感谢国务院发展研究中心宏观经济研究部副部长魏加宁研究员、中国人民大学经济学院黄卫平教授对我论文的评阅；感谢中国社会科学院世界经济与政治研究所所长张宇燕研究员、亚太所所长李向阳研究员、国家发展和改革委员会对外经济研究所所长张燕生研究员、中国人民大学经济学院雷达教授参加我的博士论文答辩，感谢他们对我博士论文的肯定和提出的中肯意见。

感谢我的工作单位——北京工商大学的领导和同事对我的大力支持，特别感谢杨德勇院长、马若微副院长、高扬老师、孟昌老师给予我的无私帮助。感谢我的同学吴建政、张明、王世华3年读博时的鼎力帮助和鼓励。特别是张明，作为近年来经济学界脱颖而出的青年才俊，其睿智的思想、敏锐的洞察力给了我深刻的启发，感谢他对我论文构架提出的建设性意见，我为有这样的同学感到骄傲。感谢我的学生王龙飞、白杨、杨子俊、闫旭为我提供的宝贵研究资料和所做的大量辅助工作。

感谢参考文献中所列示的各位作者。正是站在他们的“肩膀”上，参阅、汲取、借鉴了他们的学术思想和观点，才使这部著作得以顺利完成，但由于本人的理论水平、研究方法、研究能力有限，书中一定有诸多不完善之处，敬请读者和专家批评指正。

最后，感谢我的家人对我无私的支持。感谢我的母亲，她在年逾花甲之时拖着病弱的身体为我照料年幼的孩子，直到走上手术台。感谢我的丈夫张铭，他总是在我迷茫时给我鞭策、鼓励和指点，是我生活中的良师益友。我对8岁的儿子亏欠太多，感谢儿子带给我的幸福快乐。

再一次感谢所有关心和帮助过我的人！

王云霞
2010年6月9日